―――― 社会福祉の新潮流③

障害者福祉論
―――― 基本と事例

旭 洋一郎・吉本充賜 編著

学文社

執 筆 者

旭　洋一郎（長野大学）………… 編者　プロローグ・第1章②(3)・第4章①
　　　　　　　　　　　　　　　　　　　第7章①・年表*
吉本　充賜（岡山県立大学）………編者　第1章①，②・第7章②
　　　　　　　　　　　　　　　　　　　エピローグ*
川池　智子（山梨県立大学）………………………第2章①，②
　　　　　　　　　　　　　　　　　　　第4章④(2)(3)
雨宮由紀枝（日本女子体育大学）…………………第2章③，④*
安居　良樹（大田区立新蒲田福祉センター）……第2章⑤・第6章③
根岸　洋人（高崎健康福祉大学）…………………第3章①
土屋　葉（愛知大学）………………………………第3章②
川池　秀明（聖徳大学）……………………………第4章②
岡部　耕典（早稲田大学）…………………………第4章③
　　　　　　　　　　　　　　　　　　　第7章③(2)
亀田　尚（福岡YMCA国際ホテル・福祉専門学校）……第4章④(1)・年表
打保　由佳（国際医療福祉大学）…………………第5章①
小林　博（湘南あおぞら）…………………………第5章②
麦倉　泰子（関東学院大学）………………………第5章③
原　智彦（あきる野学園養護学校）………………第6章①
橋本　圭司（東京慈恵会医科大学）………………第6章②
伊藤　英一（長野大学）……………………………第6章④*
斉藤　弥生（大阪大学）……………………………第7章③(1)*
森　壮也（日本貿易振興機構アジア経済研究所新領域研究センター）……第7章③(3)

＊は学びのオリエンテーション・事例執筆

学びのオリエンテーション・事例

小林　恵一（江戸川大学総合福祉専門学校）
広沢里枝子（上小圏域障害者総合支援センター　ピア・カウンセラー）
長瀬　修（東京大学）

プロローグ――本当の「障害」をつくるのは誰なのか？

　C子さん（43歳）の体験から紹介しよう．彼女は，パート先から帰宅中に交通事故に遭い重傷を負ってしまった．ある若者の無謀運転が事故の原因であった．治療とリハビリが行われたが，脊髄を痛め下半身マヒの後遺症が残った．リハビリ病院から退院して以来，外出はほとんどせず家庭で過ごしていたが，そんなある日，彼女の住む町で，市長との懇談会が開かれる報せが届いた．日頃，考えていることを直接市長に話せる滅多にない機会である．C子さんは，勇気を出して地域の市長懇談会に出席することにした．

　C子さんは，怪我をし，障害をもって，わが町，わが家に戻ってみると，住み慣れた町と家はもう以前の町と家ではなかった．だから是非，バリアのない街づくりだけではなく，気軽に利用できる外出の手助けサポートを考えてほしい．そんなことを市長に話したかった．
　市長からは具体的な「回答」はなかったが，「市としてできることを検討する」という前向きな言葉をもらうことができた．C子さんは久しぶりの外出に満足して，これからの生活にほのかな希望の光を感じたのだった．

　しかし，数日後，思わぬところに巨大なバリアがあることを気づかされることが起きた．C子さん宛に1通の封書が届いた．差出人に名前も住所も書かれていない匿名の手紙である．要約すると「あなたの発言は全く理解できない．あなたの発言にあれほど時間もとられた．障害者は障害者らしく家でおとなしくしているべきである」と書かれてあった．彼女は手紙を読み，怒りと悔しさで身体が震えだした．その震えは，事故後，何事にも消極的になっていたC子さんが，ようやく前向きに自分の可能性を考えようと一歩を記したその瞬間におきたのだった．

C子さんは，この後，しばらく家に閉じこもってしまっていたが，現在は，どんどん外出し，地域のボランティアとして活躍している．この間にどのようなことがあったのだろうか．その詳しい経過についてはまたエピローグでお話ししよう．

　このようにC子さんはさまざまな福祉制度や家族の支え，障害者団体との関わりの中で，バリアに挑戦していった．そして現在，明るく活躍する彼女がいる．当書はさまざまな事例を通して，障害がある人びとの自立と支援の方法を学んでいくものである．

　そしてもうひとつ，当書には特徴がある．それは，この本が福祉制度の利用者サイド，障害がある人びとの視点にできるかぎり立って課題を探究し，それぞれの章が一定の独自性をもちつつ，全体としてまとめられている点である．いわば第1～3章が基本編，第4～6章が応用編，第7章が課題編という構成である．編者の私たちは障害当事者であり，執筆者の中にもやはり障害者福祉にかかわるさまざまな当事者が存在している．当事者性は客観性を担保しないが，当書の執筆者は必要な科学的立場に立っている．これらの特徴はあまり例をみないものであり，障害者福祉や社会福祉の専門従事者，福祉を学び支えるすべての人びとにとって，おおいに障害者福祉と当事者の理解に役立つはずである．

2007年5月　　　　　　　　　　　　　　　　　　　　　　　　　編　者

目　　次

プロローグ——本当の「障害」をつくるのは誰なのか？……i

第1章　障害と障害者—その歴史と視点—……1

> 事例　もうひとつの日本史，世界史……2

❶ 障害者はどうみられてきたか……4
　　1　神聖で別世界の人……4
　　2　教訓と戒めの対象……5
　　3　笑いもの……6
　　4　美しくないもの……6
　　5　不幸な人……7
　　6　同情，偏見，差別……8
　　7　社会の一員……10

❷ 障害とはなにか……12
　　1　近現代における障害者と障害者観……12
　　2　「障害」理解と「国際生活機能分類」……16
　　3　社会と「障害」……20
　　4　「障害者」の法的定義……21

　⇨学びを深めるために……26

　★学びのオリエンテーション
　　施設生活の構造的問題……28

第2章　障害とともに生きる……29

> 事例　1 知的障害をもつ聖也さんの育ち／2 脳性まひの障害をもって……30

❶ 障害との出会い……32
　　1　人生のはじめで……32
　　2　人生の途中で……35

❷ 育つ……37

1　乳幼児期の特徴と課題——当事者と親……37
　　　2　乳幼児期の支援サービス……39
　　　3　乳幼児期の課題……42

❸ 学ぶ……43
　　　1　障害のある子の就学と学びの場……43
　　　2　障害をもつ子どもの教育制度の展開……45
　　　3　障害児教育のこれから……46

❹ 暮らす……47
　　　1　障害をもつ人の暮らしの課題……47

❺ 働く……52
　　　1　障害者が働くということ……52
　　　2　障害者が働く現実……54

　⇨学びを深めるために……56
　★学びのオリエンテーション
　　「働く場」としての小規模作業所の問題点と方向性……57

第3章　障害者と家族……59

　事例　兄より，弟へ……60

❶ 家族の立場から——母親・父親・きょうだい……62
　　　1　障害者の家族はどうみられてきたか……62
　　　2　障害者家族の抱える問題……64
　　　3　問題の解決に向けて……69

❷ 障害をもつ当事者の立場から……70
　　　1　「重要な他者」としての家族……70
　　　2　「差別」する存在としての家族……71
　　　3　「自立」への希求——「何」からの自立なのか？……73

　⇨学びを深めるために……77
　★学びのオリエンテーション
　　自分の家族をもつ障害者の立場から……79

第4章　現代の障害者福祉政策とその理念……81

　事例　法制度と施設職員の役割──法律・制度と現実の狭間で──……82

❶ 現代の障害者福祉施策の展開とその理念……84
　1　障害者福祉施策の展開過程……84
　2　障害者福祉施策とその理念……89

❷ 精神保健福祉施策とその課題……96
　1　精神障害者の生活を妨げる構造的課題……96
　2　戦後の精神医療施策がもたらした瑕疵……97
　3　精神医療における人権侵害……99
　4　高齢化した長期入院者の処遇……100
　5　障害者の社会参加を妨げる障害者自立支援法……101
　6　社会参加のための新たな雇用の創出……103

❸ 障害者の生活支援の法体系とサービス体系……105
　1　障害者の生活問題に対する法体系……105
　2　障害者の生活支援の制度・サービス……112
　3　障害者自立支援法の仕組みとその課題……113

❹ 障害者福祉の新展開
　　──介護保険モデルを志向する政策動向をめぐって──……123
　1　サービス利用過程モデル……123
　2　支援費制度と介護保険制度……125
　3　介護保険モデルを志向する政策動向……129

⇨学びを深めるために……133
★学びのオリエンテーション
　介護と介護制度……134

第5章　障害者福祉の専門職の課題
　　──施設・地域生活支援の中で──……137

　事例　障害者生活施設，ある日の業務日誌……138

❶ 障害者更生援護施設のケア──身体障害者療護施設から……140

         1 身体障害者療護施設と職員の役割……140
         2 施設における介護とは……141
   ❷ 施設職員の役割——当事者主体と自己決定……144
         1 当事者主体・自己決定と施設現場……144
         2 何のための当事者主体・自己決定なのか……145
         3 自己決定のパラドックス……146
         4 問われる職員の役割……150
         5 究極のパターナリズム……152
         6 自己肯定し自尊感情をもつ存在として……153
   ❸ 障害者福祉の「専門職」とその課題……154
         1 障害者福祉の「専門職」
            ——脱施設化時代の専門職はどうあるべきか……156
         2 専門職と専門性
            ——ソーシャルワーク・ケアワーク・ケアマネジメント……159
         3 「ニード」ではなく「願望」に基づくソーシャルワークをめざして……163
   ⇨学びを深めるために……167
   ★学びのオリエンテーション
      当事者運動・自立生活センター・ピアカウンセリング……168

第6章　障害者福祉の関連領域
——連携と関連性の中で——……171

   事例　福祉工学，アダプティブテクノロジーの効果
         —— K.I. さんの事例——……172

   ❶ 教育と福祉との連携……174
         1 特別支援教育体制への転換と社会福祉における改革……174
         2 教育と福祉の連携の可能性……179
   ❷ リハビリテーション医療……182
         1 はじめに……182
         2 リハ医学とは……182
         3 リハチーム……182

4　リハチームモデル……183
　　　5　入院リハの実際（医療・リハチームによる包括的治療）……186
　　　6　地域との連携……190
　　　7　おわりに……192
❸ 障害者の就労支援制度と課題……193
　　　1　現在の雇用・就労支援制度……193
　　　2　日本の雇用促進制度……194
　　　3　就労支援センターにおける実践……195
　　　4　「がんばって」といわなくて良い支援体制の確立をめざして……198
❹ 福祉用具と支援技術……201
　　　1　はじめに……201
　　　2　福祉用具……202
　　　3　支援技術……204
　　　4　支援技術の重要な視点……206

　⇨学びを深めるために……210

　★学びのオリエンテーション
　　「統合」教育をめぐって……212

第7章　障害者福祉の課題と展望……213

　事例　障害者の権利条約採択──2006年8月25日の熱狂と
　　　　2006年12月13日の静寂──……214

❶ 障害者福祉の展開と障害当事者運動の役割……216
　　　1　障害者運動とは……216
　　　2　戦後初期の障害者運動（1945～1950年代）……216
　　　3　高度経済成長下の障害者（1950～1970年代）……217
　　　4　当事者運動の役割（1970～1980年代）……219
　　　5　社会福祉基礎構造改革と国際化と（1980年代以降）……221
　　　6　障害者福祉の課題と障害者運動……225
❷ 脱施設の構造と展望……226
　　　1　脱施設の前史……226

2　障害者施設の体系化と脱施設の必然性……229

❸-1　海外に学ぶ　(1)スウェーデン……232
　　1　はじめに——ノーマライゼーション思想が生まれた国……232
　　2　主な障害者関連法の整理……233
　　3　スウェーデンの障害者サービス
　　　　——「社会サービス法対象者」と「LSS法対象者」……235
　　4　法律の遵守を確実にする——障害者オンブズマン……239
　　5　おわりに——スウェーデンの障害者福祉の特徴……240

❸-2　海外に学ぶ　(2)アメリカ
　　　　——自己決定運動と自己決定／受給者本位モデル——……241
　　1　自己決定運動……241
　　2　自己決定／受給者本位モデル……242
　　3　個別会計……243
　　4　知的障害者の主体的な地域生活のために……244

❸-3　海外に学ぶ　(3)アジアを中心とした
　　　　開発途上国の障害者……246

　⇨学びを深めるために……252
　★学びのオリエンテーション
　　障害者の性——フランス映画「ナショナル7」が問いかけること……253

エピローグ——私の夢……255

障害者福祉年表……257

第1章
障害と障害者
―その歴史と視点―

もうひとつの日本史，世界史

　私たちは，学校で日本や世界のさまざまな歴史について学んでいる．しかしその中には，もうひとつの隠された歴史がある．人類の歴史の中に，障害者は人間として，どのように位置づけられていたのであろうか．

　原始時代　人類の起源は，200万年前のアフリカであるといわれている．また北京原人，ジャワ原人，そしてクロマニヨン人などについては，小学校の頃から学んできた．その時代の障害者は，一体どのような生活をしていたのであろうか．当時の人間は，食物を探して野や山や川の周囲を，歩いていたのである．とすると，木の実や草の実をみつけることができない者，木に登って実が取れない者，人間をおそってくる動物から逃げたり隠れたりすることができない者は，生き残ることはできなかったであろう．狩猟生活についていけない者の中に，障害者が多く存在していたと考えられているのである．当時の人間は，そのような人たちに対し，食べ物を分け与えるだけの智恵をもっていただろうか．障害者は，不平等が当然な，自然界の弱肉強食の原則に吸収されていたのかもしれない．

　古代　人間はそのもつ智恵によって，農耕や牧畜を開始した．そして余剰生産物，つまり食糧をたくわえるようになったのである．そして農耕や用水工事などをはじめとし，支配者と支配される者とに分かれていた．では障害者は，たくわえの一部として食糧を手に入れることができたのであろうか．

　古代国家として知られるスパルタでは，新生児の検査が行われ，弱よわしい子は神へのいけにえとして谷底に捨てられた．またアテネでは，障害児を粘土の容器に入れて遺棄した．さらにローマでは，紀元前419年の12表法で，子どもが障害児である場合に，父親に捨て子の権利が与えられ，かごに入れてチベル川に流したとされている．日本では『古事記』に伊弉諾尊と伊弉円尊の二神の間に生まれた蛭子が，3歳になっても歩かなかったため，芦でつくった船に乗せて捨てたと記されている．わずかではあれ，食糧をたくわえることができるようになった古代にあって，障害者

は，それを手に入れることが，許されなかったのであった．ここに人類史における，障害者に対する差別の起源をみることができる．

中世，近世　庶民の間に娯楽として，さまざまなものが登場してくる．そのひとつに，狂言がある．狂言の中には，障害者が主役となっているものが多くある．めくらとつんぼが，2人で留守番をする．だれが家に来たのかをめくらは声で聞き分け，顔や身なりは，つんぼが目でたしかめるというのがある．これを演じ，客は大笑いをするのである．めくらが2人で酒を飲んでいる間に，目の見える者が酒をよこどりするというのもある．障害者の行動を面白くえがいたのであり，見せ物にされたのであった．落語に登場する「与太郎」は，ばかものとされながらも，大工の見習いの仕事を与えられ，周囲の人たちからいたわられていたのであった．

このように狂言や落語の中に取り上げられるようになった障害者は，見せ物として笑いものにされたのであった．だが，庶民の間に溶け込んでいた，とみることもできよう．

ヨーロッパでは，教会で障害者を集め，パンを与えた．そして手の不自由な者にバイオリンを，目の見えない者に打楽器を演奏させ，見せ物にしていたのであった．

近代，現代　ヨーロッパの魔女狩りの対象には，特定の民族が選ばれたと同時に，精神に病気があるとされた人びとも多かった．ナチスは，知的な障害のある人たちをガス室に送り，身体の不自由な人の断種や不妊手術を行った．

現在進歩を続けている科学技術の多くは，2度の世界大戦とハイテク兵器の開発から生まれたといってもよいであろう．負傷兵の手当は，義手や義足を作り出し，機能訓練としてのリハビリテーションが発展した．

こうしてもうひとつの歴史をたどる時，そこには常に，役に立つ人間がそうではない人間を，どのように扱ってきたのかを知ることができるのである．

1 障害者はどうみられてきたか

1 神聖で別世界の人

　私たちの身のまわりにあるものとして,「達磨(だるま)」を取り上げてみよう. もともとは禅宗の創始者である達磨大師が, 座禅をしている姿を置き物にしたものであるが, 障害者に対する見方を映し出しているともいえるのである. すなわちひとつには, 縁起物としての存在である. 何かの願いごとをかなえてくれる力があるとされ, 多くの場面で登場している. 2つには, だるまは外見上は, 両手, 両足さらには両耳と両目がないということである. こんにち一般的にいわれている障害者である, ということができるのである. そして願いごとがかなえられた時に, 白い目に黒目を入れることとされているのであるから, 健常者に姿をもどし, 不思議な力をもたない存在となるということがいえるのである. このようにだるまは, 神聖なものとされ, 障害をもつがゆえの不思議な力の持ち主であるということができる.

　まただるまは, 日常の生活において出会うことが少ないものである, という見方もできる. つまり障害をもつ人に接する機会は, まれなこととされているということである. したがって障害者と出会うことは, 非日常的なことであり, その結果として, 障害者は別の世界の人という意識につながることになるといえよう. もちろん, だるまの起源は古代であるが, 現在の人間関係においても, 同じことがいえるのである. すなわち障害をもつ人は, 普通の人とは異なった

感覚や考え方をもつという意識をあげることができるのである．一般的に他人がどのように感じ，どのような考え方をしているのかを理解することは簡単なことではないといえ，一人ひとり異なっていて当然であるといえる．しかし日常的な触れあいが少ないとすれば，お互いの存在をありのままに受け入れることは難しいといえよう．障害をもつ人は，本書の中でされるさまざまな理由によって，身近な人ではない存在となっているのである．

2 教訓と戒めの対象

幼い子どもが車椅子を使用している人をみて，母親に車椅子を指さして「あれはなに」と問いかける．ある母親は困った表情をして，子どもを遠ざけようとする．または，足が悪いことを説明する．なかには「こんにちわ」と，声をかける場合もある．しかし「いうことをきかないとあのような人になる」ということも，よく見聞きするのである．ここでは障害者が，しつけの中に登場していることとなり，場合によっては戒めの対象となるということを示している．

日本には多くのことわざがあるが，障害者が取り上げられているものも数多くある．「ばかの一つおぼえ」，意味は説明しないが，知的障害者を取り上げて，一般の人を戒めているのである．同じことを何度も繰り返していう，または行ったりすることを，ひとつのことを大切にした結果であるというよりは，おろかな行為とするのである．ほかにも「ばかにつけるくすりはない」や，ことわざではないが「めくらばんをおす」「つんぼさじき」「かたておち」などをあげることができる．

障害者が教訓や戒めの対象として扱われている別の例として，童話をあげることができる．一例を「ピノキオ」に求めてみよう．眼の見えないふりをしたねこと，足が悪いふりをしたきつねが，ピノキオをだましてコインを盗む．その後ねこは本当に目が見えなくなり，きつねは足が不自由になって，ピノキオと再会するのである．ここからはまず，障害者はうそをつかない者として登場している．つぎにうそをつくと実際に障害者になるのだ，という教訓が示され

ていることに気づくのである．童話に限らず，映画やテレビ番組，小説をも含めて，障害者がどのように取り上げられているのかを，再点検することである．

3 笑いもの

人の外見の一部または全体に対して，一般の人と異なっている場合に用いられる語に次のようなものがある．すなわち，ちび，のっぽ，でぶ，はげ，たんそく，めくら，めっかち，つんぼ，ちんば，ばか，あほうなどである．一般的な容姿とは区別をし，望ましくない存在に対して向けられた呼び名である．いわゆる「お笑い系」番組で，笑いをとる材料としてよく使用されている．外見のちがいに対して，ある種の価値づけをしたものであり，優越感と劣等感という関係の表現であるともいえよう．これらは積極的に使用される場合と，死語または差別語として消極的に扱われることがある．

商品の宣伝のための造語として「バカチョンカメラ」というのがある．あえて説明をすると，バカとチョンはいずれも無知な人のことであり，チョンはさらに，朝鮮人に対する表現と重なるのである．また細かい操作を必要としないカメラとして，宣伝の対象を女性としていたことも事実である．ここからいえることは，知的障害をもつ人や他の民族，さらには女性をとおして，わかりやすく表現されるという人間観が存在していることである．

4 美しくないもの

現代社会は人間のもつ学力や体力を比較し競っている．さらにその展型が偏差値であり，オリンピックであろう．またすぐ前にみた笑いの対象と同様に，人間の外見も，さまざまに比較され競われているといえる．外見の美しさや均整のとれ具合を追求しているのである．具体的には，かつてのミス〇〇コンテスト，健康優良児コンクールをあげることができる．いずれも名目上は実施されなくなっているが，名称をかえて行われている．

また美しさの典型として「ミロのビーナス」や浮世絵の「美人画」が示され

る．さらに「白いものは七難かくす」とか「健康的な肌」「無細工」という表現も，よく用いられている．これらは主として，女性に対するものであることが共通している．全国の保健所で実施されている乳幼児健康診査の項目として，2枚の女性の顔の絵のうち，どちらがきれいかを判断させるものがある．また身体の一部のない人間の絵をみせて，どこがないのか，正しい人間の姿はどれかを選ばせるものもある．この質問は，幼児の知能検査の一環として位置づけられているのである．

以上にあげたさまざまな美に対する表現は，直接的に障害者を対象としてはいないといえるが，間接的には，美しくない存在として障害者が価値づけられている，ということがいえよう．つまり基本的に，障害者を美しいものの代表としては取り上げる余地がないということなのである．外見上，一般とは極端に異なる部分や行動をするということは，美意識の中には入らないということなのである．またこのような美意識は，生物としての性差ではなく伝統や文化，そして社会構造とからつくられる性差としてのジェンダーの中に女性障害者を位置づけることになるのである．

5 不幸な人

この世に人が生まれるということが，不幸な出来事であるかのように思われる場合がある．その現実を，障害児殺しと胎児観をあげ，みていくことにする．

まもなく3歳になろうとしているA子は，重度の知的障害児であった．母親は出産のため実家にいき，父親がA子の世話をしていた．食事を作りスプーンで食べさせ，おむつをかえ，背負って移動し，トイレや入浴をさせていた．「ことば」が少ないため，身振りをまじえ，笑顔を大切にして会話していた．ドライブに連れていき，近所の人たちからは，やさしい父親と評判が高かった．

しかし，父親はやがてA子の食事の量を減らしていき，首をしめて殺し，警察に自首をした．その後近所の人たちから裁判所に対して，父親を無罪とするようにと嘆願書が提出された．他方で障害者団体からは，厳正な裁判をするようにと，嘆願書が提出されたのであった．地方裁判所は父親に，懲役3年，執行猶予3年の判決を行った．父親は，判決のあった日に自殺をした．

このような事件は，たびたび起っており，年ごとに有罪となる傾向にある．すなわち，さかのぼるほど，過去の判決は無罪に近いものであったのである．近所の人びとは，父親の立場に立った発想であり，障害者団体は，障害児の立場で行動をしたということがいえるのである．別の表現をすれば，健常者と障害者という関係においてとらえることのできる障害者観であるということができよう．「障害をもちながら生きていくことは，親にとっても本人にとっても不幸である」とした考えと，「不幸であることは障害者であることではなく，不幸な社会に生まれたことである」という，2つの障害者観が並存しているのである．

次に，胎児観である．胎児観とは，妊娠中にわが子に障害があるとわかった時に，産み育てるか中絶するかを問い，そこに示された意識をいうのである．調査の結果は，常に中絶またはそれに近いものが過半数を占めている．「産む」とする回答は学生に多く，「中絶する」は子育て期の母親，保育士，障害者施設職員，医師に多くみられたのである[3]．学生は人権意識に基づいて，たてまえとしており，わが子に置きかえる母親や，保育や医療の現場には存在して欲しくないという，ほんねの表現としてとらえることができる．もちろんこのような問いかけをすること自体が，慎重さを要することであり，本来は必要のないこととしておかなければならないと考えている．

ただし「障害が軽いとわかったら産む」とか「重いのであれば考えてしまう」という記述は，結果としては，不幸な子どもを産みたくないということにほかならないのである．また保育士として「子どもを差別はできないが，わが子となると」産む自信がないという回答もあったのである．このことを，たてまえによる障害児の受け入れと，ほんねによる否定という，障害児受容の二面性として，指摘することができるのである[4]．

6 同情，偏見，差別

同情あるいは偏見，差別という語は，障害者に対してよく用いられている．

ここでは，それらを整理してみることにする．障害者に対する同情は，弱い立場にある者に対する思いやりや，かわいそうといった好意的な意識のことであるといえる．すぐ前にみたＡ子の父親に対する近所の人たちが，その例である．しかしなぜ障害児を子どもにもちながら，社会で生きていくということが大変なことなのかという考察はみられないといえよう．それゆえに，ひとごとなのである．

　次に偏見であるが，先入観が固定化したものであるといえる．つまり十分な知識や体系のないままに，ある考え方を身に付けるということである．本節にあげてきた神聖で別世界の人，教訓や戒めの対象になっていること，笑いものにされ，美しくないとされていることなどは，偏見が社会の構成員の多数に存在しているということを示しているのである．障害者に対する偏見をなくすためには，障害をもつものともたないもの相互の，自然な触れあいが前提となる．

　しかし現代社会は，保育や学校教育が，障害をもたない子どもたちを中心に成立し発展してきたため，制度として別べつにされ，接触することができないのである．障害をもつ子どもは，養護学校に入学する６歳から中学部を卒業する９年間に，障害をもたない子との触れあいは，兄弟姉妹だけであるといえるのである．いわゆる運動会などの行事での交流は，盛んになってきていることは事実である．10歳の盲学校に通う子どもが，「目の見える人は，お父さんとお母さんと先生だけかと思っていた」と口にしたが，これは制度が作る偏見としての一例であるということができる．

　これに対し差別は，偏見を行為として示している場合をいい，偏見とは区別することができる．つまり誤った意識をもち，障害者に話しかけたり，介護をしたり，題材として取り上げて出版をしたりということである．この意味では，現代の社会においては，ことわざや童話や体の表現などの中には，偏見が差別となった「差別語」が存在し，「放送禁止用語」として定着しつつある．

7 社会の一員

　障害者はどうみられているのかについて，ここでは社会の一員として，どのように位置づけられているのかを確認しておくことにする．つまり友人としての，わが子としての障害者ではなく，社会的存在としての障害者のことである．現代社会において人間は，次の3つの側面をもちながら生活を営んでいる．第一は，生物としての側面であり，第二は精神的な側面，そして第三は社会的側面である．人間は人間であると同時にヒトとして，生物として存在し，食事をとり，体温調節を行いながら，生命を維持しているのである．そのヒトとしての人間は，精神をもち，泣き，笑い，感動し，怒るのであり，他の生物と区別できるといえよう．さらにことばや文字を使用し，計算をし，多くの物を造り出してきた．

　そして人間は，社会を形成しているのである．猿やアリやハチなどとはちがい，精神をもって造り，流通させ，人間は商品として生産物を購入し，生活を維持することになる．物を造り出すのは，人間がもつ労働力である．労働力は経営者に買われ，賃金と交換される．労働力は，性別，年齢，学歴，体力などによって評価されることになる．

　ここで3つの側面の関係を示すと，下図のようになる．

　つまり，社会的側面が，生物的，精神的側面を左右する，ということである．なぜならば，労働者として手に入れた金で，食事に必要な材料を購入し，体調

図1－1　3つの側面

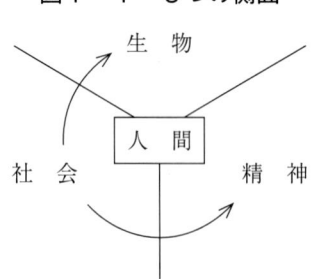

が不良となれば，医薬品を買うか医療機関で医療費を支払うことになるのである．また経済的にゆとりがあれば，気分転換のための時間をもち，余暇を有意義なものとすることができるのである．したがって人間は社会的存在として，労働力が，健康で文化的な生活を送れるだけの賃金と交換された時にはじめて，生活が成り立つということができるのである．

　ここにおいて障害者は，不完全な労働力として存在することになるのである．そのため就職することが困難であり，採用された場合は健常な労働者より低い賃金となり，家計を維持していくことが困難となるという現実の理解が可能となるのである．より具体的には，誕生あるいは障害を受けた時点で，多額の治療費が必要となる．遠くにある盲学校，聾学校，養護学校への通学や外出の付き添いにより，交通費がかかる．家の改造や便利な機器を手に入れることも考えられる．そしてそれらは，家計をやりくりすることが可能となる．その家計は，障害者の働いた収入と生計を維持している家族の収入とから支出されるのである．ということは収入の多少によって，障害があるがゆえに必要となる生活上のさまざまな手段の購入が左右される，ということになるのである．

　現代社会はさまざまな生産物を商品とし，利潤を目的としている．そして健康や生命の維持のための医療もまた商品として存在している．介護も例外ではなく，食事，入浴，排泄，外出なども1回または時間単位で，介護料または利用料として商品化されているのである．言いかえると，人の命や基本的な行動が利潤の対象となっているのである．

　ところで生産物が利潤のための商品となっていること，物を作る人間の労働が商品となっていること，それら生産手段と労働力を経営者が資本によって手に入れて管理している仮象の社会を，資本主義社会というのである．資本主義社会において人間は，労働力の持ち主，すなわち労働者という社会的，客観的な存在として位置づけられるのである．そして障害者は，平均的な労働力をもたない不完全労働力とされるのである．注意しておくことは，障害者が障害をもたない人以上の能力をもつことがあるということである．車椅子を使用する

経営者や，ある種の才能を生かして高収入を得ている障害者がいるということである．

以上本節においては，障害者は周囲の人たちからどのようにみられているのかについて，意識の面と社会の構造の面とから述べてきたのである．が，以下のように全体をまとめることができる．現代社会において障害者は，同情，偏見，差別の対象とされている．そのような意識は，資本主義社会によって支えられ，強化されているのである．人間のもつちがい，すなわち差異に対して価値づけをしている相対的価値体系が支配しているのである．

障害とはなにか

1 近現代における障害者と障害者観

前節では，人類史および社会において，障害のある人びとはどのようにみられ，生きてきたか，その概略を述べた．本節ではまず，わが国の歴史にあてはめ，中世から近世にかけて特徴的な出来事について述べる．

なかでも「当道座」（視覚障害のある者の職業・互助組織）の成立は，注目すべきことである．中世から近世にかけて琵琶などの芸能専門職集団として定着し，江戸時代には江戸幕府から公認され，針灸・按摩の職業独占権も与えられていた．それは単なる互助組織ではなく，職業訓練も行われ，その仕組みが存在したことによって，一定の生活が成り立っていたのである．そうした中で「群書類従」を編纂した国学者，塙保己一（1746〜1821年）が現れるのである．

もちろん，そのほかの多くの障害者や「当道座」に入らない視覚障害者にはやはり厳しい現実があった．貧困の中で嘲笑の対象にされ，見せ物小屋に売り飛ばされることもあったのだが，例外的であるにせよ，封建制身分関係に組み入れられる障害者が存在したことも事実である．その象徴的なこととして，江戸幕府の歴代将軍の中に，障害のある将軍がいたことも第二次世界大戦後の学

術調査で確認されている.

ところが，1868年の明治維新によって本格的に開始された日本の「近代化」は，これらの仕組みをなくし，わずか視覚障害者に公認されていた針灸・按摩の職業独占も崩壊させた.

一般に明治維新によってもたらされた近代化は，封建制身分社会を廃し，「四民平等」とし，強力な中央政府を

塙保己一像（埼玉県 HP「彩の国の偉人」より）

つくり，その下で富国強兵政策をとっていくものであった．欧米列強を前にして，強い軍隊をもち，資本主義化を急速にすすめるというものである．

これらの変化はまず，旧来の特権を廃し，1871年をもって「当道座」は解散となり，視覚障害者の職業独占はなくなった．彼らは，非障害者との競争に晒されることとなり，なかには生活基盤を失い，貧困層に転落していった者もいた．この変化を背景にして1876年，わが国最初の盲学校，「訓盲所（東京楽善会訓盲院）」が作られ，職業教育を開始する.

身分や生まれよりも，その人の能力を問う社会の確立は，障害のある人びとにとって，さらに厳しい生活を強いることとなった．資本主義経済がすすむにつれ，大都市にはスラムが形成され，そこには障害のある人たちが暮らしていた．

もちろん，近代化は，国内の産業や科学技術，学校制度，政治参加や人道主義の発展をもたらしたことも忘れるべきではない．国民の生活にとって教育や医療の発展の恩恵は多くあった．先の盲学校のみならず，石井亮一によって「滝乃川学園」（1891年設立の聖三一孤女学院を改称）が設立され，発達の遅れのある子どもたちに対する教育的なアプローチも開始されるのである.

では，この時期，19世紀の欧米ではどうであったか．少し前後するが概観しておこう．この時期のヨーロッパにおいて，その後の障害者の生活やケアを

左右する2つの思想的な流れが生まれた.

ひとつはフランスのジャン・イタール (Jean Marc Gaspard Itard, 1774～1838年) とエドワード・セガン (Edward Seguin, 1812～1880年) らによって開始された, 知的発達障害児の生理学的教育の研究と実践である[9]. これは知的障害をもつ子どもたちへの, より積極的な教育実践となり, さまざまな学校や施設が作られていった. 石井亮一は, このセガンの教育法を学んでいる.

もうひとつの流れは, 優生学の成立である. 優生学は, 1883年イギリスの遺伝学者ゴールトン (F. Galton) が首唱し, 人類の遺伝的素質を改善することを目的とし, 優良なものを保存することを研究する学問である[10]. 当時のイギリスでは, 資本主義経済の発展とともに都会にはスラムが形成され, 貧困や犯罪などの社会問題が無視できない状態になっていた. その原因を優生学は, 人間の悪い形質に求め, 社会問題の解決には, 優良なる人間をより多くつくることだとしたのである.

この考えはその当時, 直接, 障害者の生活に影響をもたらすものではなかったが, 20世紀になり, アメリカにわたると具体的な法律となって現れた. この考えに基づく, 世界最初の法律がアメリカのインディアナ州で制定された. 「無性化法」(1907年) という断種法である.

当時の考え方としては, 貧困や犯罪などの社会問題の原因は, 人間の悪い形質にあるとされ, その形質をもった人びとの社会的隔離が必要であり, その延長線上に, 犯罪者や知的障害のある人たちに対する「断種法」が考えられたのである. この法律は, アメリカ合衆国の法律ではないが, 他の州でも制定され, ドイツやスウェーデン, やがて日本においても制定されていった.

アメリカは世界ではじめて「傷痍軍人リハビリテーション法 (The Soldiers Rehabilitation Act)」(1918年), 「公民職業リハビリテーション法 (Civilian Vocational Rehabilitation Act)」を制定し, 職業リハビリテーションに限られるが国の責任において障害者の援助を開始した国である[11]. しかし, その一方, 知的障害のある人びとにとっては一部では過酷な社会でもあった.

この優生学の流れは，ナチス政権下のドイツではさらに強まった．1939年以降，「T4計画」と称し，断種よりもさらに露骨な「人間の淘汰」策（安楽死計画）が実施された[12]．障害をもった成人や子どもたちがドイツ全土から集められ，命が奪われたのであった．

再び日本に戻ろう．日本においても上記の2つの流れがあったが，むしろ大正期から昭和初期にかけては，治療教育学の研究や実践がすすめられた．ヨーロッパに留学した医師たちによって，障害をもった子どもたちへの治療研究が進められ，その時期が日本の社会事業の成立期にもあたり，相談機関や施設がつくられていった．

しかしながら1930年代にはいると軍靴の足音とともに変化がはじまる．満州事変から太平洋戦争に至る過程で，傷痍軍人対策は強化充実されていく．断種法に関しては，政府内部では慎重論もあったが，1940年，日本の断種法「国民優生法」がドイツの法律をモデルに制定された．

また忘れることができないことがらとして，当時，わが国では「徴兵制」があり，すべての20歳男子には「徴兵検査」を受ける義務があった．検査の結果，兵隊に適した体力順に，甲種，第一乙種，第二乙種，丙種とランク分けされ，甲種合格が一人前の男性と認められる要件であったのである．このような価値観の中では，障害者は厳しい目にさらされることとなった．

このように第二次世界大戦期は，国を問わず，とりわけ障害者を過酷な境遇に追いやった．日本において，傷痍軍人に限らない，障害者福祉がスタートするのは，戦後の1949年からである．1930年代に生まれた，ある地方に住む障害者は，30代半ばまで外出の機会はなかったという．

近現代は，以上のように，資本主義社会の発展を背景として，障害者の生活やケアに関わる2つの思想的な流れを軸に展開したといえる．治療教育学に源流をもつ積極的な支援・教育を行うアプローチは，第二次世界大戦後，医療やリハビリテーション，社会福祉や学校教育において大きく展開する．そしても

う一方,多大な犠牲と悲劇を生むこととなった優生学の法律は,スウェーデンや日本などにおいて戦後も存続していたのである.「共生」という第三の思想的な流れが登場するのには,まだ時間が必要であった.

2 「障害」理解と「国際生活機能分類」

私たち人間は,歴史の過程において,「障害」と「障害がある人」に対して,さまざまな対応を取ってきた.ここではまず,障害者福祉を学ぶにあたって「障害」についてのより適切な理解を得る必要がある.

障害者福祉は,実際的にみるならば,障害のある人びとやその家族が直面する生活上の困難に対して,その解決を支援する社会福祉の制度と実践である.この制度や実践を理解する上で,第一にあげられる重要なキーワードは,「障害」という言葉であろう.はたして「障害」とは何であろうか.

そこでまず,言葉の意味から確認しておこう.手元にある国語辞典をひくと次のように記載されている.

　　『大辞林　第二版』(三省堂)
　　　しょうがい　しやう―【障害／障碍／障礙】(名)スル
　　(1)　物事の成立や進行の邪魔をするもの.また,妨げること.しょうげ.
　　(2)　身体の器官が何らかの原因によって十分な機能を果たさないこと.また,そのような状態.「機能―」「平衡感覚が―される」「血管に―がある」
　　(3)　「障害競争」の略.

この国語辞典によれば,物事の進行や成立が妨げられることを示し,それを身体の機能にあてはめて,身体のさまざまな器官(手足やからだを含め)が十分な機能を果たさない状態を「障害」とよんでいると記載されている.この第一の意味から「障害」は,「人間がもっている身体的,精神的能力の低下・不全(身体的,精神的機能が適切に働かない状態)である」といえる.

では，身体的・精神的機能不全だけが「障害」とよばれているのであろうか．私たちが認識する「障害」は，手足などの身体的な機能面だけではない．もちろん，身体的・精神的機能に関係があるが，食事がひとりでできない，着替えられない，移動できない，排泄に苦労する，コミュニケーションがうまくできない，公共交通機関が利用しにくいなどといった日常生活の中であらわれる行動上の問題もある．またさらに，働く職場がない，働いていたとしても給料が低い，通学できる学校が限られるといった社会生活上の不利益も「障害」とよんでいる．このように「障害」とは，多くの意味をもっている言葉だということがわかる．

それでは，これら障害がもっている多様な意味，それは障害のいわばさまざまな側面といえるが，それら意味（側面）と意味（側面）の間にはどのような関係があるのだろうか．整理をしよう．

先にも述べたように，私たちは，障害をまず，身体機能的な問題で理解し，また対応することが多い．医療やリハビリテーションを行って，身体機能を回復させる試みである．

ところが人間は，さまざまな個性とさまざまな環境の中で暮らしている．仮に同じような身体機能の状態であっても，医療やリハビリテーションを同じように行ったとしても，誰でも同じ職業に着き，同じ暮らしができるとは限らない．同じ機能的な課題があったとしても，AさんとBさんの場合では，やはり生活の状況は違うのである．そこには，居住する地域，環境のバリア状況，社会資源，本人の性別や年齢，経験や意欲など多く影響する要因がある．身体機能のレベルのみで障害を十分に認識することはできない．つまり，機能障害が生活全体の障害をあらわすのではないのである．

これらさまざまな要因や障害概念を整理するために，国際保健機関（WHO）は，身体機能の問題と生活状況の問題，影響要因を区別し，理解する枠組みを提案した．「国際障害分類」(ICIDH, 1980) と「国際生活機能分類」(ICF, 2001) である．どのようなとらえ方をしているか，やや詳しくそれぞれみておこう．

① 「国際障害分類」(International Classification of Impairments, Disabilities, Handicaps: ICIDH 1980)

1980年, 国際保健機関は, 障害の原因となる疾患・怪我などを除き, 障害を, ① 機能障害(Impairments), ② 能力障害(Disabilities), ③ 社会的不利(Handicaps)という3つのレベル（次元）に分類し, 把握することを提案した. まず, ① 機能障害は, 病気や怪我などによって永続的に生じる, 人間の身体的・精神的機能がうまく働かない状態であり, いわば医学的な次元での障害をさす. 次に ② 能力障害は, 機能不全によって生まれる行動上の制限・制約であり物理的な次元での障害である. そして ③ 社会的不利は, 行動上の制約・制限から生じるさまざまな生活や労働上の困難である.

この枠組みに従えば, たとえば, 怪我により歩行困難の機能障害をもった者は移動できないという能力障害を担い, それによって就労できず, 低所得という社会的不利を被ると整理できる.

これを図式化すると次のようになる.

図1-2　国際障害分類

原因　　　　　　機能障害　　　　　能力障害　　　　　社会的不利
（疾病・怪我等）→（Impairments）→（Disabilities）→（Handicaps）

この「国際障害分類」に対しては, 障害のある当事者などから, ①「障害の次元」に関する各項目の表記に否定的な用語を用いられており, ② その枠組みも医学的な視点に重きが置かれ, ③ 社会や個別性との関連がみえにくく, ④ 各項目間の関係が一方通行の単純な影響関係で示されているなどの欠点が指摘されていた. 特に全体的な枠組みが「医学モデル」（身体機能を障害問題の基本とする障害理解のモデル）に偏重している点に強い批判があった.

② 「国際生活機能分類」(International Classification of Functioning, Disability and Health: ICF 2001)

国際保健機関は, 2001年5月第54回総会において, 上記の批判を考慮し,

改訂版である「国際生活機能分類」(ICF 2001) を発表し，採択した．

　この「国際生活機能分類」は，障害の認識に限定せず，人びとの健康的な生活機能と障害について「心身機能・身体構造」「活動」「参加」の3つの次元（構成要因）と「環境因子」「個人因子」という因子で構成し，それぞれにアルファベットと数字を組み合わせた方式で分類するものである．その分類は，約1500項目にも及ぶものである．

　その特徴を概略すれば，第一にそのタイトルからもわかるように，「障害の認識」という役割から，健康な生活機能という視点をたて，すべての人びとの健康と障害に関する，より広い認識枠組みを提供した点である．第二には，「心身機能・身体構造」，「活動」，「参加」といった中立的な用語を用いており，第三には，社会的な視点や複雑な相互関係を表現し，環境と個人の因子が明確に位置づけられていることである（図1-3）．

　「国際生活機能分類」は，身体機能レベルだけではなく，さまざまな生活環境上の課題を認識・整理できるようにし，障害のある者の生活上の問題解決には，医療やリハビリテーションだけではなく，障害者福祉の支援やアクセシブルな環境整備が大切な役割を担っていることを示している．この「心身機能・身体構造」，「活動」，「参加」，「環境因子」，「個人因子」は，いわばチェック項

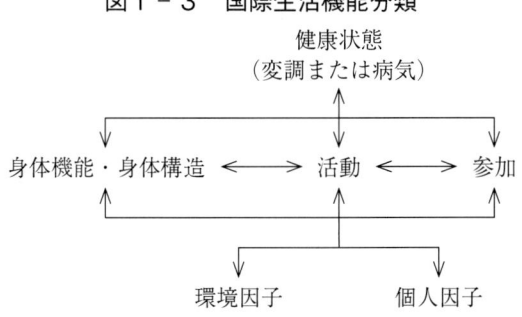

図1-3　国際生活機能分類

出典：障害者福祉研究会編『ICF国際生活機能分類——国際障害分類改訂版』中央法規，p.17

目であり，それぞれの状況と影響しあうことによって，その全体で「健康状態（障害の状況）」を把握するのである．これによってたとえば，東京や大阪などの大都市の生活環境と地方における生活環境の違い，さらには，一人ひとりの性別や年齢，経験や意欲もその視野に入れることができるのである．

「国際障害分類」(ICIDH, 1980) と「国際生活機能分類」(ICF, 2001) は，「障害」という言葉がもつ意味の多様性とその関係・要因を，実際の医療やリハビリテーション，あるいは生活の中で整理し，障害を理解する枠組みを提供したのであった．「国際障害分類」から「国際生活機能分類」への改訂は，医学的な見方から，それを基軸としながらも，個別的な要因を加え社会環境の中で障害をとらえようとする見方を取り入れようとする動きであったことがわかる．

3 社会と「障害」

「障害」は，単に身体的な機能の問題ではないことを前節で述べた．ここでは，やや詳しく社会との関係に焦点をあて，なぜ，ある特定の身体的機能のレベルが「活動」や「参加」の制約・制限になるのか，その社会に焦点をあわせ要因を考えてみよう．つまり，「障害」と「生活問題」の基本要因を社会の側にあるとする障害理解の「社会モデル」をみておこう．

ところで，社会との関係に焦点をあてるには，まず私たちの社会がどのような社会なのか，考えておく必要がある．私たちが暮らす社会は，自由主義社会とよばれ，経済システムからみれば資本主義社会とよばれている．その資本主義社会においては，生活手段が商品として存在し，人びとの生活はその個人の稼得能力（収入を得る力）――生活手段を買える力によって決まることが多い．そしてその暮らしに必要な収入は，企業などでの就労によって得られ，生活が成り立っているわけである．就労から得られる収入が，その人と家族の生活を決めているといっても過言ではない．そうであるから人びとは良い暮らしをしていくために，なるべく高い給料を払ってくれる企業を探し必死になる．また

企業側からみてもしっかりと効率的に働いてくれる人を求め，他の企業との競争に勝つことを目標にする．そのような社会に私たちは暮らしているのである．

しかし，こうした効率性をすべての人間が備えているかといえば，必ずしもそうではない．障害があるとされる人びとは，効率的にモノを作る作業（生産労働）にとってマイナスであると判断されやすく，したがって働く場が得にくい状態（失業や未就業）に陥ってしまう．たとえ働く場があっても，低い賃金で働かざるを得ない．よって必然的に暮らしに必要な生活手段の購入能力を下げ，生活上のさまざまな困難が生じることになる．

このように資本主義社会の価値観が，障害のある者にとって，「活動」や「参加」の制約・制限に大きな役割をもっているのである．

障害者の生活問題は，身体的精神的機能だけの問題ではなく，生活のあらゆる場面に現れる困難であり，一般的な暮らしとの格差として失業や就労困難，低収入，不安定な就業といった労働問題が存在し，そこから関係的に生じるさまざまな生活問題が位置づくという構造をもつことになる．幼い時からの障害者は，養護学校卒業後，一般就労できる者は少なく，多くは在宅となっている．在宅となった場合，家族には経済的負担だけでなく，介護負担なども大きくのしかかる．また，社会参加をしたいと考えてもその機会は限られる．現代社会は，自由でさまざまな商品があふれているが，人間の能力が効率性で測られる厳しい社会でもある．この社会のあり様が，障害者の生活困難の背景にあり，障害者福祉の支援や援助が，社会的な仕組みと責任によって行われる根拠を形成しているといえるのである．

4 「障害者」の法的定義

障害者福祉の支援では，障害の概念や意味を知ることだけでは十分ではない．障害者福祉制度に用いられている法律上の「障害者の定義」を知らなければ，実際の支援活動は困難になる．それは必ずしも現在の障害の概念を反映したものではない．

「障害者の定義」は，障害者福祉関係法や学校教育関係法，年金関係法，障害者雇用促進法などで規定されている（障害によっては法律ではなく通達などで定められている場合もある）．

(1) 「障害者福祉」関係法における定義

ここではまず，障害者福祉に直接かかわる，「障害者基本法」「身体障害者福祉法」「知的障害者福祉法」「精神保健及び精神障害者福祉に関する法律」「児童福祉法」について，それぞれ定義の部分をみておこう．

表1-1に，それぞれの法律の目的と定義についてまとめた．なお，「障害者自立支援法」の定義部分は，同法第四条および同法第四条2により「身体障害者福祉法」「知的障害者福祉法」「精神保健及び精神障害者福祉に関する法律」「児童福祉法」に基づくものであり，したがってここでは詳述しないこととする．

表1-1に示す法的定義について，詳しくはそれぞれの法律の説明に譲るが，若干，補足をしておきたい．

① 障害者基本法

この法律における障害者の定義は，わが国の総合的な「障害者の定義」を示すものである．この重要性に鑑みこの法律が制定された時に参議院で付帯決議がなされ，「てんかん及び自閉症を有する者並びに難病に起因する身体または精神上の障害を有する者であって長期にわたり生活上の支障があるものは，この法律の障害者の範囲に含まれるもの（抜粋）」という一文が付言された．したがってこの「てんかん，自閉症，難病」に起因する障害を有する者も障害者に含まれるのである．換言すれば条文の定義が狭いことを意味している．

② 身体障害者福祉法

この法律第四条に示される身体障害者の定義には，第一に身体障害者福祉法別表に掲げる身体上の障害がある者，第二に18歳以上の者（上限の規定はない），第三に身体障害者手帳をもつ者の3点が要件とされている．この中で身体障害

表1-1　「障害者」の法的定義（障害者福祉にかかわる法律）

法律名	法律の目的	定　義
障害者基本法 目的　第一条 定義　第二条	この法律は，障害者の自立及び社会参加の支援等のための施策に関し，基本的理念を定め，及び国，地方公共団体等の責務を明らかにするとともに，障害者の自立及び社会参加の支援等のための施策の基本となる事項を定めること等により，障害者の自立及び社会参加の支援等のための施策を総合的かつ計画的に推進し，もつて障害者の福祉を増進することを目的とする．	この法律において「障害者」とは，身体障害，知的障害又は精神障害（以下「障害」と総称する．）があるため，継続的に日常生活又は社会生活に相当な制限を受ける者をいう．
身体障害者福祉法 目的　第一条 定義　第四条	この法律は，身体障害者の自立と社会経済活動への参加を促進するため，身体障害者を援助し，及び必要に応じて保護し，もつて身体障害者の福祉の増進を図ることを目的とする．	この法律において，「身体障害者」とは，別表に掲げる身体上の障害がある18歳以上の者であつて，都道府県知事から身体障害者手帳の交付を受けたものをいう．
知的障害者福祉法 目的　第一条 定義　―	この法律は，知的障害者の自立と社会経済活動への参加を促進するため，知的障害者を援助するとともに必要な保護を行い，もつて知的障害者の福祉を図ることを目的とする．	法的定義はない．ただし2000年9月旧厚生省が実施した「知的障害児（者）基礎調査」では「知的機能の障害が発達期（おおむね18歳まで）にあらわれ，日常生活に支障が生じているため，何らかの特別の援助を必要とする状態にあるもの」とされる．
精神保健および精神障害者福祉に関する法律 目的　第一条 定義　第五条	この法律は，精神障害者の医療及び保護を行い，その社会復帰の促進及びその自立と社会経済活動への参加の促進のために必要な援助を行い，ならびにその発生の予防その他国民の精神的健康の保持及び増進に努めることによって，精神障害者の福祉の増進及び国民の精神保健の向上を図ることを目的とする．	この法律で「精神障害者」とは，統合失調症，精神作用物質による急性中毒又はその依存症，知的障害，精神病質その他の精神疾患を有する者をいう．
児童福祉法 （障害児関係） 目的　― 定義　第四条 　　　二項	児童福祉法には法律の目的を規定する条文はないが，児童の生活保障と愛護，児童福祉に関する国民と国，地方公共団体の責務が規定されている．	この法律で，障害児とは，身体に障害のある児童又は知的障害のある児童をいう．

者福祉法別表とは，身体機能障害の種類（視覚，聴覚言語障害，肢体不自由，内部障害）とそれぞれの障害程度の軽重の内容（障害等級）が一覧表になったものである．

③　知的障害者福祉法

知的障害者福祉法には知的障害者の定義はないが，実際には，都道府県それぞれに表1-1にある一般的な定義に基づき，おおむね，知的障害を知能指数（IQ）75以下として認定している．

(2)　障害者雇用促進法および年金関係法における定義

「障害者の雇用の促進等に関する法律」では，障害者を第二条一において，「身体障害，知的障害または精神障害（以下「障害」と総称する．）があるため，長期にわたり，職業生活に相当の制限を受け，または職業生活を営むことが著しく困難な者をいう．」としている．障害の範囲を身体障害，知的障害，精神障害の3障害分野とし，職業生活を基軸にしている点に特徴がある．

国民年金法の障害基礎年金は，被保険者であることを前提に「傷病により次項に規定する障害等級に該当する程度の障害の状態にあるときに，その者に支給する．（国民年金法第30条抜粋）」とされる．その「障害の状態」とは，重度のものから1級と2級の等級があり（同法第三〇条二），その状態の内容は表1-2の通りである．

以上のように，障害者の法的定義は，いずれの法律や制度においても，必ずしも「国際生活機能分類」を反映したものとはなっていない．身体機能の状態を法的定義の基本としており，障害のある人の「生活問題の全体像」を把握し，適切な支援を行う枠組みとしては狭いものである．

ここで述べてきた「障害とは何か」という問いは，いうまでもなく，障害のある人びとのことのみを考えることではない．人間とその社会，生活そのすべてを問うことなのである．

表1-2 障害基礎年金における障害等級表（国民年金法施行令別表）

等級	障害の状態
1級	1. 両眼の視力の和が〇・〇四以下のもの 2. 両耳の聴力レベルが一〇〇デシベル以上のもの 3. 両上肢の機能に著しい障害を有するもの 4. 両上肢のすべての指を欠くもの 5. 両上肢のすべての指の機能に著しい障害を有するもの 6. 両下肢の機能に著しい障害を有するもの 7. 両下肢を足関節以上で欠くもの 8. 体幹の機能に座つていることができない程度又は立ち上がることができない程度の障害を有するもの 9. 前各号に掲げるもののほか，身体の機能の障害又は長期にわたる安静を必要とする病状が前各号と同程度以上と認められる状態であつて，日常生活の用を弁ずることを不能ならしめる程度のもの 10. 精神の障害であつて，前各号と同程度以上と認められる程度のもの 11. 身体の機能の障害若しくは病状又は精神の障害が重複する場合であつて，その状態が前各号と同程度以上と認められる程度のもの
2級	1. 両眼の視力の和が〇・〇五以上〇・〇八以下のもの 2. 両耳の聴力レベルが九〇デシベル以上のもの 3. 平衡機能に著しい障害を有するもの 4. そしやくの機能を欠くもの 5. 音声又は言語機能に著しい障害を有するもの 6. 両上肢のおや指及びひとさし指又は中指を欠くもの 7. 両上肢のおや指及びひとさし指又は中指の機能に著しい障害を有するもの 8. 一上肢の機能に著しい障害を有するもの 9. 一上肢のすべての指を欠くもの 10. 一上肢のすべての指の機能に著しい障害を有するもの 11. 両下肢のすべての指を欠くもの 12. 一下肢の機能に著しい障害を有するもの 13. 一下肢を足関節以上で欠くもの 14. 体幹の機能に歩くことができない程度の障害を有するもの 15. 前各号に掲げるもののほか，身体の機能の障害又は長期にわたる安静を必要とする病状が前各号と同程度以上と認められる状態であつて，日常生活が著しい制限を受けるか，又は日常生活に著しい制限を加えることを必要とする程度のもの 16. 精神の障害であつて，前各号と同程度以上と認められる程度のもの 17. 身体の機能の障害若しくは病状又は精神の障害が重複する場合であつて，その状態が前各号と同程度以上と認められる程度のもの

注・引用・参考文献

1) 吉本充賜「一般住民の障害者観」『障害者福祉の焦点』ミネルヴァ書房，1984年，pp. 118-121
2) 吉本充賜「障害者観を探る」『障害者福祉への視座』ミネルヴァ書房，1978年，pp. 96-100
3) 吉本前掲2) pp. 84-89，吉本前掲1) pp. 157-162
4) 吉本充賜『共生福祉論』ミネルヴァ書房，1987年，p. 115
5) 谷合侑『盲人の歴史』明石書店，1996年
6) 鈴木尚『骨は語る　徳川将軍・大名家の人びと』東京大学出版会，1985年
7) 中野善達・加藤康昭『わが国特殊教育の成立』東峰書房，1973年
8) 滝乃川学園編『石井亮一と滝乃川学園』石井亮一没後50周年記念復刻版，1986年
9) エドワード・セガン著（薬師川虹一訳）『障害児の治療と教育——精神薄弱とその生理学的治療』ミネルヴァ書房，1981年
10) ダニエル J. ケヴェルス著（西俣総平訳）『優生学の名のもとに——「人類改良」の悪夢の百年』朝日新聞社，1993年
11) Obermann, Esco C., *A History of Vocational Rehabilitation in America*, Ayer Co. Pub., 1980.
12) ヒュー・グレゴリー・ギャラグハー著（長瀬修訳）『ナチスドイツと障害者——「安楽死」計画』現代書館，1996年

〈参考文献〉
① 生瀬克己『日本の障害者の歴史——近世篇』明石書店，1999年
② トレント・ジェームズ E., Jr. 著（清水貞夫・茂木俊彦・中村満紀男監訳）『「精神薄弱」の誕生と変貌——アメリカにおける精神遅滞の歴史〈上〉〈下〉』学苑社，1997年
③ 佐藤久夫『障害構造論入門——ハンディキャップ克服のために　障害者問題双書』青木書店，1992年
④ 孝橋正一『全訂・社会事業の基本問題』ミネルヴァ書房，1977年

学びを深めるために

① 上田敏『国際生活機能分類 ICF の理解と活用』萌文社，2005年
　　障害とは関係性である，と本章で述べた．当事者の身体的な機能はもちろん社会や環境，個々人の性格や価値観，生活のあり方等で障害の実態はかわるという

意味が込められている．しかし，このような概念的理解では適切な援助や支援は行えない現実もある．分析的な「生活機能の課題」の把握が不可欠である．本書は，現在最も活用されている認識枠組みである国際生活機能分類ICFについて，実際の活用方法をその成り立ちから平易に解説したものである．類書が多い中で読みやすく初学者の理解を助けるものである．

② 全国自立生活センター協議会編『自立生活運動と障害文化——当事者からの福祉論』現代書館，2001年

本書は障害を考える上でやや難解であるが最も薦めたい本である．自立生活運動という社会運動を担った多くの当事者たちの経験が語られているからである．運動体として，個人として自立生活をどのようにめざし，どのような問題に直面したか2部構成でまとめられている．障害当事者の自伝は多いが，それらとは違った自立をめざす生活の中に困難が存在したのだということが，障害の種別や地域を越え，切り口はさまざまであるが運動と暮らしの視座から語られている．本書によって障害について，リアルさをもってイメージが作られるはずである．

③ 後藤安彦『逆光の中の障害者たち——古代史から現代文学まで』千書房，1982年

本書は古代から現代まで文学作品や歴史書，伝承を対象に，そこに登場する障害当事者を闊達に論じている．作品が選ばれる根拠に一定の脈絡はないが，その当時の代表的な障害者が登場している作品群である．それだけに実際的な当時の障害に対する考えが逆照射されていき，著者の語りはわかりやすい．歴史とはヒーローや偉人たちだけのものではない．市井にあった障害当事者たちも暮らしを重ねてきたはずである．障害観を考える上で多くの示唆を与えてくれる．

☞ どのような過程を経て現在の障害の理解が形成されてきたのか，整理してみよう．

☞ 私たちの暮らしの中で「障害」問題に出会うこととはどんなことだろう．障害のある人びとと障害のない人びととの間にある違いばかりではなく「同じこと」を考えてみよう．

☞ 障害のある人が書いた自伝，あるいは主人公にした作品を読んで，その作品の障害観を考えてみよう．

学びのオリエンテーション

施設生活の構造的問題

　障害者の生活の場のひとつとして，障害者の入所施設が法律によって設置されている．障害者施設の一般的な生活の流れは，つぎのように展開されている．起床は7時ごろ，朝食は7時30分から8時，軽作業，昼食は12時ごろ，昼休み，軽作業，夕食は5時ごろ，就寝は9時である．入浴は週2回，午前か午後に，男女に分かれている．

　部屋は4人部屋がほとんどで，2人部屋や個室は，少ない．生活範囲は，部屋から食堂，トイレが平均的で，週に1度の近所への外出がある．

　施設での生活期間は，入所してから退所するか死ぬまで続く．知的障害児施設に6歳で入所し，そこからとなりの養護学校に通い，卒業し18歳になって知的障害者施設に移り，現在は40歳を迎えている場合は，多い例である．

　では人間関係をみてみると，障害をもたない人との関わりは職員かボランティアである．家族からの面会は少なく，親は高齢となり，すでに死んでいる場合もある．年に数回ある行事の時に，ボランティアや地域の人たちとの交流がある．職員は交代勤務で，全員がそろうことはめったにない．

　このように障害者施設は，一般の人びととは大きく異なった生活が展開されているのである．これを規則正しい集団生活とみるのか，一般とは別世界の不自然な生活ではないかと考えるかである．このことは，施設に働く人やボランティアに対して，問われることにもなる．

　しかし施設で生活をしている多くの障害者は，今の生活に満足している，という意志表示をしているのである．長期間の狭い場所と限られた人間関係が，障害者の真の充実感を奪っている，といえるのではないだろうか．

吉本充賜（岡山県立大学）

第2章
障害とともに生きる

事例1　知的障害をもつ聖也さんの育ち

　聖也さん（22歳）は精神発達遅滞，中度（療育手帳B），現在父と母とともに大都市近郊のベッドタウンに住み，会社に勤務している．

　聖也さんは出産時，胎盤剥離の処置の遅れから仮死状態で生まれた．すでに2人の子どもを育てていた母親はどこか遅れがあるのではないかと思い，何の障害なのか，どういうふうに育てたらよいのか，そのことを知りたいとあちこちの相談機関・療育施設を回った．施設へ1年間，母子通園した後，就学まで保育園に通い，小学校は普通学級に入学，2年生頃やっと精神発達遅滞だと診断される．聖也さんには「成人期になって健康で働いて楽しく仲間と生活できるように」なってほしいと，母親は，社会で生きる力，体力をつけることを目標に，育ててきたという．

　中学校特殊学級，養護学校高等部，職業訓練能力開発校を経て，今，聖也さんは嘱託として会社に勤務している．余暇は県の障害者交流センターなどで過ごす．いろいろな人の支援を受けて障害者のスキーサークルのツアーや海外旅行も経験した．最近は，ある財団の障害者リーダー研修に選ばれ，ニュージーランドへ行った．

　聖也さんは障害者雇用枠にカウントされて就労できたが，将来リストラの可能性もあるため，母親はワーカーズコレクティブを作った．母親は，「年をとった人も幼い子どもがいる人も，障害をもつ人も地域でゆたかに暮らせるための働く場を作りたい．生活の場としては新しい『家族をつくる』という意味でグループホームがほしい．」「もう親が手をつなぐのではなく，本人たちが手をつなぐ時期がきた．働きたいという意欲，仲間と過ごすという楽しみをもち，その子の『はば』で人としての喜びをもつことのできる生活がおくれたらいい．」という願いを語る．

　川池智子「知的障害者の自立と当事者の家族のライフサイクル支援の課題—母親による「抱え込み」の問題に焦点をあてて」（山梨県立女子短期大学『地域研究』第3号，2003年より一部改変）

事例2　脳性まひの障害をもって

　私の障害は1歳の時にもったと聞くが，いまだ上手くつきあいができて

いるとはいえず,「障害の受容」となるとまったく自信がない．おそらく「障害の受容」なる用語は,非障害者製の用語ではあるまいか．障害の自覚とその受容は実にやっかいな問題なのであり,環境や状況が変われば,平和共存状態は簡単に崩れるのである．そして自分に対する自分による評価に自信がもてず,おそらく必要以上に,「他者の評価」を気にすることになるのである（少なくとも私の場合は）．

　私がこの自分の障害像,自己像の問題に最初に自覚的に出会った時は,大学受験の時期であったろう．10代後半特有の物事を「斜めにみる」精神性と行動の上に,進学校ではない高校を卒業した中で,プライドだけは高く行動がともなわず,コンプレックスのかたまりとなり,2浪という度かさなる受験の失敗で,自分の障害との葛藤が生じ,自分に対する自信はズタズタであった．今,振り返っていえることは,東洋大学に通った数年間は,社会学や社会福祉を学ぶ以外に,自分の障害像と自己像の形成に格闘し,葛藤し,課題を自覚した時期であったと総括できる．

旭洋一郎「障害とつきあうということ」（東洋大学児童相談研究20号,2000年より一部抜粋）

　事例1は,幼い頃から知的障害をもつ人の成人期に至るまでの育ちを,筆者が母親に聞き取った事例である．事例2は本書の編者である障害当事者が,自らの障害に対する心情を省察した文である．

　障害をもった時には,まだまだ社会的な不利が多い社会であるが,障害をもつことで当事者も家族も,痛みや葛藤とぶつかり,つきあって生きていく．障害をもつがゆえに出会う出来事は,私たちの社会を映し出したものである．しかし,つらいことだけではないということも知ってほしい．

　この章では,障害と出会うということは,どういうことなのか,育ちや学び,暮らしや働く上で,どのような問題状況があるのか,という現実と課題を学んでいく．

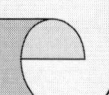

① 障害との出会い

1 人生のはじめで

　人が障害をもって生まれてきた時，「障害の告知」や「障害の気づき」という意味で障害と最初に出会うのは，障害をもつ当事者ではなく，当事者の親である．

　子どもは授かりものという時代から，子どもを作るという言葉を使うようになった今日，出生前診断など命の質が選択される時代の入り口にある現代社会においても，どんな子どもが生まれてくるかということは，私たちの意志で決めることはできない出来事である．それを決めていいのかということも，議論すべき課題である[1]．

　けれども，最初から，どんな子どもでも無事に生まれてきさえすればいいと思える人は稀である[2]．

　元気で生まれてきてほしい，生まれてくるはずだという期待の中にあって，子どもが障害をもっていると告げられれば，目の前が真っ暗になったというような気持ちをもつ親が多いことも事実である．医師から真っ先に子どもがダウン症であることを知らされた父親は次のように書いている．

　　ぼくは，妻への告知で頭が一杯だった．妻を6人部屋の病室から廊下へ誘った．妻はいつものように明るい．「赤ちゃん見てきた？　どうだった？」と言った．
　　応えられず，ぼくは曖昧に笑った．心臓がバクバクする．どことなくふわふわして手足に力が入らない．どう言おうかとあれこれ考えたが，結局，アホのように最小限の言葉しか言えなかった．「……令子……ダウンだ……」
　　ダウンの子を持って，いろいろなことがあったけれど，この時ほど辛いことはなかった．無事出産を終え，幸福の頂点にいる妻を，ぼくは地獄へ突き落とした．（町田おやじの会『「障害児なんだうちの子」っていえたおやじたち』ぶどう社，2004年，pp.10－11）

　また，障害を告知された，母親の多くは自分のせいではないかという罪悪感

までもつ.

　どうして，どうして，私の子が．なぜ，何が原因なの？　あの時飲んだお酒かな．つわりのひどい時，ご飯替わりに食べたパイナップルかな．……いやもしかしたらあの時，2回も続けて打った流産防止の注射かな．（野辺明子ほか編『障害をもつ子を産むということ——19人の体験』中央法規，1999 年，p.61）

　なぜ他の人ではなく私が選ばれたのか，という受け入れがたい理不尽な運命への怒り，そんなことはあるはずはないという否定の気持ち，自責の念，そして慣れ親しんだ生活が崩壊してしまったという喪失感，これまで友だちだった人たちとは違う世界に一人でまぎれこんだという孤独感をもつ，などと親たちは手記を書いている．

　親の障害との出会いは，心理学等による研究において「障害の受容」という観点から多くの研究がなされてきた．たとえば，よく知られているものとして，親が障害を受容するまでのプロセスとして，ショック，否認，悲しみと怒り，適応，再起の5段階があるとした研究，障害児が誕生することを親にとっての「期待した子どもの死」とみなした研究もある．

　ただし，その背景には，私たちの社会の意識として，障害をもつということ＝能力が低い，役に立たない＝価値が低い，価値がない＝不幸，という構図をあらかじめもっていることによる．私たちの意識や価値観は社会のそれが投影されている．障害をもつ子どもをもってはじめて，自分自身の中にある「世間の価値観」に向き合わされる．それは障害をもつ子どもの親になった人にとって，つらいことであり，試練となる．

　それに，子どもが生まれたからといって，すぐに親になれるわけでもない．子どもは，自分とは別の存在であるという意識と，自分の分身であるという意識，さまざまな意識がないまぜになってしまうところに，親の障害との出会いにおける衝撃の複雑さがある．

　視点を変えてみると，障害の子どもと出会うということは，未知の体験であるが，そもそも少子社会において，子どもを生むということそのものが未知の

不安に満ちた体験である．ましてや障害をもっていれば，どんなふうに育つのか，目の前の不安と将来の不安が重なり合って膨らんでいく．

　子どもに障害があるとわかった時点における支援の少なさもその背景にあるが，それだけではない．私たち，私たちの社会は，本音のところ障害をもった子どもが生まれるということは，あるべきではないこととして，普段はみないこと，ないことにしてはいないだろうか．

　先に手記の一部を紹介した母親は，出生前診断の是非が問われている今日の社会において，妊娠中の母親・両親学級などで，障害について触れることがないこと，触れてはいけないことのように避けていることに疑問を呈す．

　　たとえば，母親教室において，「何万分の一という少ない確率とはいえ，一は一．もし，あなたの子に何らかの障害があったとしても，けっして一人で嘆かないで．障害の種類だけで，一冊の本になるほどたくさんあるが，そのほとんどに親の会があり，具体的な情報を得ることができる．そして，医療面では，我々が責任を持ってサポートしていくので，困難なこともあるだろうが，いっしょに育てていこう．だから大丈夫，安心して産んで」というところがあったなら，どんなに心強いことだろう．またいざという時，教室でそんなことを聞いていれば，孤独と絶望の渦巻く海に飛び込むこともなかったのでは，と思う．（野辺明子ほか編『障害をもつ子を産むということ——19人の体験』中央法規，1999年，p.66）

　ここで問われているのは医療や保健の専門機関の専門職の価値観や支援の方法にとどまらない．医療や保健の問題が，専門職の領域として，一般の社会から覆い隠されているということ，障害をもつ子どもをもつ親がみじめに孤立してしまう社会のありよう等，さまざまな問題が問われている．

　徐々に障害（児）者福祉の制度が整ってきているとはいえ，子どもが障害をもって生まれた時には，育てていくために苦労や困難が大きい社会であることは事実なのである．

　一方，子どもを育てていく中で，子どものために「がんばる」生き方から，自分のために，そして社会のためにと，自分の生き方を変え，社会を拓き，社会の変革の道をめざす親たちもいる．

障害者の母親には好きでなったのではない．障害をもってうまれてきたけれどもその子は自分の子であり受け入れた．障害のない子も自分の子として受けいれた．障害のある人もない人も，男も女も老いた人も若い人も，子どもも皆それぞれの人権が尊重され家族の一員として存在し，支配されず社会の一員として互いに助け合いながら生きていけることが「自立」といえるのだと思う．家族が幸せに暮らしていけるための情報をとらえ，自ら考え行動していこうと思っている．私の人生は，障害の息子のためにだけにあるのではなく，まず私の人生だ．障害をもつ息子や，娘たち，夫や私それぞれひとりひとりが自立した生活をおくれるよう，これからも悩みながら楽しみ生きていくのかなと思う[3]．

上記の文章を書いた親は，子どものために地域に仲間を作り，居場所を作ることから，社会のために，そして自分のために，活躍の場を広げている．このような親たちは，子どもの障害との出会いがもたらすのは，苦労や困難だけではないこと，当事者にも親にも家族にも，新たな可能性が開けてくることを身をもって教えてくれる．そんな親たちから私たちもたくさんのことを学ぶことができる．社会への鋭い視点と誰に対しても暖かいまなざしをもつこと，一人で解決できなくても仲間があれば越えられるものがあること，主体的に生きていくとはどういうことかということ等々……．

もちろん，親ががんばらなくてもいい社会，そして，生まれてきた命はすべて尊いといえる社会がくることが望まれる．そんな社会は誰にとってもそれぞれの個性が尊重され，生きやすい社会ではないだろうか．

2 人生の途中で

人生の途中で障害と出会うといった場合，通常，中途障害といわれる事故や病気で心身の機能が低下したり機能を部分的に失ったことをさす．

中途障害者の障害との出会いも，一般的には親の障害との出会いと同じように，「障害の受容」の観点から国内外の，ことにリハビリテーションの領域で多くの研究がなされ論じられてきた．その中でもよく知られているものが上田敏の論である．

上田は中途障害者の心理状況を，障害の発生（発病・受傷）の直後，多くの人がもつ感情が鈍麻した状態等を「ショック期」，障害がそう簡単には治らないらしいことがうっすらわかってきた時に心理的な防衛反応として障害を否認する「否認期」，現実を否認しきることができずに他者や自分に攻撃性が生じる「混乱期」，日常生活動作能力の向上，復職の見込みなど現実的な明るい展望がある程度生まれる「解決への努力期」，障害をもつことが自己の全体としての人間的価値を低下させるものではないことの認識と体得を通じて，恥の意識や劣等感を克服し，障害に対する価値観（感）を転換する「受容期」という5つの段階で整理する[4]．

けれどもこのような障害の受容の段階説には多くの批判もある．誰もがこのような受容の段階を進むとは限らないし，そもそも障害は受容できうるものなのか，「受容」や「価値観の転換」をリハビリテーションの観点から当事者に押し付けられているのではないか，むしろ障害の否定性を個人に帰結させ，障害をもつ人に二重の苦しみを負わせる間違った精神主義にすり替えさせられてしまうのではないかといったような批判である．

では障害との出会いをどのように考えるべきであろう．

重要なことは障害をもった人の問題としてではなく，社会との関係の中でとらえるという視点である．

幼い頃からの障害者—私がまさにそうなのだが—は，小さい頃から自分は障害者だということを意識して生活しているわけではない．むろん，発達心理学の専門家が測定したわけではないから主観なのだが，自分に不便さや面倒なことがあっても，周りの人々と同じ人間だと感じているのである．祖母や両親が，どこにでも，どんなところでもおぶって連れて出てくれた成果だったのかもしれない．しかし，小学校は違った．自分には門戸は開かれない．この時，明確に自分の持つ特別な状態に気が付いたのだった．（旭洋一郎「社会参加の諸相1—「障害」と出会う」『ノーマライゼーション—障害者の福祉』日本リハビリテーション協会，2005年12月号）

編者の旭の文章にあるように，生まれたときからあるいは幼い頃から障害があっても，人生の途中に，「障害と向きあう」という意味で障害に出会う．家

庭の中や，親に連れていってもらう範囲が自分の世界であった「ものごころ」がつかない時期を経て，まずは一人で社会に一歩踏み出す学齢期に，きょうだいとは違う学校にしかいけないこと等，自分と圧倒的多数の他者との違いが痛烈に意識される時に，障害と出会う．さらに高校，大学，就職といった，より広い社会に歩みを進めようとした時に，障害の存在は，より当事者を苦しめる．

つまり，障害との出会いは，その障害を受け止める社会との出会いであるという視点をもつことが必要である．その社会がどのようなものであるかで出会いは変わる．

出会ってしまった障害は「鬱陶しく」もあるし，「憎く」もあるし，「疎ましく」もあるという当事者の意識がそのまま受け入れられると共に，当事者の生活と権利が保障される社会環境や他者の支援があってはじめて，障害との出会いは，当事者自身による主体的な変革を通じた生の回復と再生となる[5]．

ところで，高齢化が進行する今日，人生の終わりに近づいたときにも障害に出会う人が多くなっていることにも気づく必要がある．高齢期に要介護状態になるということは，障害をもつということである．人生のしめくくりの時期に障害とどのように向き合うのか，そして家族はどのようによりそうのか，これは，超高齢社会に向かう私たち社会全体の課題である．

② 育つ

1 乳幼児期の特徴と課題――当事者と親

障害者のライフサイクルにおいて，乳幼児期は，障害があることが診断され，療育[6]，保育が開始される時期である．

障害があってもなくても，人の一生の基盤となるこの時期，子どもの成長発達を促す働きかけが重要なことはいうまでもない．障害をもっている場合，その障害が成長を妨げることなく，二次的障害が生じることのないように，配慮

をした育ちの支援が必要となる．

　障害をもつ子どもといっても，生まれて間もない頃から，呼吸障害，摂食・嚥下障害等をもって高度な医療的ケアを日常的に必要とする子どもから，1歳半を過ぎても指さしや喃語がでてこないなど人とのかかわりが乏しいことから自閉症と診断される子どもまで，さまざまな子どもたちがいる．障害を「治す」ことはできないが，適切な医療や療育，保育が提供されることによって，子ども自身がもっている伸びる力を育むことができる．ことに心身の機能の可塑性が高い乳幼児期は，よりよい働きかけや環境によって，その後の成長発達の可能性が広がる重要な時期なのである．

　それと同時に，乳幼児期の当事者の支援は，親を媒介として提供されるからこそ，当事者の適切な支援のためには，親への支援が重要になる．

　乳幼児期は，親の立場に立つと，慣れない子育てをスタートさせたばかりの時期である．子どもが障害をもっていると告知された親だけではなく，障害をもっているかもしれないと不安をもちつつも，そのことを受け止めきれない親もいる．障害の診断や告知の内容や言葉がけが親の気持ちに十分配慮をもったものであることは重要であるが，それだけではなく，その後のフォローがていねいにされる必要がある．

　インターネットの普及によって，障害についての知識や情報の入手が容易になった時代であるが，同じ障害であっても個別性は高い．親たちは，子どもが障害をもっているために，どのようなことに配慮して育てればいいのか，育てにくさをどうのり越えればいいのか，地域のどの機関に相談したらよいのか，といった具体的なアドバイスを求めている．もちろん，それだけではなく，乳幼児期における親の悩みは多岐にわたる（表2-1を参照）．

　子どもの育て方がわかり，子どもが育っているという手ごたえをもつことができるようになれば，親は希望をもって育てていく力を得ていく．親が安心して，昼間子どもを託すことができる施設や保育機関が地域にあることや，共感できる仲間がいて，知識や情報を得ることができる障害をもつ親の会へのアク

表2−1 乳幼児期,子育てをする上で難しかったこと

(選択式複数回答　回答者は126人)

項　　　目	回答数（割合％）
接し方が難しい（わからない）	69 (54.8)
多動,目が離せない	55 (43.7)
偏食が強い,食べない	45 (35.7)
夜泣きが激しい,眠りが浅い	37 (29.4)
きょうだいを我慢させがちになる	68 (54.0)
きょうだいをちゃんとみてやれない	53 (42.1)
きょうだいに手がかかり本人に十分対応できない	13 (10.3)
子どもを可愛いと思えない	7 (5.6)
障害について納得できない	31 (24.6)
夫や親戚に頼めない,手伝ってもらえない	30 (23.8)
夫や親戚の理解が得られない	13 (10.3)
その他	31 (24.6)
合　計	452

出典：全国障害者生活支援研究会（サポート研）ライフサイクル支援研究委員会『障害のある人のお母さん100人に聞きました──各ライフステージに出会った「専門家」「援助者」について』2002年,p.52.図表の項目の並びは変更した

セスも,親が親として育つために不可欠なものである.

2　乳幼児期の支援サービス

　では,乳幼児期の子どもと親を支援するサービスはどのようになっているのであろうか.この時期,医療,保健,福祉,保育,教育などさまざまな領域からのサービスが提供されるが,大きく5つにわけることができる.

(1) 医療等

　乳幼児期を含む児童期の医療や身体機能を補う用具（補装具）が公費で支給される制度がある.身体に障害のある子どもや重い慢性疾患の子どもの医療費の公費負担の制度は,2006年から,障害者自立支援法や児童福祉法の改正によって自己負担が導入された.また補装具の交付についても,2006年から児

童福祉法から削除され，自己負担が導入された．

(2) 障害の早期発見

新生児期には，早期発見によって障害を予防することが可能な先天性代謝異常や先天性甲状腺機能低下症の集団検査（マス・スクリーニング）が公費で行われている．聴覚検査については一部の自治体で実施されている．

また，生後3ヵ月前後，1歳6ヵ月，3歳には乳幼児健康診断が全国すべての市町村で行われている．一般的に，乳児期には重い身体的な障害など，1歳6ヵ月には知的障害や自閉症など，3歳児検診では軽度発達障害などが診断される．最近は集団検診ではなく医療機関への委託という自治体もでてきている．さらに，発達障害のように障害かどうか明確に診断できない場合などは，二次相談として個別相談や「親子教室」が利用できる自治体も増えてきている．

(3) 相談事業

乳幼児を含む障害をもつ子どもの相談機関としては，児童相談所，発達障害者支援センター，障害（児）者地域療育等支援事業における相談事業，保健センター，保健所などがある．児童相談所は児童福祉法に規定され，都道府県，指定都市に設置されており，子どもに関するすべての相談を受け，サービスへとつないでいる．発達障害者支援センターは，発達障害者支援法に基づいて設置された機関であり，発達障害に関する相談や診断，指導を行っている．

(4) 療育機関

ここにあげる障害をもつ乳幼児の療育機関では，遊びや機能訓練を通して基本的生活習慣の習得，運動能力の促進，知的興味の育成，コミュニケーション能力や社会性を高める指導などが行われている．

① 児童福祉法に基づく施設

知的障害児施設，知的障害児通園施設，肢体不自由児施設，重症心身障害児

施設等にも乳幼児が在籍している．なかでも知的障害児通園施設に在籍しているのは，ほとんど幼児である．保育園などと交流保育をしている園もある．また，難聴の幼児の早期療育を目的とした施設としては，難聴幼児通園施設がある．なお，障害児施設の利用は，2006年10月から，措置から契約になった．

② 心身障害児総合通園センター

都道府県，政令指定都市，中核市の等おおむね20万人以上の市に開設されることになっているが，2003年現在全国で16ヵ所しかない．肢体不自由児通園施設，知的障害児通園施設，難聴幼児通園施設のうち，2つ以上が設置され，相談・検査部門，療育訓練部門といった機能を備えている．

③ 児童デイサービス

この事業は，もともと障害児通園事業としてスタートし，障害の種別を問わず，障害のある幼児を対象に療育をしてきた．障害者プランで数値目標が設定され，さらに支援費制度に位置づけられてから就学児以上の障害をもつ人たちも利用できるようになり，実施事業所が飛躍的に増えていった．現在は障害者自立支援法に基づく介護給付に位置づけられている．

(5) 保育・教育

障害児学校である盲・聾・養護学校のうち，一部の学校に幼稚部が設置され，少人数クラスで，障害特性に応じた指導，教育が行われている．

幼稚園，保育所では，障害をもたない子どもたちの集団に障害をもった子どもを受け入れる，いわゆる「統合保育」を行っている．障害をもつ子どもが入園すると，それぞれ制度が異なるが，各園に，人数に応じた補助がなされる．その費用で保育所では保育者の加配を行うことができるが，幼稚園への補助は職員を加配できるほどではない．

保育所に通いながら，障害児施設と並行通園をしている子どももいる．

また，最近は，心理職，ケースワーカー，保健師等が保育所・幼稚園に派遣され，障害児の発達支援に関する専門的助言をする巡回相談・巡回指導をする

表2-2　在宅の身体障害児（未就学）の活動の場（複数回答）

（単位：％）

幼稚園	保育所	通園施設	障害児通園事業	自宅	その他
28.5	17.6	15.0	6.2	39.9	2.6

資料：「身体障害児・者実態調査」厚生労働省，平成13年

表2-3　在宅の知的障害児（未就学）の活動の場

（単位：％）

幼稚園	保育所	通園施設	養護学校幼稚部	自宅	その他
7.3	15.8	26.7	3.2	38.5	8.5

資料：「知的障害児（者）基礎調査」厚生労働省，平成12年

市町村が増えてきている．「障害児（者）地域療育等支援事業」の委託を受けた施設のコーディネーターが実施している地域もある．

　表2-2，3のように障害をもつ子どもたちの多くが幼稚園，保育所で日中をすごしている．2，3歳頃までは障害児施設で，4，5歳になったら幼稚園，保育所へという子どもたちもふえてきている．

3　乳幼児期の課題

　障害をもつ人の乳幼児期における課題として，ここでは3つのことをあげておきたい．

　ひとつには，ことに乳幼児期においては，母親の負担が大きいことである．頻繁に病院や療育機関に通わなければならないのならば，親のどちらかが，そのことに専念しなければならない．父親は仕事に，母親は子どもの育児・療育に専念するという形を当然とする社会の意識も背景にはある．施設への「母子通園」「母子入所（入院）」というシステムがあたりまえのように設けられているのである．母親が一手に引き受けなければならないという状況は，障害をもつ子どものことは母親だけしかできないという結果につながり，それは子どもの自立を妨げる親子関係も作り出しかねない．

　支援費制度の導入を契機に，子どもを預けることができるサービスや，送迎

サービスが増え，四六時中子どもの世話をしなければならなかった頃と比べ，母親の負担は軽減されてきている．しかし，障害者自立支援法の自己負担の導入によって，利用がしづらくなるのではないかということが懸念される．

　2つ目は，発達障害者支援法の成立を受けて，障害の早期発見，早期療育の流れが強まることへの懸念である．軽度な発達障害から重い身体障害まで，早い段階で障害が診断され，適切な療育が提供されることは望ましくないことではない．しかし，障害児療育の矛盾をみてきた宮田広善は，「早期発見・早期療育」が，「子どもとしての全体像」より「子どもの一部分でしかない障害」をクローズアップしてとらえる「早期訓練」重視になることの弊害を自戒とともに指摘する[7]．「できることがふえる」ことが喜びになって，子どもをそのまま受け入れられない親や，がんばりを強いられる中で自ら育つ意欲や生きる力を育めなかった子どもをうみだすような「早期発見，早期療育」であってはならないという宮田の警鐘は，示唆されるところが大きい．

　最後に，子どもの育ちと親の子育てを一体的に支援するシステムが，どの地域に住んでいても保障されるように，そして，そのシステムが内実をともなうためには，「支援する人」たちの配置や養成・研修・就労条件等に十分な財源があてられることが求められる．「支援する人」は発達心理やリハビリの専門家だけではない．障害をもつ子どもの保育者，児童デイサービスやホームヘルプの職員など広く支援する人たちの力量を高める必要がある．

　そして子どもの育ちにとって，障害があってもなくても，見守る地域の人びとの存在が欠かせないことも付け加えておきたい．

③ 学ぶ

1 障害のある子の就学と学びの場

　わが国において，どんなに重い障害をもっても教育を受けることができるよ

うになったのは，1970年代に入ってからである．

　本人や親が希望する学校を選ぶことができないという状況は近年まで続いた．小学校就学前に受けることとなっている「就学時健康診断」の診断をもとに，教育委員会に組織された「就学指導委員会」が「就学基準」に基づき就学先を指導する．この「就学指導」をめぐり，親と教育委員会が対立することも多く，訴訟に発展することさえあった．たとえ親の意見が通って地域の通常学級に入学しても，十分な理解と支援を得ることができず，苦労を強いられた体験や辛い思いを訴える親は少なくなかった．

　ようやく就学基準が見直され，2003年から，従来，盲・聾・養護学校に就学していた子どもが小・中学校の通常学級に就学できるようになり，通常の学級への入学が少しずつ促進されている．

　障害児の就学先は3つある．障害の比較的重い子どもは，盲・聾・養護学校で学んでいる．小学部，中学部のほか，高等部や幼稚部を設置している学校もある．肢体不自由，知的障害，病弱に分かれており，障害が重いために通学できない子どもに対しては，教員が家庭，医療機関等に出向く訪問教育が実施されている．近年，障害の重度・重複化がいちじるしく進み，日常的に医療的ケアを必要とする子どもが増えている．

　特殊学級は，中・軽度の障害のある子どものために小・中学校に置かれている学級であり，知的障害，肢体不自由，病弱・身体虚弱，弱視，難聴，言語障害，情緒障害の学級がある．通常学級との交流学習も行われている．

　通級による指導は，小・中学校の通常の学級に在籍し，比較的軽度の言語障害，情緒障害，弱視，難聴等のある児童生徒を対象として，ほとんどの授業を通常の学級で受けながら，障害の状態に応じた特別な指導を通級指導教室で受ける教育形態である．制度開始以来増加を続けており，通級による指導に対するニーズは高い．

　大学等の高等教育機関における障害学生の受け入れも徐々に進んでおり，建物のバリアフリー化，必要な施設・設備の充実，手話通訳やノートテイカー等

の学習支援，LD や高機能自閉症等の学生への相談や支援，知的障害者等を対象としたコミュニティカレッジの試みなど，新たな取り組みが始まっている．

2 障害をもつ子どもの教育制度の展開

(1) 戦後の「特殊教育」の発展

わが国の障害のある子どもに対する教育は，学校教育法上は「特殊教育」と呼ばれる．1947 年の学校教育法の制定により，盲学校・聾学校・養護学校，特殊学級が明確に位置づけられ，近代的な特殊教育制度が成立した．しかし，「就学猶予・免除」という制度が壁になり，教育を受ける権利を侵害された子どもは多かった．1948 年に盲・聾学校教育は義務制となったものの，養護学校教育の義務制はずっと後の 1979 年まで待つことになる．同年，障害が重いため通学できない盲・聾・養護学校の児童生徒を対象とした「訪問教育」も開始され，ようやく障害のある子の全員就学が実現したのである．

その後，1993 年度には，小・中学校の通常学級に在籍している軽度の障害のある児童生徒を対象として「通級による指導」が制度化された．

(2) 一人ひとりの特別なニーズに応じた「特別支援教育」への転換

1993 年，国連は『障害者の機会均等化に関する基準規則』を採択し，「障害をもつ子ども・青年・成人の，統合された環境での障害のある人々の初等，中等，高等教育の機会均等」の原則を提案した．翌年 1994 年に，ユネスコはスペインのサラマンカで「特別ニーズ教育 (Special Needs Education) 世界会議」を開催し，『サラマンカ宣言』にて「特別ニーズ教育」と「インクルージョン (Inclusion)」という新しい考え方を提言し，世界的な注目を集めた．

こうした国際的動向を受け，2003 年に文部科学省の調査研究協力者会議は「今後の特別支援教育の在り方について」(最終報告) を発表し，障害の程度等に応じて特別な場で指導する「特殊教育」から，一人ひとりの教育的ニーズに応じて適切な教育的支援を行う「特別支援教育」へと，大きな転換を方向づけ

た．特別支援教育を「従来の特殊教育の対象の障害だけでなく，学習障害 (LD: Learning Disability)，注意欠陥／多動性障害 (ADHD: Attention-Deficit/Hyperactivity Disorder)，高機能自閉症を含めて障害のある児童生徒の自立や社会参加に向けて，その一人ひとりの教育的ニーズを把握して，その持てる力を高め，生活や学習上の困難を改善または克服するために，適切な教育や指導を通じて必要な支援を行うもの」と定義し，具体的な制度改革案を示した．

(3) 特別支援教育の対象の拡大

2003年5月1日現在，① 盲・聾・養護学校（幼稚部・小学部・中学部・高等部）は995校，幼児児童生徒数は約9万6千人，② 小・中学校の特殊学級数は約3万1千学級，児童生徒数は約8万6千人，③ 通級による指導の対象児童生徒数は約3万4千人となっている．

また，④ LD，ADHD，高機能自閉症等により学習や生活の面で特別な教育的支援を必要としている児童生徒は，2002年に文部科学省が実施した全国実態調査では，約6％の割合で小・中学校の通常学級に在籍している可能性が示されている．こうした児童生徒への支援体制の整備が必要とされ，従来の特殊教育の対象児童生徒とあわせると，約8％が今後の特別支援教育の対象となる．

文部科学省は，「今後の特別支援教育の在り方について」にて，①「個別の教育的支援計画」の策定，実施，評価，② 学校内や地域の福祉・医療等の関係機関，保護者との連絡調整を行う「特別支援教育コーディネーター」の設置，などを提案した．さらに，③ 盲・聾・養護学校から，障害種にとらわれない「特別支援学校」の制度設置（地域の特別支援教育のセンター的役割），④ 小・中学校の特殊学級や通級による指導の制度から，通常学級に在籍しつつ特別な指導を受けられる制度へ一本化，などの抜本的な制度改革案を示した．

3 障害児教育のこれから

今後，ますます障害のある子が通常の学級に入学する機会が増え，通常の学

級に在籍する LD，ADHD，高機能自閉症等の子どもへの教育的支援という新たな課題も注目されている．

こうした状況に対応するため，幼稚園から大学等までのすべての教職員が，さまざまな障害に関する知識や技能をもつことが不可欠となる．現任研修を強化し，教員養成課程における特別支援教育に関するカリキュラムの充実を図るなど，教職員の専門性を確保することが急務である．

また，近年の障害の重度・重複化にともない，日常的・応急的手当てなどの医療的ケアを必要とする子どもを支える医療体制の整備が求められている．

さまざまな個性をもつ人びとがともに生きるのがあたりまえの社会であり，学校や学級を分けることなく子どもの頃から共に学ぶことは，すべての子どもにとって豊かな人間性や社会性を培う上で大きな意味をもつ．インクルージョンの理念に沿い，多様な子どもたちがともに学び，一人ひとりの特別なニーズに対する適切な支援を提供することが強く求められている．

卒業後は親元で暮らし親亡き後は施設へという従来のライフコースではなく，障害のある人が地域であたりまえに暮らすことが前提となってくる中で，子どもの頃からの教育の在り方も大きく変わろうとしている．将来の地域での生活に向け，自立と社会参加のための力を培い，「生きる力」を高めることをめざす教育がますます強調されている．また，地域生活支援や就労支援など，教育と医療・福祉・労働分野との新たな連携が課題となっている．

④ 暮らす

1 障害をもつ人の暮らしの課題

(1) 入所施設・病院から地域生活への移行

厚生労働省の調査によれば，① 身体障害者 351.6 万人のうち 18.9 万人（全体の約 5%）が，② 知的障害者 45.9 万人のうち 13.0 万人（全体の約 28%）が施

設で暮らす．また，③ 精神障害者258.4万人のうち約34.5万人（全体の約13％）が入院し，4割以上が5年以上の長期入院をしており，約7.2万人が地域に受け皿が整えば退院が可能な「社会的入院」とされている．障害者総数655.9万人（人口の約5％）のうち，66.4万人（障害者全体の約10％）が施設や病院で暮らしているのが現状である．障害者基本計画（2003～2012年度）で，施設入所や入院中心の施策から，地域の中で暮らす「脱施設」への転換を明確に方向づけた．

(2) 障害者の住まいの確保

障害者の住まいの状況を図2-1に示す．自宅・持ち家といっても多くは家族との同居である．障害者の地域での自立した生活を支援するために，福祉ホーム（身体，知的，精神），グループホーム（知的，精神），通勤寮（知的）等の制度がある．

地域に溶け込みやすく建設しやすいグループホームが最も数を伸ばしており，約1万9千人分（2002年度末）整備されているが，入所施設に代わる「生活の場」となるには課題が多く，ホームへのバックアップ体制と本人に対する支援体制を確立する必要がある．世話人の要件としては，保護的・管理的にならず本人の自己決定を尊重する支援が求められており，十分な専門性が要求される．公営住宅の利用も促進されているが，グループホームとしての利用は可能であるが単身入居は身体障害者に限られるなど，制度上の制約がある．家賃補助等の制度拡充や所得保障を含め，抜本的な住宅政策の検討が必要とされている．

(3) 地域生活支援サービス

障害のある人の地域における自立した生活を支援し，その介護を行う家族の負担を軽減するためには，在宅サービスの充実が要となる．「訪問介護（ホームヘルプサービス）事業」は，障害者の家庭等にホームヘルパーを派遣し，入浴等の介助や家事等の援助を提供する．その後，移動介助を行う「ガイドヘルプサ

図2−1　障害者の住まいの状況

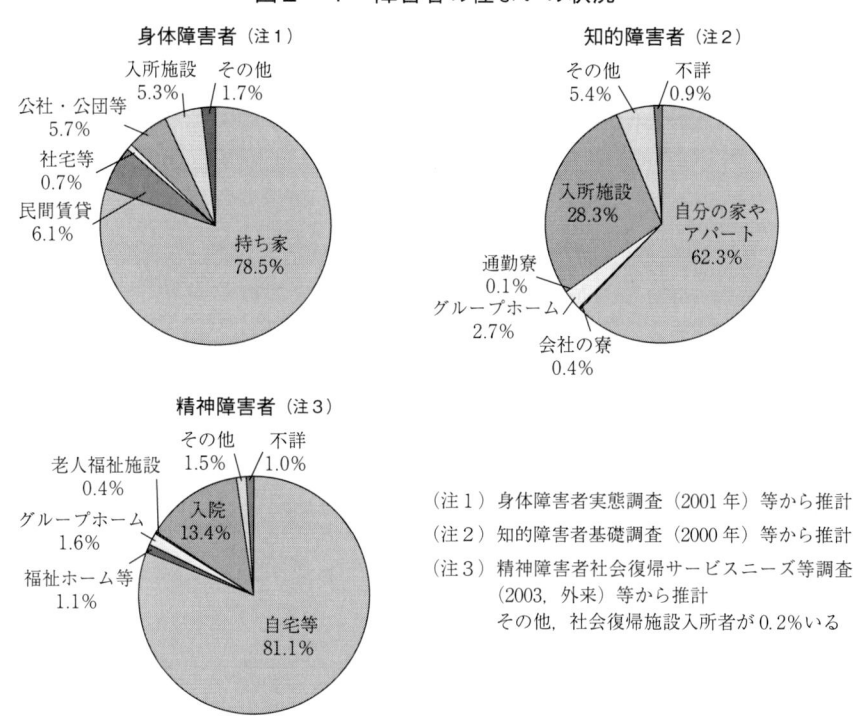

身体障害者（注1）
- 持ち家 78.5%
- 民間賃貸 6.1%
- 社宅等 0.7%
- 公社・公団等 5.7%
- 入所施設 5.3%
- その他 1.7%

知的障害者（注2）
- 自分の家やアパート 62.3%
- 会社の寮 0.4%
- グループホーム 2.7%
- 通勤寮 0.1%
- 入所施設 28.3%
- その他 5.4%
- 不詳 0.9%

精神障害者（注3）
- 自宅等 81.1%
- 福祉ホーム等 1.1%
- グループホーム 1.6%
- 老人福祉施設 0.4%
- 入院 13.4%
- その他 1.5%
- 不詳 1.0%

（注1）身体障害者実態調査（2001年）等から推計
（注2）知的障害者基礎調査（2000年）等から推計
（注3）精神障害者社会復帰サービスニーズ等調査
　　　（2003，外来）等から推計
　　　その他，社会復帰施設入所者が0.2%いる

出典：厚生労働省社会保障審議会障害者部会第8回資料，2004年4月14日

ービス」が，視覚障害，全身性障害，知的障害の順に追加された．精神障害者のホームヘルプサービスの制度化は最も遅く，2002年のことである．

「日帰り介護（デイサービス）事業」は，在宅の障害者が通所して，創作的活動等を通じて自立の促進や生活の改善等を行う．「短期入所（ショートステイ）事業」は，障害児者の介護を行う家族等に代わり，一時的に施設で介護を提供する．

表2−4に，これらの在宅サービスを実際に提供した市町村の数を示す．身体障害者のホームヘルプサービスが最も多く，73%の市町村で提供されているが，その他はいずれも半数から3分の1以下に留まっている．現状は必要とす

表2-4　在宅サービスを提供した市町村の数

	身体障害者	知的障害者	障害児	精神障害者
ホームヘルプサービス	2,328 (73%)	1,498 (47%)	1,051 (33%)	1,231 (39%)
デイサービス	1,144 (36%)	817 (26%)	1,162 (36%)	(注3)
ショートステイ	857 (27%)	1,449 (45%)	1,428 (45%)	419 (13%)

(注)1　上記の数字は，実際に在宅サービスを提供した市町村の数であり，実施体制をとっていたが実際には利用がなかった市町村は含まれていない．
　　2　かっこ内は全市町村に占める割合．
　　3　精神障害者については，同種のサービスを行う精神障害者地域生活支援センターが全国415カ所で実施．
　　4　身体障害者，知的障害者，障害児については2003年4月，精神障害者については2002年度のデータ．
出典：『平成16年版　障害者白書』内閣府，2004年，p.61

るサービスがすべての障害のある人に届くには程遠く，地域間格差もいちじるしい．

　地域生活での生活には，日中活動の場の確保も不可欠である．通所授産施設等の法定施設の設置が遅れる中，小規模作業所は飛躍的に設置数を伸ばしており，6千カ所（きょうされん調査2003年度）を超えている．多様化したニーズに応じた活動形態や支援サービスの提供が求められている．

　地域生活基盤の充実に，NPOや民間組織による先駆的な実践は欠かせない．家族のニーズに柔軟に応じて一時的なケアを提供する「レスパイトサービス」は，他方で，障害のある本人への「パーソナルサービス」として全国的な広がりをみせた．知的障害者の本人活動や，自立生活センター等の障害者団体による各種の地域生活支援サービスの提供や権利擁護活動は，本人主体のサービス提供や権利擁護のあり方への転換に，大きな役割を果たした．

(4)　目標値を設定した地域生活基盤の整備

　重点施策実施5か年計画（表2-5）では目標値を設定し，地域生活基盤の整備を進めている．また，「利用者本位の相談支援体制の充実」のために，「市

表2-5　重点施策実施5か年計画（2003～2007年度）（主な在宅サービスを抜粋）

5か年計画	2002年度末
ホームヘルパーを約60,000人確保する	専任42,722人，兼任28,964人
ショートステイを約5,600人分整備する	4,126人分
デイサービスを約1,600か所整備する	1,164か所
グループホームを30,400人分整備する	18,807人分
福祉ホームを約5,200人分整備する	3,354人分
通所授産施設を約73,700人分整備する	52,249人分（2002年10月）

出典：『平成16年版　障害者白書』内閣府，2004年，p.205

町村を中心とした相談・支援体制の充実を図り，これを拠点にケアマネジメント体制を整備する」としている．利用者の選択・自己決定に基づき，生活ニーズに応じ適切な社会資源を有効に活用できるよう支援していくことが重要である．

家族介護以外の「援助付きの生活の場」が保障されない限り，脱施設化に対する家族の抵抗は大きいであろう．障害のある人すべてに必要な介助を受けながら自らの人生や生活の在り方を選択して生きることが保障され，家族が互いに自己実現を果たせるよう，地域生活基盤を整備することが急務とされている．

(5)　権利擁護体制の確立

2003年に開始された支援費制度のもとでは，障害のある人が事業者と対等な立場で契約を締結しサービスを利用できるような仕組みが必要となる．また，精神障害者，知的障害者，認知症性高齢者など，判断能力の不十分な人びとを狙った悪質な手口の消費者被害も後を絶たない．こうした人びとを保護・支援するため，これまでの禁治産および準禁治産の制度を改め，後見・保佐・補助の制度を導入することなどを内容とした新たな「成年後見制度」が2000年度から施行された．福祉サービスの利用や日常的な金銭管理などの援助を行う「地域福祉権利擁護事業」の整備とともに，本人の自己決定を尊重し，社会の

一員として普通に暮らし活動できるよう，権利擁護体制を確立することが求められている．

⑤ 働く

1 障害者が働くということ

　人間にとって「働く」とは，収入を得ること以外に，社会参加の基本そして生き甲斐や自己表現（自己実現）の目的もある．「働く」ということは人として「生きる」「暮らす」基本なのである．しかし，現実の障害者の就業状況は表2－6でもわかるように，厳しい状況にある．

　Aさんは中学校を卒業して25年間，自動車の部品を作る会社で部品の組み立ての仕事を黙々とこなし働き続けてきが，業績不振と工場の海外移転が決まり離職を余儀なくされた．本人は経験のある今までのような仕事がしたいという思いが強いが，組み立ての仕事がなく，年齢も40歳になりこれからどうして仕事を見つけていけばよいかがわからないという．再就職に向けて，どこにいけば紹介をしてくれて，どのような手順で支援を受けられるのか教えてほしい．また，就労をした後の支援はあるのでしょうか？という．

表2－6　障害者の就労の現状

● 障害者の就業率の推移（身体障害者実態調査より）　　　　　　　　　　単位：千人

調査年月	総　数	就業者	不就業者	回答なし	就業率%	（一般%）
1960年	829	387	442	—	46.7	70.6
1965年	1,048	412	636	—	39.3	66.8
1970年	1,314	579	735	—	44.1	68.8
1980年	1,977	638	1,320	19	32.6	64.4
1987年	2,413	701	1,698	13	29.2	59.0
1991年	2,722	894	1,731	97	34.1	62.0
1996年	2,933	845	1,958	131	30.1	61.5
2001年	3,245	738	2,429	78	23.3	59.4

図2-2 就業者の就業形態

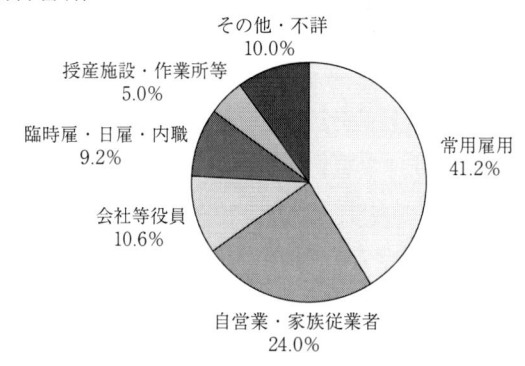

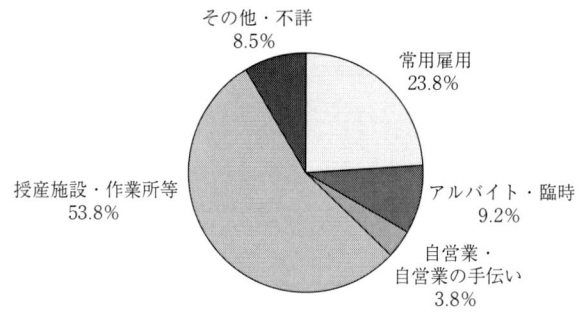

（身体障害者）
- その他・不詳 10.0%
- 授産施設・作業所等 5.0%
- 臨時雇・日雇・内職 9.2%
- 会社等役員 10.6%
- 自営業・家族従業者 24.0%
- 常用雇用 41.2%

（知的障害者）
- その他・不詳 8.5%
- 授産施設・作業所等 53.8%
- 常用雇用 23.8%
- アルバイト・臨時 9.2%
- 自営業・自営業の手伝い 3.8%

資料：「身体及び知的障害者就業実態調査」厚生労働省，平成13年

　人は誰でも，一定の年齢に達すれば働き，得た収入でより豊かな生活を営む．働く事によってたくさんの人との出会いを得，働く喜びを通して成長する．それは障害のあるなしにかかわらず，また，障害の軽い，重いにかかわらず自分が自分の人生において主人公になることを意味している．

　しかし，障害者の就労をめぐる環境は厳しく，養護学校高等部新卒者の就労者数は年々減少の一途を辿り2003年以降全国平均が25％で，ほとんど作業所等の福祉的就労の場へと移行している．一方，その施設から就労を果たす人は1年間にわずか1％に過ぎない．福祉的就労の場が拡がり充実したこと，それ自体は大変喜ばしいことだが，その結果，親や本人も就労という選択肢を捨て

て保護された環境で安心して暮らせる場として施設を選んでしまう傾向にある．

　障害をもった人たちは，けっして守られた暮らしではなく，社会の厳しい現実をまともに受けながらも特別視されない「あたり前の暮らし」を望んでいるのではないだろうか．

2 障害者が働く現実

　障害をもつ人たちの就労の厳しい現実はいろいろなデータで確認することができる．

　身体障害者の就業率は，障害がない人びとの半数にも満たない．知的障害者の場合は，15歳以上64歳以下の知的障害者26万4千人（推計）のうち，就業している者が13万人（49.2％），就業していない者が13万2千人（50.0％）となっており（2001年知的障害者就業実態調査），やはり低い状況である．

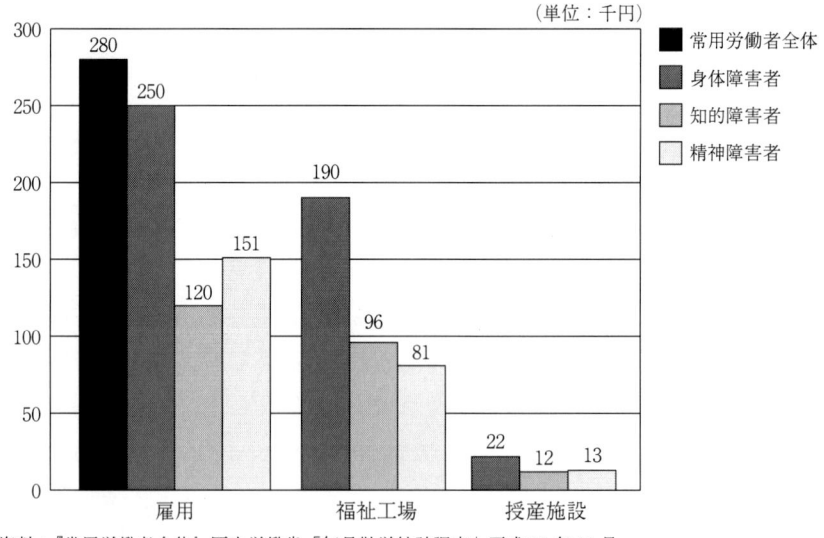

図2−3　賃金・工賃の平均月額

（単位：千円）

	雇用	福祉工場	授産施設
常用労働者全体	280		
身体障害者	250	190	22
知的障害者	120	96	12
精神障害者	151	81	13

資料：『常用労働者全体』厚生労働省「毎月勤労統計調査」平成15年11月
　　　『雇用』厚生労働省「障害者雇用実態調査」平成15年
　　　『福祉工場・授産施設』全国社会就労センター協議会「社会就労センター実態調査」平成12年

就業形態，賃金工賃の状況も一般労働者と格差がある．

大企業においてはCSR（企業の社会貢献）の浸透や特例子会社の規制緩和により障害者雇用は進んでいる．しかし，中小企業ではなかなか理念だけでは進んでおらず，雇用にあたっては受け入れ側として多くの問題を抱えている．

障害者雇用事業所における虐待，セクハラ，詐欺，横領，不当労働行為等の人権傷害事件は日常的に起こっており，支援機関として常に見守り続けていかねばならない．

障害をもった就労者が望んだサービスが均等に受けられることができるような公的支援の充実が求められる．就労支援についても，今後，障害者自立支援法のもとで，確実に地域格差が生まれてくることになるだろう．

注・引用・参考文献

1) 出生前診断については，命を選ぶことへ人が踏み込むことの意味を，医学のみならず哲学，福祉，女性学等の分野でも論議をつくすべき課題である．大野明子『子どもを選ばないことを選ぶ──いのちの現場から出生前診断を問う』メディカ出版，2003年などを参照のこと．
2) 筆者の授業「障害児保育論」で，「もし子どもが障害をもっていたらどう思うか」という問いかけに，53人の中で「どんな子どもでも愛して育てる」学生は一人だけであったことからもそれがわかる（「ラベル」に無記名で記入：2005年）．
3) 川池智子「知的障害者の「自立」と当事者・家族のライフサイクル支援の課題──当事者と母親の関係」（『山梨県立大学地域研究』第3号，2003年）から．
4) 上田敏『リハビリテーションを考える──障害者の全人間的復権』青木書店，1983年，pp.212-219から要約．
5) 田島明子「障害を有する当事者の「障害受容」に関する言説」第39回日本作業療法学会（2005年6月）での発表要旨を参考にした．
6) 「療育」という言葉は，一般的に，障害をもつ子どもの機能訓練や発達を促す専門的な支援ということができるが，もともと，わが国の肢体不自由児療育の体系を築き上げた高木憲次が提唱したものである．心身障害児総合通園センターの生みの親といわれる高松鶴吉は「療育とは注意深く特別に設定された特殊な子育てである」と定義している．
7) 宮田広善『子育てを支える療育──〈医療モデル〉から〈生活モデル〉への転

換を』ぶどう社，2001年

〈参考文献〉
① 中田洋二郎「親の障害の認識と受容に関する考察——受容の段階説と慢性的悲哀」『早稲田心理学年報』第27号，1995年3月
② 南雲直二・大田仁史『障害受容——意味論からの問い』荘道社，1998年
③ 田島明子「障害受容とリハビリテーション」2004年9月2日，H.P. より
④ 藤原里佐「障害児の母親役割に関する再考の視点——母親の持つ葛藤の構造」『社会福祉学』Vol. 43 - 1号，日本社会福祉学会，2002年8月

■■||■　　　　　学びを深めるために　　　　　■||■■

① 藤島岳編著『精神遅滞者の社会生活を考える——新しい時代への知的障害教育・福祉の変革』田研出版，2003年
　故・藤島岳とその教え子ら，障害児教育，福祉の実践者や研究者が知的障害児の乳幼児期から成人期までの課題を，具体的な実践を通して，また近年の政策動向をふまえて執筆した書．それぞれのライフステージと各支援の分野の課題がみえてくる．
② 野辺明子ほか『障害をもつ子どもを産むということ——19人の体験』中央法規，1999年
　乳幼児期の障害をもつ子どもの母親たちが，子どもの障害を告知された医療機関における体験を語っている．障害をもった子どもが生まれてまもない頃の支援の重要性が示唆される手記として貴重な本である．
③ 安積純子ほか『生の技法——家と施設を出て暮らす障害者の社会学』藤原書店，1990年
　脳性まひなどの全身性障害者たちの語りをとりあげる中で社会学的な視点で福祉や家族を読み解き，「脱家族」論のはしりとなった書として，あまりにも有名な書である．これまで自明のものとされてきた障害者を取り巻く「風景をずらして」みることによって，「何かが不足しているというよりは，むしろ何かが過剰であること」その過剰であるものが「家族においては愛情という制度であり，施設においては福祉的配慮」と呼ばれるものであったという「自立生活」論の視座は今なお新鮮である．

☞ 実習やボランティアで出会った，障害をもつ当事者，家族から，障害をもったことによって，生活するうえでの困難，配慮してほしいことなどを聞いて，まとめてみよう．
☞ 障害をもつ人たちの手記，インターネットのホームページを読んで，学んだことをまとめてみよう．

学びのオリエンテーション

「働く場」としての小規模作業所の問題点と方向性

　措置制度から支援費制度，そして障害者自立支援法という目まぐるしい変化の中で，小規模作業所は確実にその数を増やしてきた．80年代に急激に増加し始め，すでに6千カ所を超えている．利用者も9万人以上いるといわれている．だが意外にもその正確な実態は明らかになっていない．小規模作業所は養護学校等卒業生にとっては最も大きな進路先となっている．急激な拡大の背景には，障害者雇用の低迷，既存の障害者福祉施設（授産施設，更生施設，福祉工場等）の絶対数の不足，ノーマライゼーションという考え方の普及，居住地域での生活指向等いくつか大きな理由があった．

　しかしながら必ずしも施策的に積極的に推進されて増加してきたものではない．働く場を求めて，全国的に障害者，家族，関係者が中心となり小規模作業所づくりを進めてきた結果として増えてきたものである．その増加は，現在の障害福祉のさまざまな課題を浮き彫りにしてきている．

　運営サイドからみると，小規模作業所の課題の中で最大のものは，その運営基盤の脆弱さ，具体的には財政基盤と運営組織の不安定さである．

　現在すべての地方自治体で小規模作業所に対して補助金が交付される制度が整備されているが，地域格差（特に地方と都心部）が極端に大きく，最低は年間2百万円台から最高は4千万円以上までの開きがある．また運営組織も社会福祉協議会や社会福祉法人等の設置運営から親の会や関係者による運営委員会等任意団体が設置運営しているものまで幅広い．

　それゆえ職員の労働条件が低く抑えられ，やむなく利用者の家族が職員をやらざるをえないといったこともよくみられる．職員数の4分の1近くが，利用者の親や家族であるという調査結果もある．その場合，月額報酬が0円から良くて数万円，事業自体が家族や職員の自己犠牲の上に成立している．

　根本的には以上のような問題を抱えながらも，それぞれの地域で特色ある活動を進めている．まさにそれぞれの地域特性によって規定されている

部分もあれば，運営サイドの個性によって特色づけられているケースもある．単に障害者の就労の場としてとらえても，民間事業所と競争可能なほど利益をあげている小規模作業所もあれば，「社会参加」的な視点で運営されている所までさまざまである．たとえば滋賀県は，目的，機能，対象等により「授産型」「事業所型」「創作・軽作業型」「複合型」に分類して実施している．埼玉県のように「地域デイケア施設」として支援内容に幅をもたせて，重度障害者も利用しやすくしている所もある．

　小規模作業所が担う社会的役割としては基本的には障害者の就労支援であるが，本来，人の社会生活では「就労」と「生活」は表裏一体のものであり，地域に他の社会資源等が少ない場合は，利用者の生活を支える役割も担うことになる．

　さて，これからの障害者福祉の大きな改革の中で，小規模作業所には明るい未来がひらけてくるであろうか．障害者自立支援法の施行後は，小規模作業所も基準条件等を満たせば新しい事業に移行することも可能となる．具体的には，NPO法人等法人組織を設立し「地域活動支援センター」への移行，もしくは「生活介護」「就労移行支援」「就労継続支援」等新事業体系へ，あるいは現状のままという選択が迫られるであろう．社会福祉法人の設立が必須ではないため，たとえ個別給付ではなく補助金対応であっても地域活動支援センターへの移行は積極的に推進されていくと思われる．

　これから小規模作業所が生き残っていくためには，それぞれの地域の中で，積極的にネットワークづくりを進めていくことも求められる．これまでは，地域に密着するあまり，ともすれば横のつながりが薄く，悪くいえば自己完結しがちという弱点があったが，今後は，仕事の受注等を促進して受注の安定的確保と利用者工賃の引き上げを進めていくために，複数の小規模作業所や授産施設，事業所での共同受注等を進めていく必要もある．仕事も施設内で事業所からの「下請け」作業だけでなく，施設外での仕事づくり，地方自治体の優先発注等を積極的に進めていきたい．

　利用者を中心とした視点から事業内容やサービス提供のあり方，職員の専門性の確保とそれを支えるシステム等の見直しが急務である．

小林恵一（江戸川大学総合福祉専門学校）

第3章
障害者と家族

兄より，弟へ

　お前が生まれてから二十七年になるけど，お前はまだ一度も俺のことを「兄さん」と呼んだことがない．ましてや，兄弟らしい会話なんてしたこともない．

　小学生の頃だったかな．お前に図画工作の教科書をズタズタに破られたことがあったな．おぼえてるか？　図画工作の教科書はピカピカで，ツルツルの上等な紙で出来てたから，お前にとっては格好の遊び道具だったんだろうけど，俺は辛かった．明日からもう学校に行けない，って真剣に思ったよ．お袋が気を使って，セロハンテープでつぎはぎしてくれたけど，そんな教科書もって学校に行ったらみんなに何て言われるか……．学校で「私の家族」という題名で作文を書かされたことがあってな．そのときも，どうしても俺はお前のことを作文に書けなかった．「僕の弟は……」どうしてもそこで鉛筆が動かなくなるんだ．俺は，学校のみんなにお前のことを知られたくなかった．お前のことが恥ずかしかったんだよ．だから，お前に辛くあたったし，わけもなく頭をこづいたりもした．お前と一緒に出かけるのもいやがったし，お前さえいなければ幸せになれるって本気で考えたりもした．ごめんな．俺ほんとに出来の悪い兄貴だった．

　やっと俺がお前のことを「私の弟は障害をもっています．言葉はしゃべれません」って，誰の前でも言えるようになったのは，十八歳になった頃だった．お互いに思春期でいろんなことがあったな．お前のことを殴って怪我をさせたこともあったし，お前はいつも奇声を上げていて，俺はノイローゼになりそうだったよ．俺が，お前のせいでたくさんいやな思いをしたのと同じように，お前も俺のせいで辛い思いをたくさんしてきたんだろうな．最近になってやっとわかったよ．

　それから，今後のことも話とかなきゃならないな．親父とお袋ももう歳だ．親父とお袋が動けなくなったときの，お前の生活をどうするかってことも考えとかなきゃいけない．お前がどうしたいか言ってくれれば一番いいんだけど，そうはいかないよな．この問題については俺も一生懸命考えてる．でもまだ答えはでないんだ．もう少し考えさせてほしい．でもな，覚悟はしといてほしいんだ．親父やお袋が動けなくなったとき，お前には

入所施設で生活してもらわなきゃならないかもしれない．でも心配するな．夏休み，お正月，クリスマス，お前が帰って来たいときはいつでも迎えに行くよ．お前が帰ってくるのは俺の家だ．お前の帰ってくる場所は俺が必ずつくってやる．だから，とりあえず今は，安心して作業所の仕事をがんばってくれ．

　最後になるけど，俺の部屋に飾ってある写真，知ってるか？　俺が二歳くらいで，そう，お前は六ヶ月ぐらいで，二人でおもちゃもってソファーに座ってるやつ．俺はこの写真が大好きなんだ．この写真を撮ったとき，お前に障害があるなんて誰も知らなかったんだ．だから，ここに写ってる俺たちは「普通の兄弟」なんだ．ちっとも変じゃない，ただの兄弟なんだ．やっぱり俺たち兄弟なんだよな．

（川崎市自閉症児者親の会　創立20周年記念誌　より　一部省略）

　家族の誰かが障害をもつということ，それは障害のある本人だけでなく家族にも大きな影響を与える．そして高齢者の問題と同様に社会的な支援が必要な問題でもある．しかし，障害者家族の抱える問題は古くから認識されているにもかかわらず，これまで有効な解決策を見いだすことができずに，今日まで引き続いている「古くて新しい問題」でもある．

　冒頭の事例は重度の知的障害者の兄が，弟に向けて書いたものである．もちろん，弟との会話は言語を使っては成立していないので，兄が自分の心境を弟に向けて手紙に託す形になっている．この文章の中にもさまざまな問題がみて取れる．障害児とともに育つということの問題，きょうだいの結婚の問題，親なき後の生活の問題，そして，きょうだい自身がどのように家族との絆をつくっていくのかという問題．

　多くの家族が日々障害の問題と向き合いながら生活している．本章では，社会福祉従事者としてどのように障害者家族の問題に関わっていくのか，そして，これまでのように「障害」の問題を障害のある本人とその家族だけに背負わせてしまわないために，障害者と家族について学んでいくことにする．

① 家族の立場から──母親・父親・きょうだい

1 障害者の家族はどうみられてきたか

(1) 障害者の家族が背負ってきたもの

　障害者家族の抱える問題は古くから認識されているにもかかわらず，これまで有効な解決策を見いだすことができずに，今日まで引き続いている「古くて新しい問題」でもある．

　冒頭の事例は重度の知的障害者の兄が，弟に向けて書いたものである．もちろん，弟との会話は言語を使っては成立しないので，兄が自分の心境を弟に向けて手紙に託す形になっている．この文章の中にもさまざまな問題がみて取れる．障害児とともに育つということの問題，きょうだいの結婚の問題，親なき後の生活の問題，そして，きょうだい自身がどのように家族との絆をつくっていくのかという問題……．

　障害者家族の問題は多岐にわたる複雑な問題なのである．家族のもつ障害がどのような障害であるのか，障害を受ける時期はいつか，母親として家族の障害と向き合うのか，それとも父親としてか，また，「きょうだい」として障害児とともに育つのか．本当にさまざまな要素が絡み合って障害者家族の問題は構成されていく．

　かつて障害者に対する社会的取り組みが皆無に等しい状態であった時代には，障害は遺伝するものと考えられたり，因果応報という偏見・差別のもとで，家族も同時に差別の対象としてみられ，また，障害者の生活に責任をもつ存在（責任には遺棄虐待に荷担することも含む）として位置づけられていた．

　わが国においては戦後から社会福祉の法制度が整備され，障害者に対する施策も用意されるようになったが，その中で家族は当事者団体を組織し，施策の実施を促す圧力団体として活動を行ったり，自分たちに必要となる社会福祉資源をつくりだす担い手となっていった．

近年では少子高齢社会の影響から社会福祉の認知が高まりをみせていくことにあわせて，障害者を取り巻く環境も大きく変化してきている．マスコミにおいても障害者やその家族を主人公とするドラマが放映されるなど，障害をめぐる問題の社会的認知度は確実に増大している．

　しかし一方で障害者施設の建設反対運動など障害者差別の意識は現代でもその多くが残されたままとなっている．また多くの障害者が家族の介護を受けながら生活していることも事実である．歴史的に古くから存在している家族の位置づけが今日でも少なからず残されているのが現状なのである．

(2) 研究動向からみる障害者家族

　障害者家族がどうみられてきたか，ということは，障害者家族がどう研究されてきたかという視点からもみることができる．

　障害者家族を対象とした研究は，これまでに医学・教育・心理・福祉の分野を中心に行われてきた．その内容は多岐にわたっており[1]，20世紀前半にはその姿をみることができる．これら「家族」に対する研究は時代背景とともに，その内容も変化しており，これまでの研究を整理すると大きく4つの傾向がある．

　初期の家族研究では，障害の原因として家族，いわゆる「病因としての家族」を研究するものが多くみられる．これは障害の原因を遺伝的な問題としてとらえ，家族と関連させて理解する傾向があったことを物語っている．また，初期の自閉症概念に代表されるように親の関わり方と障害の原因とを関連させて考えていたことも周知のとおりである．

　次に注目されたのは障害受容の問題である．家族の障害をどのようにして受容していくのか，という心理学的な視点から多くの研究が行われている[2]．特に母親の障害受容がどのような過程で行われるのか，障害児と母親の関係性に関する研究が多く行われた．また教育の領域でも早期療育と関連した家族研究が行われていた．

さらに、障害者家族の状態を「ストレスにさらされている」状態と仮定し、家族の負担について研究が行われた．具体的な家族の介護時間を測定し、その負担の度合いを明らかにするものや、障害児との生活の中で負担になる事柄の分析などが行われている．この時期の研究には家族の負担を明らかにして、その支援を考えるという方向性が存在し、1970年代頃から研究の量的にも拡大の傾向を示している[3]．家族の研究が支援の方向性をもったのもこの時期といえる．

1990年代に入る頃から、家族研究には新たな視点が入ってくる．ノーマライゼーションという理念が浸透し、障害者の地域生活や、本人主体の活動が活発化する背景の中で、障害のある本人の視点から改めて家族の問題をとらえ直す研究や、家族のQOLという視点での研究が行われている[4]．また、これらの研究では、これまで障害者の介護を提供する当たり前の存在としての家族という概念から、「社会資源のひとつとしての家族」というように家族のあり方そのものを問い直すことも進められている．

2 障害者家族の抱える問題

(1) 調査結果からみる家族の実態とニーズ

ここでは統計的なデータから読み取れる、障害者の家族の実態と問題について調査結果をもとにみていきたい．参考にするのは平成12年に厚生労働省によって実施された「知的障害児（者）基礎調査」の中から、特徴的な数値を示す3項目を抜き出してみる．この調査の結果によると、在宅知的障害児（者）は、329,200人となっており、そのうち18歳未満が93,600人、18歳以上221,200人と推計されている．

表3-1は生活同居者の内容である．ここでは18歳以上の知的障害者のうち約8割が親、きょうだいを含めた家族と同居していることがわかる．近年では脱施設化や障害者の地域生活がひとつのキーワードとして使われているが、実態として「地域生活＝家族と同居」という図式が成立してしまっていること

がわかる．

次に表3－2は「くらしの充実の希望1」に関する結果を表したものである．ここでは父母の6割が希望として「障害者に対する周りの人の理解」をあげており，最も多い回答となっている．これは現在でも障害者に対する差別や偏見が家族にとって大きな問題となっていることを示している．

次に表3－3は「くらしの充実の希望2」に関する結果を表したものである．

表3－1　生活同居者

	総数	ひとりで	夫婦で	親と	親，兄弟姉妹と	兄弟姉妹と	友だち等と	その他	不詳
総　数	329,200 (100.0)	(3.5)	(1.8)	(32.6)	(47.0)	(3.8)	(4.0)	(6.1)	(1.1)
18歳未満	93,600 (100.0)	(-)	(0.2)	(20.6)	(74.7)	(0.2)	(0.4)	(3.0)	(0.9)
18歳以上	221,200 (100.0)	(5.1)	(2.4)	(37.3)	(36.4)	(5.4)	(5.4)	(7.0)	(1.0)
不　詳	14,400 (100.0)	(2.8)	(2.8)	(40.3)	(30.6)	(2.8)	(4.2)	(12.5)	(4.2)

出典：「知的障害児（者）基礎調査　平成12年」厚生労働省

表3－2　くらしの充実の希望1　（記入者例）

	総数	相談や指導	早期発見早期療育	必要な時に施設を利用できる制度	ホームヘルパー	医療	経済的援助	ボランティア活動	障害者に対する周りの人の理解	人としての権利の保護	その他
総　数	329,200 (100.0)	(29.6)	(7.4)	(39.6)	(10.4)	(14.9)	(27.2)	(8.0)	(44.6)	(14.1)	(3.8)
本　人	2,000 (100.0)	(80.0)	(-)	(50.0)	(-)	(20.0)	(60.0)	(-)	(70.0)	(-)	(-)
本人とその他	211,300 (100.0)	(25.0)	(5.9)	(31.0)	(7.3)	(12.9)	(25.8)	(7.1)	(37.6)	(13.2)	(2.0)
父　母	104,500 (100.0)	(37.2)	(10.6)	(56.2)	(15.2)	(18.2)	(27.8)	(10.7)	(60.1)	(17.7)	(6.7)
親　族	8,400 (100.0)	(42.9)	(11.9)	(54.8)	(31.0)	(21.4)	(40.5)	(-)	(28.6)	(-)	(11.9)
その他	3,000 (100.0)	(20.0)	(-)	(13.3)	(6.7)	(13.3)	(46.7)	(6.7)	(26.7)	(6.7)	(13.3)

※3つまでの重複選択
出典：表3－1に同じ

表3-3 くらしの充実の希望2（記入者例）

	総数	通所施設	作業所	働く場所	入所施設	グループホーム	住まいについて	老後の生活	レクレーションの場	生活環境	その他
総 数	329,200 (100.0)	(23.7)	(16.1)	(29.4)	(17.5)	(18.1)	(9.3)	(35.1)	(17.1)	(10.6)	(2.3)
本 人	4,000 (100.0)	(35.0)	(20.0)	(45.0)	(10.0)	(30.0)	(－)	(35.0)	(35.0)	(5.0)	(5.0)
本人とその他	181,800 (100.0)	(15.0)	(11.9)	(24.7)	(10.3)	(12.2)	(9.0)	(27.3)	(12.3)	(10.0)	(1.2)
父 母	128,500 (100.0)	(36.8)	(22.3)	(36.3)	(27.6)	(27.0)	(9.4)	(44.1)	(23.4)	(12.2)	(3.7)
親 族	9,400 (100.0)	(17.0)	(12.8)	(19.1)	(29.8)	(14.9)	(17.0)	(63.8)	(19.1)	(6.4)	(－)
その他	5,400 (100.0)	(7.4)	(11.1)	(25.9)	(7.4)	(－)	(11.1)	(33.3)	(11.1)	(3.7)	(7.4)

※3つまでの重複選択
出典：表3-1に同じ

　ここでは「老後の生活」を充実の希望としてあげている人が，父母では44.1％，親族では63.8％という数字になっていることが注目される．老後の生活とはすなわち「親なき後の生活」の問題である．この問題は障害者家族のもっとも大きな不安として古くから知られていた問題である．残念ながらこの問題についても解決されていないことが調査結果から読み取ることができる．

　以上，3項目を取り上げたが，障害者家族の実態として，家族と同居という形態で生活する障害者が非常に多いこと（同時に介護の負担が家族にかかっていること），そして，家族の希望として「差別の解消」と「親なき後の生活の安定」という問題が現在でも大きな問題として残されていることを確認しておきたい．

(2) ライフサイクルからみる家族の抱える問題

　障害者の家族が抱える問題は，障害種別による違いや立場（母親・父親・きょうだい）の違い，経済的環境や地域環境の違いまで含まれる複雑な側面をもっている．ここでは，ライフサイクルを軸として，障害者家族の抱える問題を，当事者の発達期，青年期，自立期の3つに分けて概観してみたい．

発達期（本人の年齢0〜18歳）においては，家族は障害の受容，子どもの療育，学校の選択，障害者差別との対立などさまざまな問題を抱える．一方でこの時期の家族に対しては研究動向でみたように比較的関心が寄せられてきた経緯があり，サポート体制も整いつつある．この時期は障害児と親とがともに成長していく時期でもあり，子どもに対する支援が家族支援と合致する時期でもあり，障害児本人の問題と家族の問題が同一の方向に向いていることも特徴としてあげられる．

青年期（本人の年齢18〜30歳）は家族全体のバランスが変化する時期である．障害児は高等学校を卒業する時期を迎え，就職や福祉就労等，新しい環境へ突入していく．家族はこれまでの義務教育の段階から福祉制度の活用や新しい環境への対応など多くの選択を迫られる．また「きょうだい」たちは就職・結婚の時期を迎え家族のもとを離れていく．そして親たちは高齢期を目前に控え「親なき後」の問題への不安を大きくさせていく．

自立期（本人の年齢30歳〜）においては，親たちは高齢期に入り，本来ならば老後の生活をはじめる時期でもある．しかし現実の障害者家族ではこの時期になっても障害をもつ本人の介護の役割を続けている場合が多い．そして親自身が介護できなくなって障害をもつ本人の生活の場を入所施設に求めていくという構図がうまれる．

(3) 家族の中の「きょうだい」

障害者家族の問題を取り上げる上で忘れてはならない存在として「きょうだい」の問題がある（障害のある人の健常の（障害のない）兄弟姉妹という意味で「きょうだい」と表現される）．これまで，障害者の家族研究という形でさまざまな研究が行われてきたが，その中心は両親（特に母親）であり，きょうだいに関するものは置き去りにされてきた感が否めない．しかし，きょうだいに対する調査研究も少数ながら行われており，それらを概観すると「障害児がその兄弟姉妹にどのような影響を与えるか」という視点から実施されたものが多く，その結

果は一般化できる段階ではない[5]．しかし，冒頭の事例や，きょうだいたちの手記[6]を通して，きょうだいの抱える問題の困難さを推し量ることができる．

一方，きょうだいに対する支援は，これまでも「兄弟姉妹の会」に代表されるセルフヘルプグループによる活動が知られているが[7]，近年，前節のライフサイクルでいう発達期の家族支援がクローズアップされる中で，親たちから表明される「きょうだいの育てにくさ」の問題として取り上げられ，発達期の家族支援における重要な問題のひとつとして認識されはじめている．

しかし問題の核心は青年期以降の家族にも存在していることを忘れてはならないだろう．青年期のきょうだいたちは職業の選択，配偶者の選択（結婚）という人生の大きな選択を，障害という問題の影響を受けながら迎えねばならない．これは同じ家族でも両親の問題とは大きく異なった側面をもつ．そして「親は半生，きょうだいは一生」という言葉に代表されるように，自立期，つまり両親の老後，「障害者の生活に責任をもつ存在」としての役割がきょうだいたちに期待され，背負わされているのである．このようなきょうだいの位置づけには，わが国の文化的背景や，社会的制度（民法では「直系血族および兄弟姉妹はお互いに扶養する義務がある」という扶養義務者規定がある）が大きく影響していることも事実である．しかしこれら青年期のきょうだいが抱える問題について，有効な支援方法すら示されていないのが現状である．

きょうだいの多くは障害児と向き合う両親の姿から，社会的文化的影響から，親なき後の障害者の生活について自分の責任として（望むと望まざるとにかかわらず）認識していく．これはむしろ家族のあり方として，社会福祉資源の量的不足という現状の中では自然なことなのかもしれない．そのような状況の中で，冒頭の事例のように親なき後の障害者の生活の場として「入所施設」を仮定し，自分自身の人生の問題と切り離して考えることができるようになるには，非常に大きな葛藤が存在する．それはきょうだい自身が期待され，背負わされてきた自分自身の存在基盤の一部を破壊（そして再構築）することに他ならないからである．しかし，それは家族の絆を断ち切ることを意味するものでもないし，

きょうだいの人生と障害者の人生をまったく別のものとして考えることでもない．それはきょうだい自身も障害者自身も，そのどちらも犠牲にならずに生きていくための，親とは違う「きょうだい」という視点から障害者家族のあり方を問い直す試みでもある．

3 問題の解決に向けて

これまで，いくつかの視点から障害者家族の問題についてみてきた．ここでは「親なき後の不安」という大きな問題に言及してまとめとしたい．

「親なき後の不安」という問題は古くから障害者家族の抱える問題の中核として認識されてきた問題でもあり，文中で指摘したとおり，現代という時代背景とともに再提起されているところでもある．ノーマライゼーションという理念のもとに脱施設化や地域生活が障害をもつ人の生活を高めていく方法として認識されていく中で，家族という視点からみると脱施設化によって最後の受け皿として機能していた入所施設を奪われ，地域生活の名の下に障害者の生活を家族の責任と介護によって成立させていくことがあたかも当然のように認知されてしまうことは，旧来よりもはるかに強く「親なき後の不安」を感じざるをえない状況といっても過言ではない．

しかしこの問題の解決はある意味で自明のことでもある．それは親なき後の不安は，「障害のある人が親が生きているうちに親元を離れて地域社会の中で安定した生活を送ることができるようになる」ことで解決の方向に向かうということである．

それは言い換えれば障害者の自立の問題であり，ノーマライゼーションのいう各ライフサイクルにおける通常の期待を経験することに他ならない．そのためには「障害者の地域生活＝家族と同居」という構図を打ち壊さなければならない．そしてさらなる社会福祉の量的質的な拡大も必要不可欠となる．しかしそこまで進んでこそ，近年の家族研究が示す「社会資源のひとつとしての家族」という位置づけが現実のものとなるのではないだろうか．

② 障害をもつ当事者の立場から

1 「重要な他者」としての家族

　ここでは，障害をもつ人の立場からみた家族について考えていこう．すでにみたように，障害をもつ人にとって家族はある意味で「重要な他者」である．現代日本社会では，なんらかの障害をもち，手助けを必要とする場合，家族が世話役割や扶養役割を引き受けることが多いからである．

　身体障害児・者を対象とした全国規模の調査によれば，「食事をする」「排泄をする」「入浴をする」「衣服の着脱をする」等，日常生活の動作の介助を必要とする子どもの介助者の，約9割は「親」と回答されている[8]．ただし担い手は「母親」に偏っている[9]．このことは重度知的障害児・者を対象とした調査において，「主たる介助の担い手」の93.6%が「母親」であったという結果からもうかがえる[10][11]．

　また，「稼得能力」が低いといわれるように，障害をもつ人は成人後も独立した生計を営むことがむずかしい．障害年金等の所得保障制度は存在してはいるが，幼い頃からの，あるいは他に収入のない障害者にとっては，独立生計を維持できるほどの額ではない（障害基礎年金額は1級82,510円／月，2007年度）．身体障害者を対象とした調査では，「自立した生計で生活できる」と答えているのは39.0%にすぎず，半数以上の53.1%が「家族等のサポートにより維持している」と答えている[12]．さらに，障害年金を受給することが困難な知的障害者や精神障害者の多くは，直接的に家族からの経済的援助を受けるか，家族とともに住むことによって，生活費を捻出している[13]．

　もちろん，障害をもつ人は，家族からの身体的・経済的サポートのみならず，精神的なサポートや心理的な安心感を得ることもある．長年家族（多くは母親）に心身を委ね，健常の人よりも多くの時間を共有してきたことは，ケアを受ける障害者に，家族との一体感や圧倒的な安心感をもたらす．ある身体障害をも

つ女性は母親について「精神的にも肉体的にもすべてをサポートしてくれた」と語っている．

2 「差別」する存在としての家族

　その反面，家族から世話・介助を受けている場合，それが家族間の関係性の多くを規定し，〈しがらみ〉を生じさせることがある[14]．家族のひとりが世話・扶養役割を全面的に引き受けざるを得ない際には，時に関係の歪みは，とりかえしのつかない悲劇につながることもある．この悲劇をめぐる状況と，それを障害をもつ当事者の立場から批判した，ある会の主張について，詳しくみていきたい．

(1) 「殺す」存在としての家族

　扶養・世話役割を一手に引き受け，過重な負担を負った家族メンバーが，障害をもった家族を自ら手にかけてしまう場合がある．極言すれば，障害をもつ人にとって家族は「自らを殺す存在」ともなりうるということだ．この話はけっして過去のものではない．ここ最近にかぎっても，たとえば親による障害児の殺害という事件を報じる多くの記事がたやすく見つかってしまう．

　「分からなくなりました」という短い遺書を残して，自閉症の長男（8歳）と，長女（4歳）と無理心中してしまった43歳の母親が報じられた．母親は誰にも頼らず，長男と向き合っていたが，ここのところ「疲れた」と口にするようになっていたという（『毎日新聞』2004年7月3日）．

　どのような状況の中で，このような悲しい行為を実行に移さなければならなかったのかは想像の域を出ない．しかし短い記事からも，かれらの孤立した状況や，絶望的な思いが伝わってくる．「疲れた」という言葉に象徴されるように，母親が子どもにかんする責任や実際の世話をひとりで抱え込んでいたこと，現在の状況や未来の生活に希望を見出せず，疲弊していったことが推し測られる[15]．

(2) 「青い芝の会」による批判

　障害をもつ子どもの立場から，こうした親の存在に正面から対峙した運動がある．1970年代前半の，「青い芝の会神奈川連合会」を中心としたものだ．[16)]『母よ！殺すな』という，衝撃的なタイトルをご存知の読者も多いだろう．青い芝の会の主要メンバーであった横塚晃一による著作である．これは，運動を象徴的にあらわすメッセージとなった．

　この運動の発起点となったのは，1970年5月，横浜で起きた，母親による2歳になる障害児の殺害事件だった．事件後，神奈川県心身障害児父母の会による，母親に対する減刑嘆願運動が始まる．父母の会の主張は，「施設もなく家庭に対する療養指導もない，生存権を社会から否定されている障害児を殺すのは止むを得ざる成り行きである」というものだった．もっともこうした展開はめずらしいものではなかった．1960年代後半から頻発した「障害児殺害事件」に対しては，親への扶養・介助の押しつけと同時に，社会的な問題としての施設の不足が指摘され，その結果，世論は「悲劇」を引き起こした親への同情に傾くのが常であった．

　しかし青い芝の会神奈川連合会はこれを批判する運動を展開した．かれらは障害者自身の存在が肯定されていない状況や，さらに親もまた，実はかれらの存在を認めていないこと，親の中にある子どもを差別する感情を指摘した．[17)]横塚晃一は次のようにいう．

　「悲劇」という場合も殺した親，すなわち，「健全者」にとっての悲劇なのであって，この場合一番大切なはずの本人（障害者）の存在はすっぽり抜け落ちているのである．このような事件が繰り返されるたびに，我々障害者は言いしれぬ憤りと危機感を抱かざるを得ない．[18)]

　ここでは，「愛によって作られた施設」や，殺すことが愛であるとする親への批判がなされている．こうした中から，しばしば引用される横塚の名言「泣きながらでも親不孝を詫びながらでも，親の偏愛をけっ飛ばさねばならないのが我々の宿命である」[19)]が提示されることになる．

この運動は，明確に親を対立的なものとして位置づけ，親からの独立をめざした．このため，いきおい主張は過激なものとも受け取られ，父母の会などから批判も多くよせられたという．しかし批判の対象は親の「愛」そのものではなく，愛という名のもとに殺されたり，劣悪な施設に押し込まれることであったことには注意が必要である．

(3) 自立を阻む存在としての親

運動から30年余りが経過し，親を真正面から糾弾するような運動のかたちは，いまや薄れつつある．それでは，親が「壁」になるといった状況も過去のものとなったのだろうか．そうではない．摩擦や問題は質をかえつつも存在する．たとえば知的障害をもつ30歳の男性が，ごく最近の「自立」(＝一人暮らし)を始めた経験を次のように綴っている．

> 去年の九月に「自立をしよう」と決めました．不安もあったから今までしなかったです．親に話したら「ダメダメ」と言っていました．自立をあきらめたときもありました．(……)自分勝手に「家さがし」を始めました．一回でテラスハウスを見つけました．
> 思わず契約をしてしまいました．あるとき，実家に不動産屋から電話があって，たのんでいないのに親をせっとくしてくれました．親もなっとくしてくれました．今でも忘れていません．そのぐらいにとってもうれしかったです[20]．

かつてもよくみられた図式が現在でもみられる．ただし，親も意識を変化させてきていることにも注意を喚起しておきたい[21]．

3 「自立」への希求——「何」からの自立なのか？

とりわけ先天性の障害をもっている場合や幼い頃に障害をもった人の多くは，「(親から)自立したい」という欲求を抱いている．先天性の身体障害をもつ人を例に挙げながら話をすすめていこう．

自立への希求は，ケアとジェンダーという問題に大きくかかわっている．障害者家族においては性別役割分業が強化されることはすでに指摘されている．

子どもは，父母が完全な性別役割分業を行っていることに対して，「お母さんが大変なのに，お父さんは何もしてくれない」と反発したり，「（父親は）毎日忙しい人だったし，子どものことは母親がやるものだという感覚をもっていたし，自分は働くのが仕事だと思っていたから」と，仕方のないことだったと位置づけたりする．しかし，これを間接的に否定するかたちで出てくるのが自立の提案なのである．

子どもが「自立」を語る際に使用される二大キーワードがある．「母親の高齢化」と「母親の解放」である．両親と同居し，全面的に母親からの介助を受けている29歳の女性は，近い将来の自立（「独立」）を希望している．以下の語りは自立を語る典型的なストーリーである．

正直なことを言えば，親が高齢になるとか，いまやっていることがもうこれから長くつづけられないという思いがなければ，母に介助してもらっていればいい，好きなことをしてればいいんですよ，私はね．でも，そういうわけにはやっぱりいかないし，それに，母が，いつも家族のためばっかりってなっているのが何となくかわいそうになってきて，今まで十分やってきてもらったんだから，もう大人になってある程度分別もつくようになったら私は大変であっても親を解放するのが．（中略）ふつうの人が独立するように私も独立して，私のスケジュールを中心に母の生活が決まってる，みたいな生活を少しやめたい．

障害をもつ人たちもまた，いつかは親が自分の身体を支えられなくなる日が来ることを予測し，「親なき後」の不安を抱いている．それに，と語りはつづけられる．自立は自分のためのみではなく，これまで自分にしばられてきた母親の人生をも変えるのだ，すなわち母親は介助から「解放」され人生を謳歌することができるのだと．

彼女が「独立」という言葉であらわしているのは，ひとり暮らしをするか否かにかかわらず，どのような生活形態であれ，母親からケアを受けていることがもたらすさまざまな「しがらみ」から脱出することである．また同時に，母親の背負っている重荷を下ろすこと，すなわち，性別役割分業に基づく母親のケアへの偏向の解消もまた，めざされているのである．

ジェンダーの問題は，介助・世話の問題の基底に共通して横たわるものだろう．さらにここからは，ある人が生きていくための条件を，人と人との関係性とは別に確保することの重要性が示唆される．どんなに多くの「愛情」がそこに存在していたとしても，関係性と結合した行為には構造的な危うさがある[22]．家族だから，という理由のみに依拠して提供されるケアは，逆にいつでも途絶える理由にもなる．

　現在においてもどのような障害であれ，障害者が「自立」した生活を営むことは容易ではない．また急いでつけ加えれば，ここで登場した二人のそれぞれの「自立」のかたちが「自立」のすべてであるというわけでもない．しかし，自立生活運動や「ノーマライゼーション」理念の広がりにより，「自立」とは従来のような身辺自立や経済的な自立を指すのではなく，どのような重度の障害をもっていても，どのような場所で生活していても，「自己決定」が尊重され，生活主体者として生きることである，という考え方も受け入れられつつあるといえるだろう[23]．さらに，すでにふれたように，1970年代からの当事者の運動により，多数派とはいえないものの，少なくはない数の，さまざまな障害をもつ人たちが「自立」をめざし，それを実現させている[24]．

　近年，「地域生活」とは名ばかりの，家族責任を強調するような施策もあらわれつつある．しかし，今求められているのは，障害をもつ人たち自身が，地道に主張し獲得してきた地域での生活形態を，次世代にもつなげていくことではないだろうか．それは，「障害」の問題を家族のみに囲い込むのではなく，社会全体でとらえ，支えていくということでもある．

■■■　　　　　注・引用・参考文献　　　　　■■■

1) 大正大学文学部社会福祉学科家族福祉研究会「精神薄弱者（児）と共に生きる家族の問題とそれに対応する家族福祉的接近の方法」『鴨台社会事業論集』第7号，大正大学社会福祉学会，1984年，pp.43-90
2) 伊藤隆二「精神薄弱をもつ親の心理」『精神薄弱の心理学』日本文化科学社，1964年，pp.262-273
3) 久保紘章『自閉症児・者の家族とともに――親たちへのまなざし』相川書房，

2004年
4）中野敏子ほか『利用者主体の家族援助』大揚社，1998年
5）三原博光『障害者ときょうだい』学苑社，2000年
6）代表的なものとして，全国障害者とともに歩む兄弟姉妹の会東京支部『兄弟は親にはなれない……けれど【ともに生きるPART2】』ぶどう社，1996年
7）近年の兄弟姉妹の会の活動としては「きょうだい支援の会」http://homepage3.nifty.com/ssgj/index.html が参考となる．
8）障害者福祉研究会『わが国の身体障害児・者の現状：平成13年身体障害児・者実態調査結果報告』中央法規，2003年，pp.481－482
9）要田洋江『障害者差別の社会学──国家・ジェンダー・家族』岩波書店，1999年，p.84，土屋葉『障害者家族を生きる』勁草書房，2002年，p.207ほか
10）障害者生活支援システム研究会『重度知的障害児（者）介護の社会化は緊急の課題（重度知的障害（児）者の家庭での介護支援についての実態調査）』2002年，p.11
11）障害が重度であったり重複している障害児・者のケアは，内容や方法がきわめて個別的であるのみならず，複合的である．このためケアする「人」の特定化，「役割」の固定化をまねくことになる．身体的なケアのみならず，コミュニケーション面でのサポートや，「自己決定」をする過程での援助など，生活のあらゆる場面でのケアを担う．日常かかわっていない人はこのケアには手出しができない状況がつくりだされ，必然的に母親はケアに専念せざるをえず，このケアの代替者は存在しない（藤原理佐『重度障害児家族の生活──ケアする母親とジェンダー』明石書店，2006年，pp.40－42）．法的にも，家族による扶養は義務とされている．公的な援助は，原則的には家族や親族による扶養・援助がない場合，あるいは不十分である場合に行われることが定められている（利谷信義『家族の法』有斐閣，1996年，p.193）
12）障害と健康にかんする研究会編『所得等の面からみた障害者の生活実態に関する報告書』（委員長：栃本一三郎），2003年，p.24
13）土屋葉「障害者世帯の家計構造──収入と支出を中心に」『障害者の所得保障と自立支援施策に関する調査研究』［87－102］（主任研究者：勝又幸子）2006年，pp.99－100
14）Morris, Jenny, *Independent Living? Community Care and Disabled People*, Macmillan, 1993, pp.74－76，土屋，前掲書，pp.186－203
15）子どもを殺すのは母ばかりではなく，父親や兄など他の家族成員による殺害事件や無理心中も少なくない（杉野博昭「インペアメントを語る契機──イギリス

障害学理論の展開」石川準・倉本智明編著『障害学の主張』明石書店，[251－280]，2001年，pp. 251－252）．
16) 立岩真也「はやく・ゆっくり――自立生活運動の生成と展開」安積純子他『生の技法――家と施設を出て暮らす障害者の社会学』藤原書店，1990→1995年，[165－226]，p. 176
17) 要田，前掲書，p. 27
18) 横塚晃一『母よ！殺すな［増補版］』すずさわ書店，1975→1981年，p. 80
19) 同上書，p. 19
20) 佐々木信行「やっと自立生活を始めました」『なかまの森』15，[4]，2003年，p. 4
21) 土屋，前掲書，pp. 217－221
22) 山田昌弘『近代家族のゆくえ――家族と愛情のパラドックス』新曜社，1994年，p. 54
23) 渡辺顕一郎『障害児の自立支援を見すえた家族支援――家族生活教育を中心に』中央法規，2005年，p. 43
24) 全国自立生活センター協議会編『自立生活運動と障害文化――当事者からの福祉論』現代書館，2001年など参照．

〈参考文献〉
① 広川律子編『オレは世界で二番目か？』クリエイツかもがわ，2003年
② サンドラ・ハリス著（遠矢浩一訳）『自閉症児のきょうだいのために』ナカニシヤ出版，2003年
③ ジョン・W・オブライエンほか著（小松隆二ほか編）『障害者・家族・専門家の協働』慶應義塾大学出版会，1999年
④ Shopler, Eric & Mesibov, Gary B., *THE EFFECTS OF AUTISM ON THE FAMILY*, Plenum Press, 1984.（田川元康監訳『自閉症児と家族』黎明書房，1987年）

学びを深めるために

① モニカ・ザイフェルト著（三原博光訳）『ドイツの障害児家族と福祉――精神遅滞児と兄弟姉妹の人間関係』相川書房，1994年
　知的障害児の「きょうだい」にスポットをあてたドイツの研究である．ドイツではあまり取り上げられる機会のなかった「きょうだい」の問題をエコロジー理論という視点から分析している．先行研究のないドイツではなく，北米の先行研究を多数用いており障害児の「きょうだい」がどのような状態におかれているの

かを概観的に理解するのには読みやすいと思われる．

② ショプラー，E.・メジボブ，G. B. 編著（田川元康監訳）『自閉症児と家族』黎明書房，1987年

　今では各国で有名となっているTEACCHプログラムにおける基本的考え方である「両親を共同治療者と位置づける」という考え方がどのようにして導き出されたかを知るには本書がもっとも適していると思われる．歴史的な視点も含めてさまざまな角度から自閉症児と家族を検討しており障害児と家族を理解する上では参考になると思われる．

③ 土屋葉『障害者家族を生きる』勁草書房，2002年

　身体障害をもつ当事者のとらえる「家族」と，親の側がとらえる「家族」のリアリティの齟齬，介助行為を介在させた親子関係が，詳細な聞きとり調査から得られたデータを基にして読み解かれている．

☞ 障害者とその家族を支援していくうえで，課題となる点や問題点をライフサイクルに応じて整理してみよう．

☞ 多くの家族が，親なき後の障害者の生活に大きな不安を抱いていることが知られている．ではなぜ親なき後の生活に不安を感じてしまうのか，さまざまな角度から考えてみよう．また，その不安を解消するためにはどんなことが必要なのか，考えてみよう．

学びのオリエンテーション

自分の家族をもつ障害者の立場から

　私は進行性の網膜の病気のために，大学入学後に急に視力が落ちた．そんな学生時代に，私は障害者運動の中で夫と出会った．夫は非障害者である．私たちは大学を卒業してから3年をかけて，双方の両親に結婚を認めてもらった．そして私は山村にある夫の実家に嫁ぎ，義父たちと棟続きの家で，半ば同居の生活を始めた．当初は義母に「いいからいいから」と言ってもらい，座敷にずっと座らせてもらっていた．外出はほとんどできず，自分の考えは言えない．気持ちを聞いてもらえるのは，夜遅く帰宅する夫だけという閉ざされた状況からの出発だった．

　だから，私が「自分の家族」と言える関係をもつためには，夫婦や親子の関係を育むと共に，必要な援助を見つけだし，つくりだしながら，自分なりに家族の中での役割を担うこと．そうして，少しずつ家族との関係を対等なものにつくり変えることが不可欠だった．

　長年失明への不安を抱え，自分の存在の意味を自覚できないところのあった私が，何としても生きたい，自分の手で子どもを育てたいと強く願うようになったのは，長男を産んでからのことだ．

　私は家族に頼みこんで自分たちの台所を作ってもらった．それによって私は好きなだけ試行錯誤をしながら，自分なりの家事ができるようになり，少しずつ義父たちから独立した生活ができるようになった．

　義父から「おっかさんも手を出していいだか，悪いだかと思って，あれでも気をつかってるだぞ」と言われたことがある．そうやって義父たちが忍耐強く見守ってくれたお陰で，そして，私を必要としてくれた夫と息子たちのお陰で，私は段々と妻になり，母になり，嫁になれた気がする．

　ただ，息子たちが幼かった頃を振り返ると，困難なことや，今思ってもひやっとするような危うい場面がいくらもあった．

　特に困難だったのは外出である．「幼い子どものいる母親が外出できないのは，見えても見えなくても同じよ」と人に言われたことがある．だが，必要があれば買い物にも行ける非障害の母親と，闇の檻に閉じこめられたように，家から一歩も出られない見えない母と子の暮らしがはたして同じだろうか．

　私たちの逆境を救ってくれたのは，制度や仕事の枠からこぼれた所で，自発的に動いてくれた人びとだったと思う．たとえば授乳に苦労していた私のために，個人で指導に通ってくれた看護師の方がいた．また当時，県は仕事をもった人だけに盲導犬を貸与していた．主婦である私が盲導犬をもてたのは，地元の点字図書館長が精力的に動いてくださったお陰である．盲導犬をもつことによって，私たち親子は，自然の中へ，人の中へと出かけられるようになった．しかし息子たちが目の放せなかった時期は，盲導

犬がいても一瞬にして息子を見失ってしまい，蒼くなって探し回ったことや，危険に気づけず怪我をさせそうになったことがある．その時期にも息子たちを部屋に閉じこめずにすんだのは，近所の人たちが，自分の子どもや孫を遊ばせながら，うちの息子たちに気を配ってくれたお陰だった．

盲児のために手でみる絵本を作っていたボランティアの方たちが，工夫して沢山の点訳絵本をつくってくれたり，広報の朗読をしていた朗読ボランティアの方たちが，家まで対面朗読に来てくれるようになった．そうした関わりの中から，ボランティア活動を越えて，互いに助け合える友人ができた．その後，支援費制度が始まるまでの期間は，障害のある仲間と運営していた介護派遣センターの協力会員の人たちが，息子たちを連れての通院や学校行事への参加など，車を使っての移動介助を低額の料金で引き受けてくれた．

お陰で息子たちは無事に成長し，自立の時期を迎えている．私は息子たちを多くの人との関わりの中で育ててこれたことに深く感謝している．

しかし私は，これからの障害者も，この状況で子育てをすれば良いとはけっして思わない．実際に困難や危険も体験してきたからだ．

私の身近では，さまざまな障害をもちながら子育てをする人が増えてきた．視覚障害をもつ親の会「かるがもの会」では，多くの視覚障害の親に出会った．だが，日本ではまだ，障害者が子育てをするという認識そのものが不足していると感じる．日本にどれだけの障害をもつ親がいて，それら親子がどんな支援を必要としているかという調査研究が，まず必要ではないだろうか．

当事者の声が集まれば，保育園への優先入所だけでは解決しない，もっとさまざまなニーズが明らかになるはずだ．特に子どもを連れての移動支援は，日々必要であり，経済的負担に苦しむことなく活用できる制度がほしい．私も子育てを経験した当事者として，同じ立場の仲間とともに，自分たちに何ができるかを考えて行きたい．

ところで今，我が家は，老人介護という新たな課題に直面している．

2年前に，義母が入院し，義母が長年介護してきた寝たきりの叔母の介護をひき受けた．実際にやってみると，私なりにできることもあるが，手助けが必要な場面は非常に多い．しかし，当時の支援費制度でも現在の障害者自立支援法でも，私の介助に来たヘルパーに，私が叔母の介護をするための介助を頼むことはできない．「老人は介護保険でみることになっているから，障害者のための介助の中で老人をみるのは，制度として矛盾する」との説明を受けた．とはいえ，介護保険の在宅介護は家族介護を前提としているとしか考えられないほど，家族に負うところが大きい．障害のある家族が，その介護を担うためには介護をするための介助が必要になる．義父や実父が病んでいた頃にも，私は少しでも自分の手で看護をしたい，そのための手助けがほしいと切実に願った．

自分の家族をもつ障害者の立場から，私が必要性を訴えたいのは「役割への支援」である．

広沢里枝子（上小圏域障害者総合支援センター　ピアカウンセラー）

第4章
現代の障害者福祉政策とその理念

法制度と施設職員の役割
――法律・制度と現実の狭間で――

　通所の授産施設職員のKさんは，ここ最近，晴れやかな気持ちになれない．障害者福祉の制度が変わり，施設を利用しているSさんたちの通う日数が減ったことがその原因である．Kさんは，以前読んだスウェーデンの福祉システムを紹介する文章を思い出した．

　　　　　《スウェーデンの自治体における当事者団体参加システム》
　スウェーデンには全国で290コミューン（基礎自治体）があり，ほぼすべてのコミューンに障害者協議会が設置されている．障害者協議会は障害当事者で構成され，議決権はもたないが，コミューンが実施する障害者施策はすべて同協議会の諮問を受ける．また国会でも，障害者関連の法案が議論される時には必ず，政府は障害者団体の意見を聴く手続きをとる（「レミス制度」と呼ばれる）．国でも地方でも，政策決定プロセスで当事者の意見を聴くことが制度化されている．当事者には関連政策に意見を述べる責任があるということもできる．
　スウェーデンの「知的障害者協会FUB」は強力な当事者団体の一つである．1950年に設立され，全国に165支部をもち，2万9000人の会員を有する（2005年）．活動内容は，知的障害者の生活を向上させるための活動，その家族の交流と親睦，情報提供，また社会に対して知的障害者のおかれている立場を知らせ，理解を求めることである．主な会員は当事者とその家族である．FUBはLSS法の成立を含め，知的障害者の社会的地位の向上に果たしてきた．スウェーデンでは社会における当事者団体の役割はきわめて大きい．
　自治体直営に代わる新たなサービス供給体として注目されるのは「ストックホルム自立生活協同組合STIL」（1984年設立）である．STILは自治体による画一的な介助サービスに対して，障害者の選択の自由を求めて，当事者が個別介助者（パーソナルアシスタント）をマネジメントしていく運動を展開した．STILを構成する約230名の組合員は，LSS法対象者で，個別介助者を利用する権利が保障されている．彼らは協同組合組織を通じて，自分が利用する個別介助者の派遣管理者となり，募集採用から，サービス内容の決定まで当事者自身が行う．STILで働く個別介助者は合計で1500名にもなる（2005年）．
　スウェーデンでは，一見，すべての障害者福祉が政府の責任で行われているようにみえる．しかしスウェーデンの障害者福祉において当事者運動が果たしている役割はきわめて大きい．（斉藤弥生）　　　　　　　　　　　　　　（一部省略）

もし，日本にこのスウェーデンのようにもっと障害者の声を聞くしくみがあれば，今のようなことは起こらなかったのではないかとＫさんは思ったのである．

　現在の社会福祉制度は法律によって定められ，さまざまな福祉サービスはその法律の目的と内容にのっとって実施されている．現在の社会福祉では，その法律が改正されることがしばしばある．その中で今最も障害者福祉関係者の関心を集めている法律は，障害者自立支援法である（2005年10月に成立，2006年4月から施行）．なかでも大きな注目を集めた項目のひとつに応益（定率）負担制度の導入がある．

　本章では現在の法制度がどのように作られ，どのような内容をもち，どのように運営されているのか，学ぶことにする．

① 現代の障害者福祉施策の展開とその理念

1 障害者福祉施策の展開過程

　現在，わが国の障害者福祉は大きな転換期にある．障害者福祉の骨格を形成してきた3法——身体障害者福祉法，知的障害者福祉法，精神保健及び精神障害者福祉に関する法律——が，障害者自立支援法（2005年制定，2006年施行）に統合され，障害の種別を超えた援護サービスがはじめられている．本節では，第二次世界大戦後の障害者福祉施策の展開をあとづけ，障害者福祉を構成する法律やその役割を述べ，法律に内在する理念を整理する．

(1) 身体障害者福祉法の制定と更生概念

　わが国では，まず，障害者の問題は貧困などの生活困難と認識され，恤救規則（1874年）や救護法（1929年制定，1932年施行）などによって対応が行われてきた．また傷痍軍人には施設保護や職業訓練などがなされてきたのであった．

　しかしながら，障害の理由を問わず，障害の特性に対応した障害者福祉の開始は，第二次世界大戦後を待たなければならなかった．1945年8月の敗戦により，アメリカをはじめとする連合国の占領を受けるが，この時期の日本は，日本国憲法の制定（1946年），民主主義の定着と平和国家の確立をめざすとともに戦火によって崩壊した国民生活の再建を課題とした．連合国総司令部（GHQ）は占領下において一切の軍事的施策停止を命じ，さらに1946年2月「SCAPIN775：社会救済に関する覚書」（1．無差別平等，2．公私の分離，3．救済の国家責任，4．必要な救済に制限を設けない）を発した．厚生省はこれを受け，旧生活保護法，児童福祉法に加えて，傷痍軍人対策にかわる傷痍者援護について立法化の検討をはじめ，政府は1949年に身体障害者福祉法を制定する．

　この身体障害者福祉法は，法の目的を単なる保護とせず，更生としたところに特徴があり，法律の対象を「更生できうる者」に限定していた．当時の更生

概念は「自力で独立し自活できること」(職業をもって自立できること)を意味しており，よって援護対象は独立自活できる障害程度の軽い身体障害者に限ったのである．この重度障害者の排除という大きな限界はあったが，独立自活を目標としたことは，人としての尊厳を尊重する意味があるといわれ，更生医療の給付，補装具の貸与などが措置（行政行為）として行われ，リハビリテーション援護が国の責任において始まった意義は大きいものがあった．

(2) 高度経済成長期における障害者福祉

　1950年代後半から日本は高度経済成長を迎える一方，急激な経済成長にともない，工業地帯の大気汚染や水俣病をはじめとする公害問題，交通事故の増加，人口の都市への集中，核家族の増加，農漁村の過疎化などのさまざまな社会的な問題も顕在化した．

　このような経済社会と国民生活の変動に対して，社会福祉関係法も3法体制（生活保護法，児童福祉法，身体障害者福祉法）から6法体制（3法に老人福祉法，知的障害者福祉法，母子及び寡婦福祉法が加わった）となり，国民年金法や身体障害者雇用促進法，心身障害者対策基本法が制定され，社会保障制度の整備もなされた．

　知的障害者福祉法（1960年制定．制定時は精神薄弱者福祉法）は，50年代後半，児童施設で指導援護が困難なケースが目立ちはじめ，また親の会である精神薄弱児育成会（現在：全日本手をつなぐ育成会）の政府への働きかけもあったことから制定され，知的障害者を対象とした法律である．この法律はおおむねその構成を身体障害者福祉法に範を求めたが，更生とともに保護も目的とし，知的障害の定義と手帳制度を規定しないところに異なる点もあった．この法律制定によって知的障害者の更生援護施設が整備されていくこととなる．

　また他の重度者への対応は，1959年の国民年金法の制定にみられた．国民年金法は，無拠出制の障害福祉年金を規定しており，障害が重く就労困難な障害者への若干の経済援護の意味もあった．その一方で軽度の障害者にはやはり就労を促す政策をすすめ，身体障害者雇用促進法を1960年に制定する．

障害者の職業的自立には，受け入れる企業への働きかけもなければ就職に結びつかない．身体障害者雇用促進法は，目標とする雇用率（従業員に占める障害者の割合）を定める割当雇用制度によって，企業に身体障害者の雇用を促す法律である．制定当時は法的な強制力がなく実効性に乏しい法律であったが，国民年金法とあわせてみるならば複眼的な障害者施策がはじめられたといえる．また重症心身障害児への対応を目的とした児童福祉法改正（1967年）も行われた．1970年には心身障害者対策基本法を制定し，障害者施策を国の総合的な基本政策のひとつと位置づけ，1971年には「社会福祉施設緊急整備5か年計画」を発表し施設不足の解消をめざした．このように1970年代前半まで，わが国の障害者福祉施策は対象を広げ，福祉6法体制とあいまって，施設整備をすすめ福祉国家体制をひとつの理想とした時代であった．

(3)　国際障害者年と日本の障害者福祉

　先に述べた福祉国家体制を理想とする施策は，70年代後半から早くも点検と見直しがはじまる．その直接的な要因は，オイルショックなどの経済不況と急速に進んだ高齢化社会への対応であったが，障害者の人権保障，ノーマライゼーションや自立生活などの国際的な障害者福祉理念の定着とそれらに基づく障害者運動も変革を促すこととなった．

　ここではまず，70年代後半から80年代にみられた国際的な障害者福祉理念との関係から整理する．1975年12月9日第30回国連総会において「障害者の権利宣言」が採択された．「障害者の権利宣言」は，世界人権宣言の諸原則，児童権利宣言，知的障害者の権利宣言などを踏まえ，「障害者は，その人間としての尊厳が尊重される権利を生まれながらに有する．障害者は，その障害の原因，特質および程度にかかわらず，同年齢の市民と同等の基本的権利を有する．」と障害の種別や程度にかかわらず，基本的人権を有し，人間として平等であるという確認である．国連ではさらにこの権利宣言を世界に周知させるために，1981年を「国際障害者年」とし，「国際障害者年行動計画」を1979年

の国連総会において採択した．障害者の「完全参加と平等」を理念とする国際障害者年はこうしてはじめられた．そして1982年には「障害者に関する世界行動計画」が決まり，加盟国に国としての長期計画策定が要請され，日本もこれを受け，「障害者対策に関する長期計画」（1982年）を策定したのであった．

　この「国際障害者年行動計画」は，わが国にとってもうひとつ重要な意味があった．それは「ノーマライゼーション」という考え方を権利宣言および行動計画という定型化された文書として伝えたことである．このような国際動向を踏まえ，政府は従来の障害者関連施策では国際基準にそぐわないとし，障害者関連法の改正を行うのである．身体障害者福祉法の改正（1984年）では，「すべての身体障害者は，社会を構成する一員として社会，経済，文化その他あらゆる分野の活動に参加する機会を与えられる」ものであることを法律上に明記した（同法第2条2）．1986年には年金制度の改正により障害基礎年金が創設され，年金額の大幅な改善が行われ，さらに1987年には，身体障害者雇用促進法が改正され法律の名称を「障害者の雇用の促進等に関する法律」に改めた．これにより対象範囲が知的障害者に拡大されたのである．

　精神保健福祉の分野では，1988年に精神保健制度の改正があり，精神障害者の人権に配慮した適正な精神医療を確保し，精神障害者社会復帰施設が法律上に位置づけられた（精神保健法に改正）．

　1993年には心身障害者対策基本法が障害者基本法に改正された．障害者基本法は，障害者施策の基本的理念を定め，国，地方公共団体などの役割を明らかにし，障害者施策の基本事項を定めることによって，障害者施策を推進し障害者の自立と社会，経済，文化活動などへの参加を促進することを目的としている．同基本法は，国や地方自治体に障害者基本計画（障害者プラン）の策定を義務づけ，政策決定過程に障害者の参加を促している．

　このように障害者の権利宣言と国際障害者年は，結果としてわが国の温情主義的な障害者施策を評価する尺度となり，改正を促すものとなった．

(4) 社会福祉基礎構造改革と障害者福祉施策

　1990年代後半のわが国の政策課題は，財政基盤のさらなる逼迫とともにすでに顕著となった少子高齢社会，特に介護ニーズの増大に対して，どのような対応をとるかであった．介護ニーズの増大に対しては，議論の末，介護保険法 (1997年制定，2000年施行) により保険方式とし，サービス利用者の1割負担制を導入し，多様なサービス事業者の参入を認め，一定の方向を示した．この介護保険の議論と仕組は，社会福祉改革に対しても影響を与えた．ほぼ並行してはじめられた社会福祉基礎構造改革の議論である．

　社会福祉基礎構造改革は，低成長経済の中で少子高齢化と家庭機能の変化から生じる福祉ニーズの増大に対応できるよう，戦後の社会福祉制度を抜本的に変えることであり，1951年の社会福祉事業法制定以来の大きな改正である．

　当時の厚生省の「社会福祉事業法等一部改正法案大綱骨子」(1999年) によれば，改革の基本方向は，ア．個人の自立を基本とし，その選択を尊重した制度の確立，イ．質の高い福祉サービスの拡充，ウ．地域での生活を総合的に支援するための地域福祉の充実の3点をあげ，社会福祉事業，社会福祉法人，措置制度などが改革の対象となった．

　障害者福祉に関してこの改革の重要な点は2つある．ひとつは，個人の選択の尊重であり，2つには地域での生活支援である．これらは重度障害者の自立生活運動の理念 (自己決定と自己責任) と一致しており，地域での生活支援は70年代の障害者運動，そしてノーマライゼーションによって強調された「脱施設」「地域生活支援」の方向がわが国の政策においても確認されたとも考えられる．しかしながら，この社会福祉基礎構造改革は理念として評価すべき点はあるが，個人の自立と公正性の強調によってさまざまな自己責任と負担を強いる改革でもあることを忘れるべきではない．

　障害者福祉分野に限って改革を具体的にみる．まず，身体障害者福祉法，知的障害者福祉法，児童福祉法の一部において措置制度から支援費制度に切り替えられた (2003年)．支援費制度は，福祉サービスを利用する場合，利用者が福

祉サービス提供者（指定事業者）と直接契約し，市町村がその費用について支援費を支給する方式である．措置制度と違いこれによりサービス利用に利用者の選択が反映できるようになるとされた．市町村の役割は，支援費の利用認定，福祉サービスの利用者への情報提供，必要に応じてあっせん・調整・相談を行う．職権により入所などの措置を行うこともできるが，緊急時などに限られた．

　もうひとつの改革は，「事業の法定化」であった．「身体障害者・知的障害者・障害児生活支援相談事業」，「視聴覚障害者情報提供施設の機能の拡充」，「知的障害者デイサービス事業・知的障害者デイサービスセンターを経営する事業」などが，法律上の事業とされた．

　しかしながら，支援費制度の導入にともない，厚生労働省は，導入直前にホームヘルプサービスの利用時間数などに一定の枠を設ける検討を始めると表明した（いわゆる上限問題）．これに対し障害者団体は大規模な抗議行動をし反対した．厚生労働省は結局，従来通りとして見送ったが，はからずも支援費制度の脆弱な部分が明らかとなった．支援費制度の需要は高まり，導入初年と翌年，支援費関係予算は大幅な赤字となった．

　これにより，厚生労働省は，介護保険法の改正とあわせ，支援費制度を介護保険に統合する案を検討しはじめる．同省は，「今後の障害保健福祉施策について（改革のグランドデザイン案）」（2004年10月）を発表し，改革の方向と内容を明らかにしたのであった．

　それが障害者福祉の3法—身体障害者福祉法，知的障害者福祉法，精神保健及び精神障害者福祉に関する法律—を統合する，障害者自立支援法（2005年10月制定，2006年4月施行）なのである．このような過程で成立した障害者自立支援法は，障害の種別を超えた援護サービスをはじめ，その仕組みも大きく変更された．課題も多くあり節を改める．

2 障害者福祉施策とその理念

　では，今まで述べてきた障害者福祉施策は，何を基本的な目標（理念）とし

て掲げてきたのであろうか．現在の制度をより理解するためにここで整理をしておこう．第二次世界大戦前には，社会防衛的障害者観により，障害のある人びとへの人権抑圧がみられたが，戦後の障害者福祉施策の実践は，人権思想が障害者福祉分野に普及し具体化していく過程ともいえる．その内容をやや詳しく実践に即してみるならば，4つの理念（基本的目標）にまとめることができよう．以下にそれぞれみていくことにする．

(1) 障害者の人権保障

　人権保障は重要な理念である．第二次世界大戦前から戦中にかけてみられた障害者の隔離と排除がいかに悲惨な人権抑圧（断種法や生存の剥奪）に向かったか，反省の上に立ち考えられたものである．ノーマライゼーションもそして自立生活も，この人権保障と結びつかなければまったくの空文となる．また，障害の有無に関係なく人間として暮らす上で最も基本的な権利が人権であり，日本国憲法でも明記され，障害者福祉の理念のひとつである．しかし忘れてならないことは，他章で述べているように障害者の人権保障には多くの障壁が存在したことであり，現在においてもさまざまな差別が存在する現実である．それゆえ，「障害者基本法」第三条には「すべて障害者は，個人の尊厳が重んぜられ，その尊厳にふさわしい生活を保障される権利を有する」と障害者の人権尊重が理念として明記されている．

　さらに，人権保障を推進する国際機関でもある国際連合においても「障害者の権利」に強い関心を示し実際に行動してきた．「世界人権宣言」が採択されたのは1948年であったが，「国際人権規約」等の諸原則をふまえ，「知的障害者の権利宣言」が1971年に採択されている．これは「障害者の権利宣言」（1975年）の決議につながり，その理念の徹底のために「国際障害者年」（1981年）が取り組まれることとなった．これらのことがさまざまな国内外の施策に影響を与えたのである．

　その後においても「障害者に関する世界行動計画」（1982年），「障害者の機

会均等化に関する基準規則」(1993年),インクルージョン教育に関する「サラマンカ宣言」(1994年)等がなされ,障害者の人権保障が前進した.そしてより拘束力のある包括的な条約制定への機運がたかまり,「障害者の権利条約」が2006年12月13日の国連総会で採択された.

「障害者の権利条約」は,これまでの権利宣言や決議をまとめ,世界の障害者が置かれている状況をふまえ,第1条に「この条約は,障害のある人のすべての人権及び基本的自由の完全かつ平等な享有を促進し,保護し及び充足することを目的とする.」と述べ,障害者の人権保障にこの条約の果たす役割をうたっている.

このように日本国内のみならず国際的にも,障害者福祉関連施策の理念のひとつに「人権保障」があり,その実現における課題が提起されているのである.

(2) リハビリテーションとその考え方

リハビリテーションの言葉の原義は,教会から破門されていた者が破門を解かれるという宗教用語であり,名誉回復,地位復帰となり,犯罪者の更生という意味にもなった.この言葉が,障害者に適用され,身体機能訓練や職場復帰訓練を意味するように用いられたのは,1917年,アメリカにおいてであった.第一次世界大戦での傷痍軍人に対する職業訓練支援で使用され法律化されている.言い換えれば,この時期に限定的ではあったが,制度として「障害イコール諦め」ではなく,回復可能性を追究しはじめたといえる.

その後,リハビリテーションの定義は変化してきた.まず,1942年の米国リハビリテーション評議会の定義では「リハビリテーションとは障害を受けた者を,彼の成しうる最大の身体的・精神的・社会的・職業的・経済的な能力を有するまでに回復させることである」とし,もっぱら障害者個人の能力を最大限に回復させることだとしている.また,1968年の世界保険機構の定義では,「リハビリテーションとは能力低下の場合に機能的能力が可能な限り最高の水準に達するように個人を訓練あるいは再訓練するため,医学的・社会的・職業

的手段を併せ，かつ調整して用いること」であるとして，やはり個人の機能的な能力低下に対して回復をはかることだと定義している．この個人の身体機能・身辺自立能力や職業的自立能力中心のリハビリテーションの考え方は，ややもすれば，効率性，経済性を追求する傾向を生み，重度障害者への新たな差別を形成することにもなった．

この個人の能力のみにこだわる考え方に変化がみられたのは，1981年の世界保健機構の定義である．「リハビリテーションとは，能力障害あるいは社会的不利を起こす諸条件の悪影響を軽減させ，障害者の社会統合を実現することをめざすあらゆる措置を含むものである．」と単に障害者個人への働きかけだけではなく，社会環境にも配慮するとしたのである．リハビリテーションは障害がある人を訓練し，その環境に適応させるだけではなく，置かれている直接的環境および社会全体に介入し，彼らの社会的統合を可能ならしめることを目的とするのである．

このようにリハビリテーションの考え方は，諸科学や社会資源を動員し，障害のある個人とその社会環境全体を対象にして，全人的復権をめざす積極的な働きかけといえる．近年では，障害者個人が生活する地域を前提に，その特性や環境を配慮し展開する「地域リハビリテーション」という考え方が登場している．また，実践の場面では，医学的リハビリテーション，職業的リハビリテーション，教育的リハビリテーション，社会的リハビリテーションと応用分野ごとに呼ばれることがある．

日本における障害者福祉の初期の理念は「更生」という，いわば狭義のリハビリテーションであった．この狭義のリハビリテーションは専門従事者（医師，理学療法士，作業療法士等）が遂行する一連の意識的な働きかけであり，障害者個人の主体性を無意識にも抑制する傾向がみられた．むろん，現在では社会環境を視野に入れ，広く課題をとらえているが，やはり能力にこだわる性格は無視できない．障害者福祉の理念のひとつとして重要であるが，リハビリテーションの実際には個人の意志や生活を全体的にとらえるよう注意しなくてはならな

いであろう．

(3) ノーマライゼーション思想とその展開

　現在，ノーマライゼーションは障害者福祉の領域を越え，社会福祉全体の理念のひとつになっている．ノーマライゼーションの原義は，「通常化，普通化」という意味である．

　わが国におけるノーマライゼーションは，1981年の国際障害者年を契機として定着したといえ，障害のある人だけではなく，何らかの社会的支援の必要なすべての人たちに，普通の市民の通常の生活状態を提供すること，あるいは，障害のある人をはじめとして社会のマイノリティを排除し，差別した社会への反省にたって，障害のある人たちと共に対等平等に生き得るように社会を変革していくことである，と理解されている．

　では，この考え方がどのように形成されたのか，簡単に振り返っておくことにする．ノーマライゼーション理念はまず北欧，デンマークで提唱された．デンマークの社会省行政官であったニール・エリク・バンク－ミケルセン（N. E. Bank-Mikkelsen）により「1959年法」にまとめられ，単なる思想ではなく実現すべき課題となった．バンク－ミケルセンは，信仰心の厚いヒューマニストであり，第二次世界大戦中に反ナチ運動にも参加し，収容所体験があった．大戦後，社会省行政官の立場で各地の知的障害者施設を見，また保護者とも話し合い，当時の大規模知的障害者施設の状況を知り，その非人間的扱いに自分の収容所体験が重なり衝撃を受けた．この非人間的な状況の改善を図るために施設生活の改善からスタートした．その際の重要なポイントは，まずノーマライゼーションはヒューマニズムであり，「『ノーマライズ』とは障害がある人をノーマルにすることではなく，彼らの生活の条件をノーマルにすることである」という．そして障害のない普通の人が生活している普通の状態と，障害のある人の生活状態とを可能な限り同じにすることが強調された．

　この施設ケアの改善を具体的に展開したのは，スウェーデンのベングト・ニ

ーリエ (B. Nirje) であった．彼はノーマライゼーションを「すべての知的障害者の日常生活の様式や条件を，社会の普通の環境や生活方法にできる限り近づけること」だとし，施設が守るべきいくつかの原則を提示したのである．個室での日常生活，男女両性での生活，普通の生活リズム，住環境，町中に小規模施設をつくるなどである．これらの原則目標を達成するために少人数グループでの生活を守り，施設は一般社会の中につくり，休日や週末には，施設とは別のところで過ごせるようにするなど，施設が守るべき条件も提示している．

このように北欧で形成された初期のノーマライゼーション（北欧型ノーマライゼーション）は，いわば施設ケアの人間主義化であり，人間的な生活とはなるべく小規模な施設で小グループでの生活が必須だとするものであった．スウェーデンでは，「知的障害者援護法」(1967年) によってノーマライゼーションの原理が法律に盛り込まれ，統合教育が試みられ，グループホームが作られるようになった．そして，「知的障害者等特別援護法」(1985年) では自己決定権を重視し，LSS（一定の機能障害を有する人びとの援助とサービスに関する法律，1994年）を経て，知的障害者の大規模施設は1998年に全廃された．

その一方，ニーリエによって北米に紹介されたノーマライゼーションは，その後，1970年代後半のアメリカの自立生活運動との相互作用によって，在宅福祉，地域ケア，地域福祉充実の根拠思想のひとつとなったのである．

繰り返すが，国際障害者年 (1981年) を契機に日本では定着をみたが，その定着の理由は，ノーマライゼーションが提起した課題が当時の日本にも存在したからであった．60年代後半から70年代には施設批判運動，養護学校批判運動が存在し，「地域での当たり前の暮らし」を求める障害当事者運動が活性化していた．

また政府においても，先にみたように「障害者の権利宣言」から「国際障害者年」にかけて明らかになった国際的なノーマライゼーションの動きを無視できず，改革をはじめるのである．このように日本においても大きな力をもった理念といえ，それは，障害の有無，重い軽いを問題とせず，共に生きていける

社会を作ろうとする理想が多くの人びとの共感を得たからであろう．

ただ最後に留意すべき点を付言すれば，ノーマライゼーションの目標（普通の暮らし）が，現在の障害のない人びとの暮らしそのままを単に指すならば，ノーマライゼーション理念は色あせたものとなることを忘れるべきではない．

(4) 自立と自立生活

障害者福祉に限らず，社会福祉にとって自立は重要なテーマである．障害者福祉においては，身体障害者福祉法が制定された1949年当時，まず強調されたことは，独立自活，職業的自立であった．その後，対象範囲の拡大とともに，自立は必ずしも職業的自立のみを意味するのではなく，身辺自立（ADLの自立：食事，排泄，着替え，入浴等）や精神的自立（独立心），さらには社会的自立（人間関係をつくり，共同して生活できること）を含めると解釈されてきた．そして2005年制定の障害者自立支援法では，再び「働くこと」を理念として強調している．

いずれにせよ障害が軽度ならば，これらの自立は支援可能であり，達成も可能であろう．しかし，残される課題は常時介助が必要で，収入も少ない重度障害者の自立である．職業的自立や身辺自立が強調された時期には，重度障害がある人に機能訓練を長時間行い，気がついたら身体を壊していたという例がみられた．これでは何のための支援なのか問われかねない．はたして障害の重い・軽いに関係ない自立概念は成立するのだろうか．

初期に重度障害者の自立生活を組織的体系的に追求したのは，カリフォルニア州立大学バークレー校に学んだ，エド・ロバーツ（Edward V. Roberts）であろう．エド・ロバーツは，10代半ばでポリオの障害をもった四肢マヒと呼吸障害の重度障害者である．彼は1962年にカリフォルニア州のアテンダント・ケア立法を利用し，カリフォルニア州立大学バークレー校に入学する．彼は政治学博士の学位を取得するが，その学業と並行して「障害をもつ学生への援助プログラム」を作り，それが自立生活センターの原型となった．のちにエド・

ロバーツは，1972年自立生活センターを地域に設立したのであった．

この自立生活センターが追求する自立は，職業的自立や身辺自立とは違った自立である．むしろ援助を利用し，自らが援助を管理運営し，障害者が生活の主人公（当事者主体）を確立していくことが自立生活であるとしたのである．当然，そこには自己決定や自己責任が障害者自身に問われることとなる．ここにおいて，自立の概念の変更（身辺自立，経済的自立から自己決定権の行使による自立へ）があり，当事者主体（サービスの受け手から供給側に）の確立があった．

日本においても1986年設立の八王子ヒューマンケア協会以降，全国各地に自立生活センターが作られ実際的な自立生活の追究が始められていった．この自立生活の理念のひとつである援助と自立生活の関係のあり方は，地域生活をする重度障害者を支える基本的な原理となったばかりでなく，自立生活の理念は知的障害者の本人活動にも影響を与え，また当事者主体は，障害者福祉の重要なキーワードとなったのである．

ここにおける問題はこの自立概念が政策にどのように反映されたかである．障害者自立支援法にあるように，「障害にあった自立」と「職業的自立」が強調され，結局のところ，障害の重い軽いに左右される自立に収斂されたと考えられる．障害当事者が問いかけてきた課題を再評価しなければならないだろう．

② 精神保健福祉施策とその課題

1 精神障害者の生活を妨げる構造的課題

精神障害者はこれまで精神疾患から派生するさまざまな生活上の障害と社会的偏見や差別により，社会から冷遇されてきた．戦後始まった精神障害者に対する法制度は，精神障害者の医療と保護のための治療施設の整備が優先され，社会復帰を促す実効性のある施策が行われるには至らなかった．その後，社会復帰と地域生活を支援するための社会資源が絶対的に不足する中で，精神障害

者，特に統合失調症の人びとは「社会的入院」と呼ばれる長期入院によって自己決定の権利と社会参加の自由を制限された生活を余儀なくされてきた．

1993（平成5）年にノーマライゼーションの理念に基づく障害者基本法の成立を受け，精神障害者もようやく障害者福祉の対象となり，1995（平成7）年の精神保健福祉法の成立により，入院中心の医療から精神障害者の地域生活支援と社会参加を促進する施策が示された．

しかし1990年代から本格化した少子高齢化にともなう社会保障給付の財源確保を目的とする社会福祉基礎構造改革の中で社会福祉費は激減し，精神障害者の地域生活支援の要である社会復帰施設などの社会資源の整備は抑制されてきた．

障害者福祉の法制度は，そこに掲げられた基本的理念を可能な限り具現化するための具体的な施策の指針であるべきものだが，往々にして制度と理念が乖離してきた実態を私たちは歴史から学ぶことができる．

本節では，主に精神障害者の生活を妨げる日本の精神保健福祉施策における構造的課題に焦点を当てているが，当事者団体や家族会，また精神保健福祉関係機関の従事者が制度や施策に先行して精神障害者の社会復帰や地域生活支援のために行ってきた地道で着実な活動が，今日の精神障害者の生活を支えていることはいうまでもない．

2 戦後の精神医療施策がもたらした瑕疵

第二次世界大戦後の1950（昭和25）年に精神衛生法が成立し，日本において本格的に精神障害者の医療と保護の取り組みが始められた．敗戦後日本は，軍国主義から民主主義へと世界に類をみない平和主義を基本理念とする日本国憲法のもとで復興がはかられることになり，戦後の貧しい中で国民の生活の安定と戦傷病者の社会復帰が緊急の課題となり生活保護法や身体障害者福祉法をはじめとする法体系の整備が進められた．

このような社会背景の中で精神障害者は，社会復帰や福祉制度の対象として

認知されることはなく精神医療の対象として処遇された．精神衛生法の要点は，これまで「私宅監置」により社会から隔離されてきた精神障害者の医療と保護（第1条）であった．1940年代の日本の精神病床数は約2万5000床であったが，1954（昭和29）年に厚生省が「全国精神衛生実態調査」を行い，この中で精神障害者数を約130万人とし，そのうち入院治療を要する患者数を約35万人と推計した．この全国実態調査がその後の民間精神病院の急増の数値的な根拠となり，これを機に全国で病院建設が加速されることになる．

　治療施設がほとんど整わない時代に，家族は保護義務者として「私宅監置」が認められていた．当時はまだ精神障害の症状や治療についてほとんど理解のない家族が，統合失調症の多動な幻覚妄想状態に対して家の中に「座敷牢」を作り保護のための拘束を行ったもので，それは「隣近所から精神病者を隠す」ことでもあった．精神衛生法施行後約30年，筆者が1978（昭和53）年に群馬県の民間精神病院に入職した頃，家族が精神病であることを近所に知られることを非常に警戒して，受診が極端に遅れてしまい患者さんの病状が相当悪化した状態で病院に連れられて来ていた．四肢の硬直などの全身状態や栄養状態がかなり悪化している事例が多くみられた．往診などに同行した際に，患者さんが農家にある納屋などに鍵をかけられ閉じこめられている姿は，「私宅監置」を想像させるものであった．

　厚生省（当時）は，精神障害者の医療と保護に精神病院とその病床数が絶対的に不足しているという精神障害者の全国実態調査を受けて，治療施設の整備を民間の精神病院に委ねることになる．そこで設置の認可基準に「精神科特例」という一般病院に比べて低い人員配置率と病院建設に医療金融公庫からの低利の融資等の優遇策を講じたことにより，1960年代に入り民間の精神病院の建設が急増した．

　このような民間精神病院を急増させるという国策は，その後の日本における精神障害者の医療・保健・福祉施策における重大で深刻な問題をもたらした．ひとつは精神科特例が精神医療に恒常的な質的低下をもたらすような治療構造

を生み出した事である．当時の人員配置は一般病院の約3分の1とされた．現在では多くの精神科病院が良質な精神医療をめざして一般病院の看護基準に近づける努力をしているが，いまだに医師数と看護職員数の基準に特例が設けられている．また民間精神病院の設立者の一部には，精神障害者の医療と保護を目的とした精神医療の向上を基本理念とするより，「精神病院は儲かる」という利潤追求を第一義的な目的にしたことにより，「患者の囲い込み」による長期入院が社会的入院を増幅させた一因になったことは否めない事実である．

また，この時期の欧米の精神医療がクロルプロマジンを代表とする向精神薬の開発による薬物療法の進歩により，長期間の病状の安定が可能となり，大規模収容型の精神病院から病院の開放化と地域精神医療，精神障害者の社会復帰への転換を進めていた．日本においても精神障害者の社会復帰を進める動きがまったくなかったわけではなく，精神病院の開放化や社会復帰に対する動きが始まっていたが，精神障害者の医療保健施策に大きな変革をもたらすまでには至らなかった．日本は精神病院の建設急増の中で，結果として入院治療を補完するために薬物療法が行われ，入院中心の医療が社会的入院を生み出し地域精神医療と精神障害者の社会復帰の促進が大幅に遅れることになったのである．

精神衛生法が成立した1950（昭和25）年に約3万床だった精神科病床は，精神病者の全国的な実態調査が行われた1954（昭和29）年には8万5000床，そして精神衛生法が改正される前年のライシャワー事件が起きた1964（昭和39）年には17万床に急増していく．

3 精神医療における人権侵害

1984（昭和59）年に栃木県宇都宮市の医療法人報徳会「宇都宮病院」における医療従事者による入院患者に対する暴行死亡事件をはじめとするさまざまな人権侵害の実態が発覚した．宇都宮病院事件は新聞等マスコミで大きく報道される社会問題となり，国内外から日本の精神医療と精神保健福祉施策に対する激しい批判を浴びた．そこで政府・厚生省は精神衛生法が施行されてから30

余年，精神病院における入院患者の人権の擁護と社会復帰施設の法定化などを提示した精神保健法を事件の発覚から3年後の1987（昭和62）年に成立させた．宇都宮病院事件における人権侵害は，看護職員の入院患者への暴力に止まらず無資格者による注射や検査などの医療行為，入院患者を使った使役行為など，日常的に行われていた．

宇都宮病院事件は精神障害者に良質な医療を提供するために精神医療の改善を進めてきた医療関係者にとってきわめて忌まわしい事件であるとともに，日本の精神医療全般に対する国民の不信感を生み出した．この事件を教訓にして大多数の精神科病院や医療従事者が精神障害者の人権の擁護を基本理念として病院改革を進めてきた中で，精神保健福祉法で定められている精神保健指定医以外許されていない拘束などの行動制限を看護職員が独断で行ったり，違法な拘束中の患者の窒息死，不要な点滴などの医療行為による水増し請求，入院患者の預かり金の不正流用などの，精神病院での人権侵害や不祥事が繰り返されて現在に至っている．

戦前の精神病院法から続く戦後日本の入院中心医療による精神障害者の社会からの隔離収容の縮図としてとらえること以外に宇都宮病院事件を教訓にすることはできない．精神科特例による恒常的な低位の医療基準による医療の質的低下が，医療従事者の人権意識と職業的倫理観の確立を妨げてしまったこと．違法な拘束など人権侵害が最も起きやすい夜間当直帯に対する，手厚い人員配置上の対策を行ってこなかったこと．また入院患者の処遇の適否や入退院の要否について，透明性を保った第三者機関による審査体制を強化して来なかったことなどがその背景にある．

4 高齢化した長期入院者の処遇

2004（平成16）年における日本の精神障害者数は約258万人であり，精神科病院に入院している患者数は約32万9000人である．入院患者数に占める疾患別の割合の約6割が統合失調症患者である．また1070の精神科病院の94％が

民間の精神病院で占められている．この民間精神病院が一様に抱えている深刻な課題は，社会的入院の犠牲となった高齢化した長期入院者の処遇である．1994（平成6）年の入院患者数が約34万3000人であり，10年を経過してもわずか約1万3000人の減少に留まっている．また65歳以上の高齢者は1995（平成7）年の約9万1000人に対して，2002（平成14）には約12万3000人となり入院者の高齢化が顕著に示されている．これまで多くの精神科病院が，長期入院者の退院促進に向けて地域の社会復帰施設との連携の中で懸命な努力を積み重ねてきたが，退院後の地域生活を支援するための社会資源の整備が進まず，それを上回る高齢化が進行し地域で生活するための日常生活能力の減退や保護者が親から兄弟へ変わり家族関係が疎遠化する中で，長期入院者の処遇上の選択肢はますます狭まれている．

　このような精神医療の現状に対して国は，2002（平成14）年に障害者基本計画のもとに重点施策5カ年計画，いわゆる「新障害者プラン」を決定し，「入院医療中心から地域生活中心へ」という理念のもとに社会的入院を「社会の中に受け入れ条件が整えば退院が可能な入院患者」として7万2,000人と推計し，10年以内での解消を目標に掲げた．厚生労働省はその具体的施策として，2006（平成18）年6月に精神科病院の敷地や既存の病棟の転用も可能な地域移行型ホームや退院支援施設の計画を提示した．この計画が示された当初から当事者を含む障害者団体や医療関係者から，「入院患者数を減らす単なる数あわせ」という厳しい批判を受けている．社会的入院の犠牲者である長期入院者の処遇は，もはや時間的猶予のない緊急の課題である．だからこそ精神科医療費の70%を超える入院医療費の削減と精神科療養病棟を中心とした病床数の削減を意図する退院支援施設計画であったなら，それは明らかに当事者不在の施策である．

5　障害者の社会参加を妨げる障害者自立支援法

　2005（平成17）年10月に成立し段階的に施行されてきた障害者自立支援法は，

精神障害者とその家族や精神保健福祉領域の従事者に戸惑いと不安をもたらしている．とりわけ精神障害者通所授産施設や法外施設である小規模作業所でのわずかな作業賃金や障害年金を生活の主な収入源にする統合失調症の多くの人びとは，同法施行後，病状の安定を維持するために欠かすことのできない外来医療費の負担軽減制度である「通院医療費公費負担制度」が廃止され，通院医療費と障害者福祉サービスの「原則1割自己負担」という応益負担制度が導入されることによる負担増にともなう毎日の生活や将来の暮らしについて深刻な不安を訴えている．また外来受診や精神障害者の社会復帰施設の利用は，医療費や利用料の自己負担にとどまらず交通費も大きな負担となっている．1995（平成7）年の精神保健福祉法の成立により，精神障害者保健福祉手帳制度が創設されたが，JR等の全国一律の公共交通機関の減免制度のサービスはいまだに付加されていない．筆者が現在非常勤で勤務しているさいたま市の精神科病院（精神科単科，340床）においても，2006（平成18）年6月の自立支援医療による自己負担率の平均は，これまでの公費負担制度の5％から7.89％に増加している．また精神科デイケアや精神障害者通所授産施設を利用しながら継続した就労をめざしているデイケアのメンバーは，利用料の自己負担額の増加に強い不安を抱いている．さらに他職種に比べ低い給与水準のもとで精神障害者の地域生活を支え続けてきた社会復帰施設職員が，人件費の大幅な削減の中で離職する事態も起きている．

　各障害者団体の反対運動やアピールの中で，厚生労働省は2006（平成18）年3月から10月までの「障害福祉サービスの利用実態」の全国的な調査を行い，施設利用とホームヘルプサービスなどの在宅サービスにおいて，利用の中止と利用回数の減少傾向が数値として示されたことを認め，例外的状況であると主張しながらも利用者の負担軽減のための1200億円の予算措置を2007（平成19）年度から講じる方針を表明した．

　障害者自立支援法は，「すべての障害者は個人の尊厳と権利が擁護され，あらゆる社会参加の機会が提供される」という障害者基本法の基本理念が採られ

ているにもかかわらず，全国実態調査の中で施設の退所や利用を中止した障害(児)者の43％が他のサービスを利用せずに自宅で過ごさざるを得ない実態は，障害者自立支援法が「障害者の社会参加を妨げている」現状を反映しており，同法施行後の一時的で例外的状況として見過ごすことはできない．障害者自立支援法は，身体障害，知的障害そして精神障害の3障害それぞれ個別の障害特性をリハビリテーションの視点から客観的に評価せずに，性急に障害程度区分の基準とサービスの一元化を押し進めたことにより明らかな理念と制度の乖離を示している．

「社会の受け入れ条件が整わない状況」で退院支援施設から社会にどうして出て行けるのか．障害者自立支援法が精神障害者の自立と社会参加を真にめざすのであれば，精神障害者への社会的偏見を是正するための地道で持続的な施策を展開しながら，実際の生活の場で実効性のある生活訓練や就労支援を行うための人材の配置を含む社会資源の整備に全力を傾ける以外に方策はない．

6 社会参加のための新たな雇用の創出

精神障害者社会復帰施設や障害年金生活保護などの社会福祉サービスを利用しながら生活している精神障害者は，現状に満足することなく就労による自己実現と社会参加を強く望んでいる．筆者が勤務する精神科デイケアを利用するメンバーも，精神障害者授産施設を併用しながら一般就労を目標にしているが，その達成は困難な状況にある．就労を希望しているメンバーもアルバイトや派遣の仕事にとどまり，精神障害者授産施設などの利用が直接一般就労に結びつかない現状がある．

その主な要因には，精神障害者の就労に関して一般雇用主の理解がきわめて低いため，障害の開示を行う場合，採用面接の前で断られてしまう場合が多いことや，就労能力の個人差や職場での対人関係によるストレスで仕事が続かない現状がある．障害者自立支援法においても就労支援が主要な施策となっているが，精神障害者の就労支援に最も重要なことは，精神障害者の対人関係能力

や作業能力に合わせた実効性のある訓練と雇用の場を開拓することに尽きる．

精神障害者の雇用促進施策の中で最も有効であるものに，精神障害者社会適応訓練事業と障害者雇用率制度における特例子会社の活用がある．精神障害者社会適応訓練事業は，一般就労をめざす精神障害者を社会復帰に理解のある事業所が「協力事業所」となり，現場の就労を通じて作業能力や対人関係能力を訓練するもので，協力事業所には訓練委託料（日額2000～3000円）が支払われ，その内から訓練生にも訓練手当（訓練委託料の半額程度）が支給される．障害者雇用率制度は，「障害者の雇用促進等に関する法律」により民間企業や国，地方公共団体が一定の従業員数の割合において障害者の雇用率の達成を義務づけるもので，精神障害者も2006（平成18）年より雇用率の対象となった．特例子会社の制度は法定雇用率の従業員規模よりも小さな子会社において，従業員に占める障害者の雇用が20％以上で5人以上雇用している場合，その親会社の雇用率に算定されるものである．

精神障害者の就労条件として，法定雇用率の基準となる56人以上の従業員数の事業所より，20～30人程度の職場で人間関係のストレスを軽減するような職場内の協力関係が築きやすい環境が適している．厚生労働省が発表した「2006（平成18）年6月現在」の雇用状況の中で，民間企業（従業員56人以上）に雇用されている障害者数は28万3750人で，その内精神障害者は1917.5人（短時間労働は0.5人でカウントする）で全体のわずか0.6％である．また，特例子会社の認定を受けている事業所は全国で195社となっており，雇用されている障害者の数は9109人で，精神障害者は50人となっている．

精神障害者社会適応訓練事業や特例子会社の活用はまだその緒に就いたばかりであり，精神障害者の就労支援に理解のある事業所の開拓が不可欠であり，行政主導による官公庁における優先的な物品調達や指名競争入札の優先指名など積極的な精神障害者の雇用の促進を図り，精神障害者の社会復帰施設を利用しながら一般就労をめざす精神障害者の1日3～4時間，週1～4日間程度の短時間労働の雇用を地方公共団体の事業の中で柔軟かつ積極的に創出すること

が今最も求められている．

③ 障害者の生活支援の法体系とサービス体系

1 障害者の生活問題に対する法体系

　障害者が抱える生活問題は非常に多岐にわたっているため，その生活問題への対応策も広範囲となっている．それぞれの制度・施策は，国によって制定される「法律」によって規定されている．（図4－1）

　それぞれの法律では触れられていない細かな規定に関しては，各省庁から出されているさまざまな法令・通知によって定められている．

　また，都道府県や市町村等の地方自治体では，国の施策とは別に条例等で独自の制度を創設している点も重要である．

　各法律の要点は以下のとおりである［（　）内は法成立年である］．

(1) すべての障害者関係法令の基本法：障害者基本法（1993年に心身障害者対策基本法を改正）

　1970年に制定された「心身障害者対策基本法」を大幅に改正し，障害のある人の自立と社会，経済，文化その他あらゆる分野への参加を促進するための法律として名称も改められたものである．障害者の完全参加と平等の理念，精神障害者を含めた障害者の定義，障害者基本計画の策定（国は義務，地方自治体は努力義務），障害者施策推進協議会の規定等が盛り込まれている．平成16 (2004) 年に法の改正があった．その主たる改正点は，①障害を理由とする差別禁止理念の明示，②「障害者の日」（12月9日）から「障害者週間」（12月3～9日）への拡大，③都道府県および市町村の障害者計画の策定義務化，④教育における相互理解の促進，地域の作業活動の場等への助成に関する規定等の追加，⑤難病等の調査研究の推進等に関する規定の追加，⑥国の障害者基本

図4−1　障害者の法体系（2007年現在）

障害者基本法
- (1) 障害者福祉関連
  - ① 社会福祉法
  - ② 身体障害者福祉法
  - ③ 知的障害者福祉法
  - ④ 精神保健福祉法
  - ⑤ 児童福祉法
  - ⑥ 発達障害者支援法
  - ⑦ 障害者自立支援法
- (2) 医療・保健関係
  - ① 医療保険各法
  - ② 母子保健法
  - ③ 業務災害補償各法
  - ④ 原爆被爆者医療法
  - ⑤ 公害健康被害補償法
- (3) 所得保障関連
  - ① 公的年金各法
  - ② 無年金障害者救済法
  - ③ 生活保護法
  - ④ 特別児童扶養手当法
  - ⑤ その他の優遇措置
- (4) 雇用・就労関連
  - ① 障害者雇用促進法
  - ② 職業安定法
  - ③ 職業能力開発促進法
- (5) 教育関連
  - ① 教育基本法
  - ② 学校教育法
  - ③ 特別支援学校への就学奨励に関する法律
- (6) 生活環境関連
  - ① 公営住宅法
  - ② 道路交通法
  - ③ バリアフリー新法
  - ④ 福祉用具法
  - ⑤ 身体障害者補助犬法

計画の策定に関し意見を述べる「中央障害者施策推進協議会」の内閣府への設置等である．

(2) 障害者福祉サービス関係

① 社会福祉法（2000年に社会福祉事業法を改正）

1951年成立の社会福祉事業法では，社会福祉の範囲や実施機関等の社会福祉制度の基礎が定められた．2000年に，「社会福祉基礎構造改革」の提言を受けて，社会福祉サービスの提供を措置制度から契約制度へ変更するなどの根本的な改革を進めるために，全面改正され社会福祉法となった．

② 身体障害者福祉法（1949年成立）

戦前の「軍事救護法」等による傷痍軍人への特典は，占領軍の命令のもとに廃止され，身体障害者の更生のための法律が誕生した．身体障害者手帳制度等，身体障害者福祉の基盤が規定されている（1952年に戦傷病者戦没者遺族等援護法が制定され，旧軍人やその遺族への生活援護の恩給制度等が復活）．当初の更生という目的は，法改正によって，自立と社会経済活動への参加となった．また身体障害者福祉法別表が規定されており，同法が対象とする身体障害の範囲（視覚，聴覚・言語，肢体不自由，内部障害）と障害等級（障害の程度）が示されている．

③ 知的障害者福祉法（1998年に精神薄弱者福祉法を改正）

知的障害をもつ子の親たちの要求運動もあり，身体障害者福祉法に11年遅れて1960年に制定された．その後，精神薄弱という用語が不適切だという議論があり名称が変更された（1999年）．知的障害者福祉に関する援護の事柄が規定されている．同法には，知的障害の定義は規定されていない．

④ 精神保健福祉法（精神保健及び精神障害者福祉に関する法律，1995年に精神保健法を改正）

障害者基本法で精神障害者が法の対象者として規定されたことを受けて，それまでおもに保健・医療制度の対象とされてきた精神障害者にも福祉制度を充実させるために法律が改正された．これにより，精神障害者の手帳制度が確立し，施設・在宅サービス等も規定されるに至った．

⑤ 児童福祉法（1947年成立）

敗戦後間もなく，戦災孤児や浮浪児対策として制定された児童福祉法には，

各種の児童の福祉サービス，施設についての規定が盛り込まれているが，障害児の施設やその他のサービスについても規定されている．

⑥ **発達障害者支援法**（2004年成立）

2005年4月施行．これまで障害者制度の対象外とされてきたLD（学習障害）やADHD（注意欠陥／多動性障害）等の発達障害児・者に対して，医療・教育・就労を含めた支援を定めた．

⑦ **障害者自立支援法**（2005年成立）

2006年4月より，段階的に施行される．これまでのホームヘルプや施設入所サービス等を「自立支援」のための各種サービスに再編し，障害種別にかかわらず利用できる形にするとともに，市町村が一元的にサービスを提供すること，利用者負担，利用手続きの仕組み等が盛り込まれた．

(3) **医療・保健関連**

① **医療保険各法**

サラリーマン等の被雇用者を対象者（被保険者）とする健康保険法（1922年成立），自営業者や無職の者など地域住民を対象とする国民健康保険法（1958年成立），公務員や教員を対象とする各種共済組合法である．国民健康保険は，1961年までにすべての市町村で実施するように義務づけられ，公的年金制度と合わせて国民皆保険・皆年金制度が確立した．

② **母子保健法**（1965年成立）

母子に対する健康診断の実施等が規定されており，障害児の早期発見・早期療養をめざしている．

③ **業務災害補償各法**

労働者災害補償保険法（1947年成立）・地方公務員災害補償法（1967年成立）等，労働者の業務上の理由による負傷・疾病・障害等に対して，必要な保険給付を行い，労働者の社会復帰等福祉の増進に寄与することを目的とした法律．

④ 原爆被爆者医療法（1957年成立）

国庫負担による原爆被爆者の健康診断と治療を目的とした法律.

⑤ 公害健康被害補償法（公害健康被害の補償等に関する法律，1973年成立）

公害によって健康被害のいちじるしい損害を補うために，医療費，補償費などを支給し，公害保健福祉事業を実施している.

(4) 所得保障関連

① 公的年金各法

公的年金には，以下の種類がある．サラリーマン等の被雇用者を対象（被保険者）とする厚生年金保険法（1954年戦前の法律を改正），自営業者・無職の者を対象とする国民年金法（1959年成立，拠出制年金は1961年施行），公務員・教員を対象とする各種共済組合保険法である．なお，1985年に国民年金法が改正され，すべての国民が国民年金に加入する基礎年金制度が創設された.

② 無年金障害者救済法（特定障害者に対する特別障害給付金の支給に関する法律，2004年成立）

20歳を過ぎてから障害を負ったにもかかわらず，国民年金に加入していなかった（義務づけられていなかった）ために障害基礎年金が受給できない無年金障害者のために，特別給付金を支給するための法律.

③ 生活保護法（1950年に旧生活保護法を改正）

日本国憲法第25条に規定されている生存権保障の理念に基づき，国家責任において，生活に困窮するすべての国民の最低生活保障と，自立の助長を目的として定めたれた法律.

④ 特別児童扶養手当法（特別児童扶養手当等の支給に関する法律，1986年特別児童扶養手当法を改正）

20歳未満の障害児を養育している父母に対して，手当てを支給することを定めた法律.

⑤ その他の優遇措置

その他，障害者扶養控除等を定めた所得税法等の税制各法，点字郵便物の無料化や点字小包の減額等を規定している郵便法，各種公共交通機関における身体障害者旅客運賃割引規則等の法や規則がある．

(5) 雇用・就労関連

① 障害者雇用促進法（障害者の雇用の促進等に関する法律，1987年身体障害者雇用促進法を改正）

障害者の雇用と職業リハビリテーションの促進を目的とした法律．事業者に障害者の雇用義務（法定雇用率制度）を設け，一方で公共職業安定所や障害者職業センター等の機能を規定している．1997年の改正では，知的障害者が身体障害者と並ぶ法定雇用義務の対象となり，法定雇用率が民間企業の場合，1.6％から1.8％に引き上げられた．2005年の改正では精神障害者保健福祉手帳を所持する精神障害者が雇用率に計上できるようになった．

② 職業安定法（1947年成立）

障害者への職業の斡旋や事業者への雇用の促進を図る職業安定所を規定している法律．

③ 職業能力開発促進法（1969年成立）

障害者については障害者職業能力開発校の設置を規定している．

(6) 教育保障関連

① 教育基本法（1947年成立，2006年全面改定）

すべての国民が，ひとしく教育を受ける機会を与えられなければならないという理念が規定されている．障害児教育もこの法律に基づいている．

② 学校教育法（1947年成立）

特別支援学校（旧盲・聾・養護学校）の目的とこれらの学校の設置の義務を都道府県に課している．また，小・中・高校に特別支援学級を置くことができる

ことも規定している．

③ 特別支援学校への就学奨励に関する法律（1954年成立，2006年改正）

障害のある児童生徒の就学機会が阻害されることのないように，保護者の経済的負担能力に応じて，国や自治体が軽費の一部を負担すること等を定めた法律．

(7) 生活環境等

① 公営住宅法（1951年成立）

入居者の募集・選考において，障害者世帯の当選率優遇および別枠選考の措置が規定されている．

② バリアフリー新法（高齢者，障害者等の移動等の円滑化の促進に関する法律，2006年成立）

高齢者や障害者が，病院・劇場・ホテル・銀行等の不特定多数の者が利用する特定建築物を利用しやすくするように，その建築物の質の向上と建設の促進を目的としたハートビル法（高齢者，身体障害者等が円滑に利用できる特定建築物の建築の促進に関する法律，1994年成立）と，高齢者や障害者が公共交通機関を安全で円滑に利用できることを目的とし，鉄道駅やバスターミナル・空港などを整備対象とした交通バリアフリー法（高齢者，身体障害者等の公共交通機関を利用した移動の円滑化の促進に関する法律，2000年成立）を一体化し，これらを総合的・一体的に推進させることをねらい，制定された．

③ 福祉用具法（福祉用具の研究開発及び普及の促進に関する法律，1993年成立）

障害者や高齢者の自立の促進と介護者の負担の軽減を図るために，福祉用具の研究開発および普及と，産業技術の向上を目的とした法律．

④ 身体障害者補助犬法（2002年成立）

盲導犬・介助犬・聴導犬の訓練をする事業者と，利用する身体障害者の義務を定めた法律．また，国の施設や公共交通機関等において，補助犬の同伴を拒むことを禁止した．

2 障害者の生活支援の制度・サービス

　前項の各種の法をもとに，さまざまな障害者の生活を支援するサービスが提供されている．

　これらのサービスを受けるために，手帳制度がある．身体に障害をもつ場合は，身体障害者福祉法に規定された身体障害者手帳，知的障害の場合は，法に規定はないが都道府県で発行される療育手帳（都道府県によっては名称が異なる），精神障害者の場合は，精神保健福祉法に規定された精神障害者保健福祉手帳が，それぞれ申請によって，支給される．障害の軽重は手帳の等級によって示され，サービスを受けるための根拠になる．

　ただし，後述するように，2005年に障害者自立支援法が成立したことを受け，今後の障害者福祉においてかなりの部分のサービス体系やサービスの名称がかわるとともに，サービスによっては，それを受けるための根拠が手帳の等級ではなく，要介護状態等を判定する障害程度区分が用いられるものもでてくる．

　障害者の生活支援サービスの理解の前提として，まず，障害者自立支援法成立前のライフステージ別にみた障害児者福祉と関連サービスや制度，障害種別の施設サービスおよび精神障害者の保健福祉サービスの概要を図4-2で示す．障害者福祉サービス以外は障害者自立支援法施行後も同じである．

　以下では，障害者の生活の基盤となる所得保障と日常生活の介助等の支援に関する制度についてとりあげる．

(1) 所得保障について
　① 年金制度
　障害のある人の経済的自立の基盤として年金制度が位置づけられている．
　わが国の年金制度は原則としてすべての国民がいずれかの年金制度に加入することになっている．これによって被保険者期間中に障害をもった時には，障害基礎年金や障害厚生（共済）年金が支給される．なお20歳未満で障害をもっ

た時にも，20歳から障害基礎年金が受給できる．

年金額は，障害の程度によって異なる．また，子どもを扶養しているなどその他の要件で加算がある（図4-3）．会社などに勤務していて厚生年金に加入している場合（公務員等では共済年金）は障害基礎年金に加えて障害厚生年金が，加入期間に応じて支給されることになる．

平成16（2004）年には，国民年金任意加入対象であった時期の学生や被用者等の配偶者などで，20歳を過ぎて障害を負ったために障害基礎年金が受給できなかった無年金障害者に対する，特別給付金の制度が創設された．

② **各種の手当制度**

施設に入所していない在宅の障害児者で，障害が比較的重い場合は，各種の手当が支給される．その中で特別児童扶養手当は養育している保護者等に支給され，より障害が重い場合は，障害児福祉手当が加算される．手当支給には所得制限が設けられている．成人の場合は特別障害者手当がある．その他，各市町村独自に手当制度を設けているところも少なくない．

(2) **所得保障の課題**

就労による所得がなく，年金や手当だけでは生活ができない場合は，条件によって生活保護を受給することができる．障害者にとって生活上の制限や資産調査のない年金制度が充実することが望まれるが，生活保護も所得保障として位置づけざるをえない現実がある．さらに，障害者自立支援法の施行によって，年金からサービス利用負担が差し引かれることについて，理念として，実態として，どのように理解すべきであろうか．

3 障害者自立支援法の仕組みとその課題

障害者の日常生活のケアなどの支援に関する福祉サービスは，施設サービスが先行しながら，在宅における介助等も徐々に整備されてきた．これらのサービスのシステムは，2003年における支援費制度の導入，そして2005年におけ

図4－2　障害者のライフステージ別にみた主な施策（障害者自立支援法施行以前

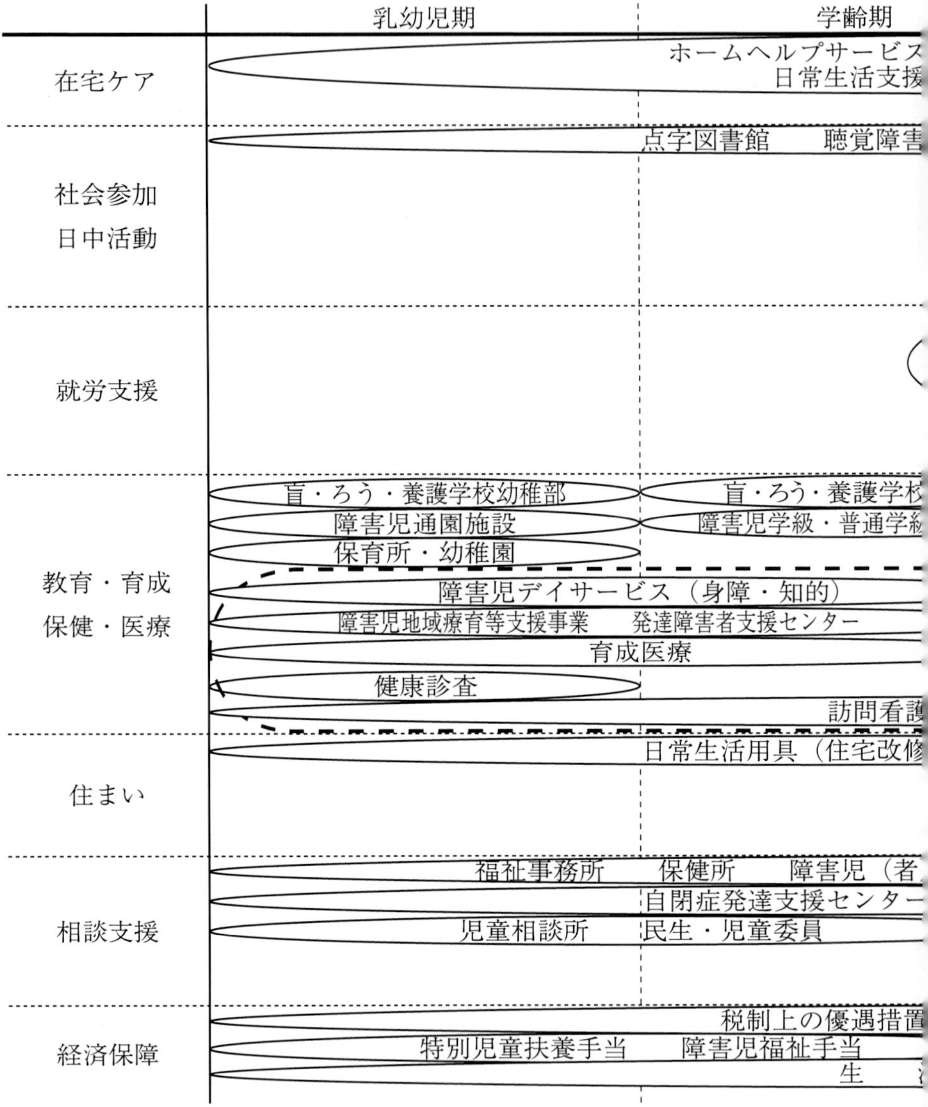

	乳幼児期	学齢期
在宅ケア		ホームヘルプサービス 日常生活支援
社会参加 日中活動		点字図書館　聴覚障害
就労支援		
教育・育成 保健・医療	盲・ろう・養護学校幼稚部 障害児通園施設 保育所・幼稚園 障害児デイサービス（身障・知的） 障害児地域療育等支援事業　発達障害者支援センター 育成医療 健康診査	盲・ろう・養護学校 障害児学級・普通学級 訪問看護
住まい		日常生活用具（住宅改修
相談支援	児童相談所	福祉事務所　保健所　障害児（者） 自閉症発達支援センター 民生・児童委員
経済保障	特別児童扶養手当	税制上の優遇措置 障害児福祉手当 生

※　障害児福祉施設・身体障害者福祉施設・知的障害者福祉施設・精神障害者社会復帰施設等は，介護から経済
※　障害者自立支援法施行以降も変化がないサービス・制度もある．特に，保健，就労・就業支援，経済保障等
※　教育については2007年4月から特別支援学校，特別支援学級にかわった．
北崎恵理（参画文化研究会）・川池智子作成

第4章　現代の障害者福祉政策とその理念　115

2006年3月時点）

| | 成人期 | 高齢期 |

（障害児・身体・知的・精神障害でそれぞれ別の制度）
身体介護　　家事援助　　ショートステイ
　　　　　　　　　　　　　　　　介護保険サービス
者情報提供施設　　ガイドヘルプ（移動）
　　　　　　　　障害者社会参加総合推進事業
　　　　　　　　市町村障害者社会参加促進事業
　　　　　　　　デイサービス（身障・知的）
　　福祉工場　　小規模作業所　　小規模通所授産施設
　　ハローワーク
　　障害者職業能力開発校
　　障害者就業・生活支援センター
　　　　ジョブコーチ事業
　　障害者雇用支援センター
　　　職親　知的障害者生活支援事業

　　　　　　　　更生医療　　訪問診査
心身障害児・者歯科診療医療
　　　　　　　　　　　　　　　介護保険サービス
　　　　　　　　公営住宅
　　　福祉ホーム　　通勤寮
　　　　　グループホーム
地域療育等支援事業　　更生相談所　　身障・知的相談員
　　　　　　　　市町村障害者生活支援事業　　民生委員
　　　　　　　　障害者ケアマネジメント体制支援事業
　　　知的障害者生活支援事業
心身障害者扶養共済制度
　　　　障害基礎年金・障害厚生年金　　特別障害者手当
　　護

保障まですべての事項にはいる．
のなかの制度・サービス．

図4-3　障害年金のあらまし（平成18年）

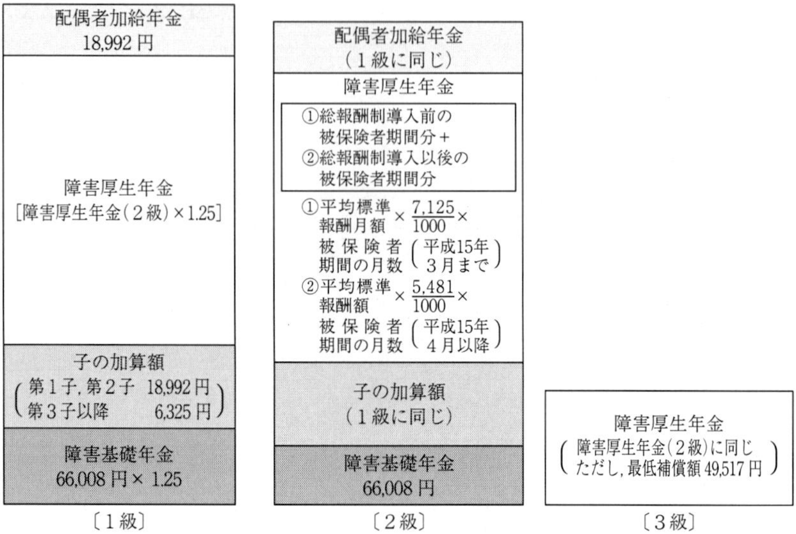

[1級]
- 配偶者加給年金 18,992円
- 障害厚生年金 [障害厚生年金（2級）×1.25]
- 子の加算額（第1子,第2子 18,992円／第3子以降 6,325円）
- 障害基礎年金 66,008円×1.25

[2級]
- 配偶者加給年金（1級に同じ）
- 障害厚生年金
  ① 総報酬制導入前の被保険者期間分＋
  ② 総報酬制導入以後の被保険者期間分
  ① 平均標準報酬月額 × $\frac{7,125}{1000}$ × 被保険者期間の月数（平成15年3月まで）
  ② 平均標準報酬額 × $\frac{5,481}{1000}$ × 被保険者期間の月数（平成15年4月以降）
- 子の加算額（1級に同じ）
- 障害基礎年金 66,008円

[3級]
- 障害厚生年金（障害厚生年金（2級）に同じ　ただし，最低補償額 49,517円）

資料：厚生労働省
出典：『平成18年版　障害者白書』内閣府，2006年，p.98

る障害者自立支援法の成立によって大きく変化した．

(1) 障害者自立支援法以前のサービスの仕組み

　障害者自立支援法以前，2003年までは，在宅におけるホームヘルプ等はそれぞれの市町村の事業として，障害別に実施され，障害児者の生活，自立のための施設入所については行政の措置として利用が決定されていた．
　2003年からは「支援費制度」が発足し（表4-1），市町村の措置ではなく，利用者と指定事業者の契約によってサービスが提供されることとなり，それに関わる費用は，市町村から事業者に支給される仕組みになった．
　ただし，障害児の施設入所（児童福祉法に基づく）や精神障害者に関するサービスは支援費制度に移行しなかった．

表4－1　支援費制度に移行したサービス（2003～2006年）

■居宅支援（在宅で利用するサービス）

身体障害者	知的障害者	障害児
身体障害者居宅介護（ホームヘルプサービス）	知的障害者居宅介護（ホームヘルプサービス）	児童居宅介護（ホームヘルプサービス）
身体障害者デイサービス	知的障害者デイサービス	児童デイサービス
身体障害者短期入所（ショートステイ）	知的障害者短期入所（ショートステイ）	児童短期入所（ショートステイ）
	知的障害者地域生活援助（グループホーム）	

■施設支援（施設に入所・通所して利用するサービス）

身体障害者	知的障害者
身体障害者更生施設	知的障害者更生施設
身体障害者療護施設	知的障害者通勤寮
身体障害者授産施設	知的障害者授産施設
	心身障害者福祉協会が設置する福祉施設

(2) 障害者自立支援法成立によるサービスの仕組み

　2005年の障害者自立支援法の成立によって，障害者福祉に関するサービスの大半が，大きく「自立支援給付」と「地域生活支援事業」で構成されることになった（図4－4）．これまでの障害種別ごとにあった33種類の施設・事業体系が，日中活動（6種）と居住支援に再編され，2006年10月から，利用者は，日中活動，居住支援の各種のサービスの中から選んで，組み合わせて利用することになった（図4－5）．

　施行は段階的に行われ，引き続き，数年にわたるサービス体系の再編も予定されている．移行措置などもある．

　サービスの給付内容，費用負担の仕組みは以下のようになる．

① サービス体系

　サービス体系変更のポイントは以下の通りである．

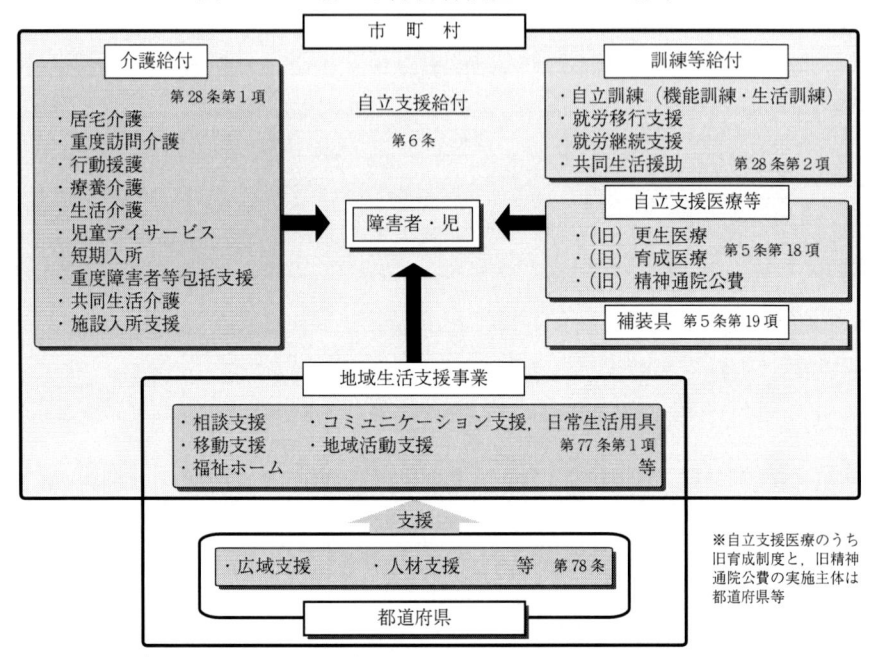

図4-4 新たな障害者福祉サービスの体系

```
┌─────────────────────────────────────────────────────────┐
│                      市 町 村                            │
│  ┌─────────────┐                  ┌─────────────────┐   │
│  │ 介護給付    │    自立支援給付  │ 訓練等給付      │   │
│  │   第28条第1項│                  │ ・自立訓練(機能訓練・生活訓練)│
│  │ ・居宅介護  │      第6条       │ ・就労移行支援  │   │
│  │ ・重度訪問介護│                │ ・就労継続支援  │   │
│  │ ・行動援護  │                  │ ・共同生活援助 第28条第2項│
│  │ ・療養介護  │   ┌─────────┐    ├─────────────────┤   │
│  │ ・生活介護  │→ │ 障害者・児│ ←│ 自立支援医療等  │   │
│  │ ・児童デイサービス│└─────────┘  │ ・(旧)更生医療  │   │
│  │ ・短期入所  │                  │ ・(旧)育成医療 第5条第18項│
│  │ ・重度障害者等包括支援│        │ ・(旧)精神通院公費│   │
│  │ ・共同生活介護│                ├─────────────────┤   │
│  │ ・施設入所支援│                │ 補装具 第5条第19項│   │
│  └─────────────┘      ↑          └─────────────────┘   │
│              ┌─────────────────┐                       │
│              │ 地域生活支援事業│                       │
│              │ ・相談支援 ・コミュニケーション支援,日常生活用具│
│              │ ・移動支援 ・地域活動支援  第77条第1項 │
│              │ ・福祉ホーム               等          │
│              └─────────────────┘                       │
└─────────────────────────────────────────────────────────┘
                         ↑ 支援
              ┌─────────────────────┐
              │ ・広域支援 ・人材支援 等 第78条│
              │        都道府県              │
              └─────────────────────┘
```

※自立支援医療のうち旧育成制度と,旧精神通院公費の実施主体は都道府県等

資料:厚生労働省社会・援護局障害保健福祉部
出典:障害者自立支援法による改革～「地域で暮らす」を当たり前に～,厚生労働省ホームページ

ⅰ 従来の障害の種別によるサービス体系と施設サービス・在宅サービスという枠組みが解消され,身体障害,知的障害,精神障害をもつ人たちが,原則として共通に利用する「介護給付」・「訓練等給付」に再編される.

ⅱ 身体障害者福祉法による更生医療・児童福祉法による育成医療・精神保健福祉法による精神障害者通院医療費公費負担制度が「自立支援医療」として一本化される.

ⅲ これまでの補装具給付制度は「個別給付」としての「補装具費」になり,「介護給付」「訓練等給付」「自立支援医療」とともに,『自立支援給付』に位置づけられる.なお,自立支援給付は「義務的経費(国庫負担金)」となる.

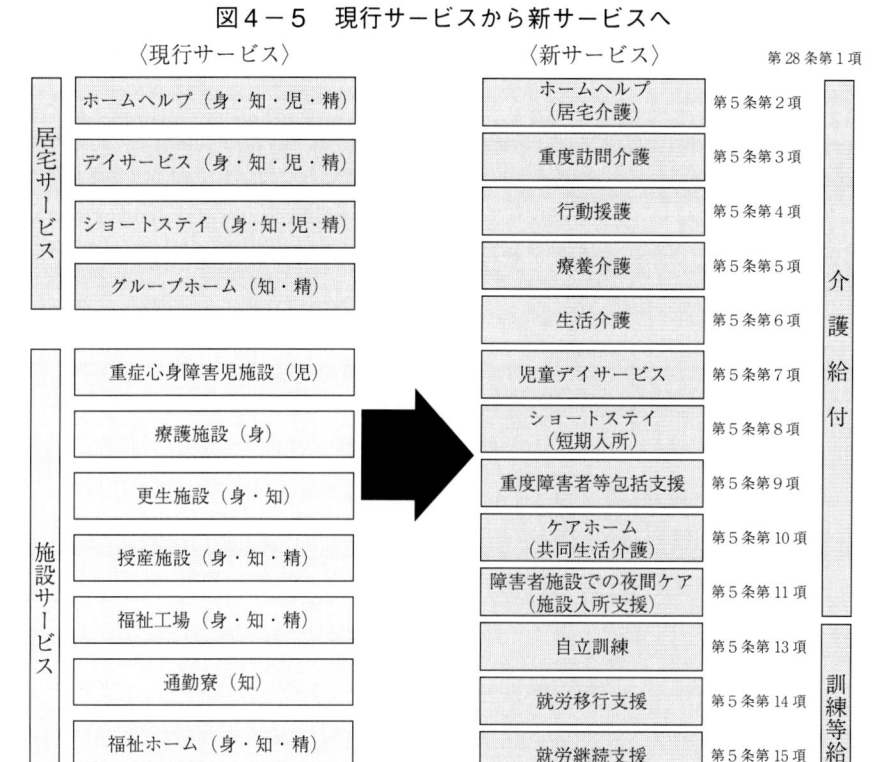

図4−5　現行サービスから新サービスへ

〈現行サービス〉	〈新サービス〉	
		第28条第1項
居宅サービス		介護給付
ホームヘルプ（身・知・児・精）	ホームヘルプ（居宅介護）	第5条第2項
デイサービス（身・知・児・精）	重度訪問介護	第5条第3項
ショートステイ（身・知・児・精）	行動援護	第5条第4項
グループホーム（知・精）	療養介護	第5条第5項
	生活介護	第5条第6項
施設サービス		
重症心身障害児施設（児）	児童デイサービス	第5条第7項
療護施設（身）	ショートステイ（短期入所）	第5条第8項
更生施設（身・知）	重度障害者等包括支援	第5条第9項
授産施設（身・知・精）	ケアホーム（共同生活介護）	第5条第10項
福祉工場（身・知・精）	障害者施設での夜間ケア（施設入所支援）	第5条第11項
通勤寮（知）	自立訓練	第5条第13項
福祉ホーム（身・知・精）	就労移行支援	第5条第14項
	就労継続支援	第5条第15項
生活訓練施設（精）	グループホーム（共同生活援助）	第5条第16項
		第28条第2項

訓練等給付

資料・出典：図4−4に同じ

iv　地域における日常生活に欠かせない各種事業が《地域生活支援事業》となる．具体的には，相談支援，コミュニケーション支援，日常生活用具給付，移動支援，地域活動支援センターの事業が市町村の必須事業となる．利用者のニーズに応じて市町村が柔軟に実施される．都道府県は専門性の高い相談事業や広域的支援，人材育成を担うことになる．

v　児童福祉施設（障害児関係）については施設サービスが残るが，措置制度ではなく，契約制度になる．今後，施設の再編も予定されている．

② サービス利用の手続き

サービスを受けたい障害者または障害児の保護者は，市町村等に申請を行い，市町村が支給を決定する．

介護給付については，心身の状況が106項目でアセスメントされる第一次判定を経て市町村に置かれる審査会の第二次判定に基づき，障害程度区分が認定される．さらに家族介護者や地域生活の状況調査（勘案事項調査）および利用意向の聴取等を経て支給決定に至る．訓練等給付については，第一次判定の後の流れが若干異なる（図4－6参照）．

サービス利用計画作成，いわゆるケアマネジメントが導入されるが，介護保険のようにケアマネージャーの資格化は当面は検討されていない．

③ サービス利用負担

自立支援法で規定されるすべてのサービスにおいて，介護保険制度と同様に利用者がサービスの1割を自己負担する定率負担制度が導入される．加えて施設利用などの際に，施設設備費（ホテルコスト）や食費等の実費が徴収される．ただし，以下のように所得や障害の状況に応じた月額上限額の設定や軽減措置が講じられる．貯蓄額が基準となって軽減措置がされるサービスもある．

　ⅰ．所得に応じた月額利用者負担額の上限額の設定
　ⅱ．入所施設（20歳以上），グループホームの利用者負担の個別減免
　ⅲ．社会福祉法人による利用者負担の減免（施行後3年間の経過措置）
　ⅳ．同じ世帯の中で，複数の人がサービスを使う場合などの軽減
　ⅴ．食費等実費負担の軽減措置
　ⅵ．生活保護への移行防止
　ⅶ．自立支援医療にかかる自己負担の月額負担上限額の設定

(3) 障害者自立支援法の課題

障害者自立支援法成立に対して多くの障害者団体から反対運動が巻き起こったように，このサービス体系には，さまざまな問題が組み込まれている．

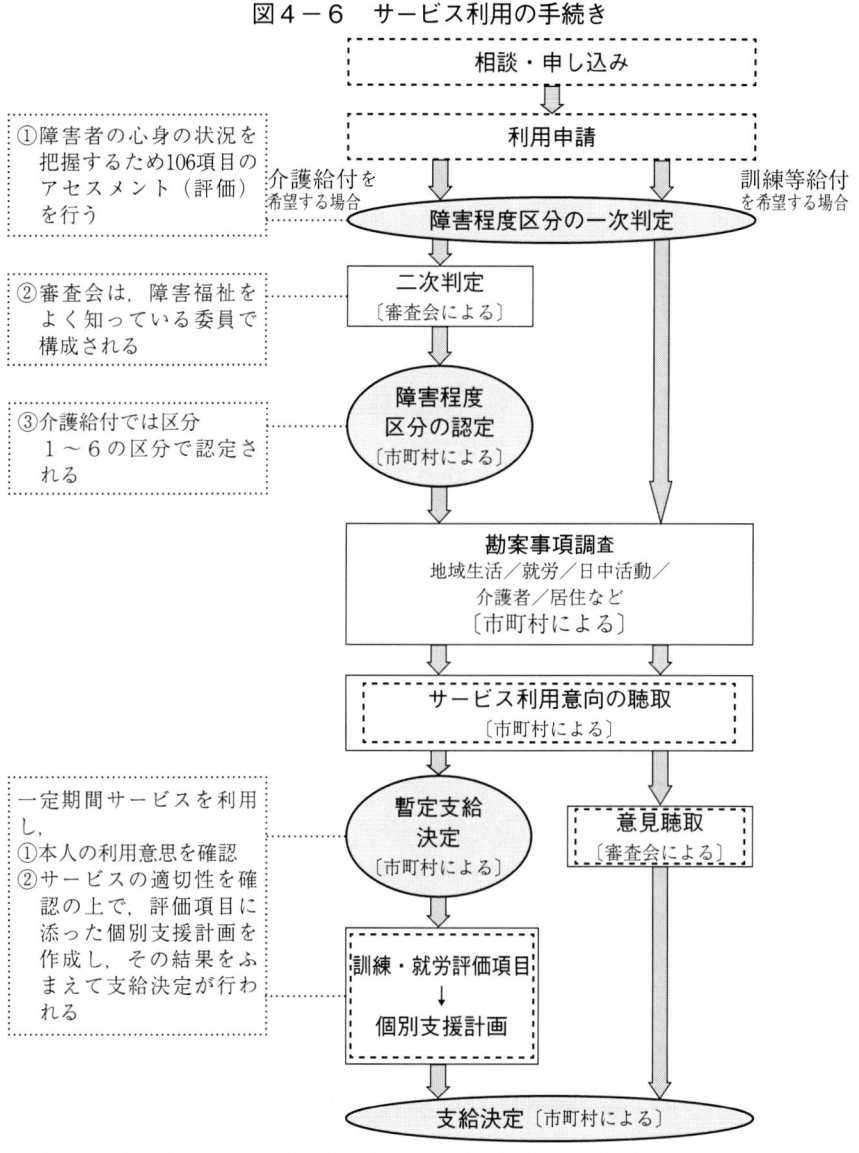

第4章 現代の障害者福祉政策とその理念　121

図4－6　サービス利用の手続き

```
                    ┌ - - - - - - - - - - - ┐
                    ┊    相談・申し込み      ┊
                    └ - - - - - - -↓- - - - ┘
                    ┌ - - - - - - - - - - - ┐
                    ┊      利用申請         ┊
                    └ - - - - - - - - - - - ┘
```

①障害者の心身の状況を把握するため106項目のアセスメント（評価）を行う

介護給付を希望する場合　　　　　　　　　訓練等給付を希望する場合

障害程度区分の一次判定

②審査会は，障害福祉をよく知っている委員で構成される

二次判定
〔審査会による〕

③介護給付では区分1〜6の区分で認定される

障害程度区分の認定
〔市町村による〕

勘案事項調査
地域生活／就労／日中活動／
介護者／居住など
〔市町村による〕

サービス利用意向の聴取
〔市町村による〕

一定期間サービスを利用し，
①本人の利用意思を確認
②サービスの適切性を確認の上で，評価項目に添った個別支援計画を作成し，その結果をふまえて支給決定が行われる

暫定支給決定
〔市町村による〕

意見聴取
〔審査会による〕

訓練・就労評価項目
↓
個別支援計画

支給決定〔市町村による〕

注：┊┊申請者がすること／□市町村がすること／○市町村による認定・決定事項／┊┊知っておきたいこと

資料：厚生労働省監修／全国社会福祉協議会発行のパンフレットをもとに北﨑恵理（参画文化研究会）が作成

ひとつには身体障害，知的障害，精神障害といった，それぞれの障害の分類の中においてさえ，ひと括りにできないほど多様な障害特性がある中で，三障害を共通のサービスにすること，利用にあたって共通のアセスメント項目で判定することに無理がないか，といったことである．たとえば症状に変動の大きい精神障害者の判定に困難がないかなど課題は多い．

2つめは，これが当事者からは最も大きな問題とされてきたことであるが，利用量に応じて負担が増える応益負担の「利用料」導入である．負担額の上限の設定や各種の軽減措置があるとはいえ，きわめて複雑なそれらが恒常的なものであるという保障はない．むしろ"負担によって生活保護の対象となりそうならば，ならない額まで負担を引き下げる"という極言すれば"1000円とったら生活保護になるなら，999円まではとります"という考え方，就労が困難なために障害基礎年金しかない人からも利用料をとるという考え方が「福祉」のあり方としてなじむのかどうか，今後さらに論議するべきであろう．現にサービス利用を手控えるという事例が全国でみられる．

また，部分的とはいえ世帯単位の所得による利用料の算定や貯蓄額を考慮するというミーンズテスト（資産調査）が組み込まれている点も看過できない．

3つめには，市町村の負担の増大にともなう課題である．サービスの申請から認定まで，そして地域生活支援事業の多くを市町村が担うことができるのか．地域格差拡大が懸念される．

確かに障害別のくくりがとれ，規制緩和によって身近な地域に利用しやすいサービスがふえる可能性もある．日中活動と夜の生活の場を分けるという理念や仕組みも評価されよう．

しかし，もしサービス利用負担が重いために，障害をもつ子どもの介護を年老いた親が担うといった事態や，聴覚障害者が社会活動を控えてしまうといった事態等が以前よりふえるとすれば，障害者"自立支援"法といえるであろうか．

障害者福祉における「自立」は，たとえ働くことができなくとも，地域社会

で安心して暮らしていくためのサービスがあって成立するものと考える.

④ 障害者福祉の新展開
―― 介護保険モデルを志向する政策動向をめぐって ――

1 サービス利用過程モデル

(1) 消費者主権主義と擬似市場

　近年のわが国における福祉サービスシステムの政策動向として,サービスの利用において,行政の意思決定が中心となって行われる「行政手続モデル[1]」から,サービス利用者の意思決定に重点がおかれる介護保険制度や支援費制度のような「サービス利用過程モデル[2]」への移行がある.その特徴は,従来とは異なり,サービスの選択を中心とする利用者の意思決定を尊重することに制度のポイントがおかれ,利用者自身が福祉サービスの消費者として,主体的にサービスを選択し,利用するという制度となっていることである.

　そして,このような変更は,福祉サービスの利用者が,サービスの消費者として行動することにより利用者の満足とサービスの質が担保されることを期待するという福祉サービスの消費者主権主義(consumerism)をめざすものと説明されてきた.

　一方で,サービス利用過程モデルが福祉の供給において前提とするのは,公からの費用の供給・民間からのサービスの購入のもとに成立する擬似市場(quasi-market)というしくみである.そこでは,国や自治体は,直接のサービス提供からは原則的に撤退し,公の主たる役割は,擬似市場のための基盤整備と,給付というかたちでのサービス費用の供給となる.そしてその背景には,80年代のいわゆる福祉改革に始まり,近年の不況で加速されてきた総費用の嵩む公の直接的なサービス供給を停止し,民の競争原理を導入することで総合的な公費支出抑制を求めるという政策動向があることは否めない.

このように，サービス利用過程モデルの開始にあたっては，公費支出抑制を動機として擬似市場への転換が行われ，しかもそれは同時に，利用者が選択し求める福祉を実現するための基盤整備とされた．当然のことながら，「消費者」としての利用者の主体性と権利意識が順調に発展すれば，利用の促進と消費者主権主義に基づく給付拡大の要求が高まり，それは公費支出を拡大させることにつながる．新しく開始されたサービス利用過程モデルには，このようなパラドックスが内在し，その解消のための制度的メカニズムを整備することが，制度の成否の鍵となっていることがまず理解される必要がある．

(2) 割当と必要

このような「公費支出抑制（すなわち，総給付量の抑制）」と「必要に基づく利用の促進（すなわち，総給付量の拡大）」という社会サービスにおける資源配分をめぐる問題の解決は，近年の社会政策学の分野では，「割当 (rationing)」の概念を用いて検討されてきた．

割当とは，「資源が必要量に対して不足しており，且つ，価格が配分機能を果たさない状況において用いられる資源配分の総称[3]」である．そして，割当論がこれまで提起してきたことは，社会サービスの政策・財政論の基本仮説を，従来の「必要→政策→財政」という図式から，まったく逆の命題，すなわち，「ある一定の財政的制約のもとで実行可能な政策が選択され，この結果社会的・政治的に承認されたものとしてのニーズが変動する図式[4]」に置き換えることであるというように理解することができる．

しかし，このような割当論の提示する図式と，利用者が主体的に自ら必要なサービスを求めるという擬似市場と消費者主権主義の採用によってサービスの利用者が期待する図式とは，必ずしも一致しない．なぜなら，利用者の意思決定に重きをおくサービス利用過程モデルの開始によって，サービスに対する利用者の権利意識が高まり，利用量の拡大が財政支出の拡大を求めてゆく「必要→政策→財政」という図式がクローズアップされていくからである．

(3) 必要と割当の調整メカニズム

　そのように考えると，サービス利用過程モデルの成否の鍵を握るのは，利用者が求める必要と財政的な割当をどのように調整するのかというメカニズムの構築にあることがわかる．そもそも措置に基づく行政手続モデルにおいては，予算の執行と措置に基づくサービス決定は自治体という同一主体が担うものであり，給付の調整も，支給を予算の執行状況を勘案しながら行うことが原理的には可能であったといえる．すなわち，措置制度のもとでは，利用者の必要は，それが基本的にはパターナリズム（paternalism）に基づき判断されるという前提ではあるが，「財政→政策→必要」という流れで一定程度管理可能であったのである．

　しかし，「選択」「申請」「契約」を前提とする支援費制度や介護保険制度のようなサービス利用過程モデルにおいては，サービスの必要をまず一次的に判断する主体は利用者となり，一方で，それを最終的に認め給付を行う主体は，支援費制度では，「援護の実施者」，介護保険では「保険者」としてではあるが，いずれも基礎自治体のままである．その結果，必要に基づき「使う主体」としての利用者と，財政計画に基づき「支払う主体」としての自治体という「ふたつの主体性」の両立を図る枠組と調整の仕組みが重要となる．

　これを，サービス利用過程モデルにおける「必要と割当の調整メカニズム」と呼ぶこととするが，公的資金をもって民間が提供する福祉サービスを購入する擬似市場というシステムと，その利用者（サービスの消費者）が当然に期待する「個人の主体的な福祉サービスの選択と利用」が両立するためには，公的資金の適切な給付を担保するための，割当原理に基づく供給と必要原理に基づく受給を両立させる調整メカニズムの整備が急務となるのである．

2　支援費制度と介護保険制度

(1) 介護保険制度における必要と割当の調整

　しかし，同じサービス利用過程モデルであっても，介護保険制度と支援費制

度では，給付調整システムを中心にそれぞれの制度の基本的な構成が大きく異なる．

まず，介護保険制度における給付調整システムの特徴は，以下の4つにまとめることができる．

① 利用申請より先に要介護認定が必要
② 要介護認定によるサービス費用の受給量には上限がある
③ 「抽象的・要介護度基準・第三者型」の給付判定システム
④ 給付抑制メカニズムとしての応益負担

要介護認定の有無は，介護保険制度と支援費制度の最も大きな違いといえるだろう．介護保険制度では，要介護認定をうけることにより，サービス決定より先に，受給できるサービス費用の総枠が決まる．また，現行の要介護認定は，要介護5における35万円強の給付が上限とされ，利用者がそれ以上の給付を必要としても，原則的には支出されることはない．

このような給付判定システムは，数値化された要介護度を判定する一次判定を，医師等を中心とした介護認定審査会という第三者による合議で修正する仕組みとなっており，その意味で，「抽象的・要介護度基準・第三者型」といえる．

加えて，介護保険の利用については，例外的な減免処置を除き，利用料の一割の負担が求められ，利用者の所得等にかかわらず，利用量と比例して自己負担も増える．このような応益負担は，利用者の所得に反比例して強く働く利用抑制（給付抑制）メカニズムとして働く．

このように，個々の利用者のサービス利用過程に着目するならば，介護保険制度における必要と割当の調整は，受給する当事者の主体性の関与が低く，割当側のコントロールが効きやすいという特徴をもっているといえるだろう．

一方で，個々の支給決定を担保するマクロの財源供給に目を転じるならば，介護保険においては，国庫負担の担保が，制度的に行われ，財源の地域／時間軸調整のしくみが，ビルトインされているということに気づく．

介護保険給付に対する法定の国庫負担は，利用の増減に完全に連動する義務的なものであり，かつ，国の調整交付金による市町村格差の是正（介護保険法122条），都道府県の財政安定化基金（介護保険法147条），市町村の市町村相互財政安定化事業（介護保険法148条）等による地域および時間軸の調整機構をもち，単年度の増減は，3年に1度の保険料率の改定等が行われて調整される，という仕組みとなっている．

総合してみると，介護保険制度の必要と割当の調整は，マクロの財源確保については，フレキシブルに行える反面，ミクロの給付においては，利用者の主体性の関与は乏しく，制度的な給付抑制機能が強い制度設計となっているといえるだろう．

(2) 支援費制度における必要と割当の調整

一方で，介護保険制度と対比して，支援費制度における給付調整システムの特徴は，下記のようにまとめることができる．

① 要介護認定制度がなく，利用者が希望を申請するところから始まる
② サービス費用の受給量には制度上の上限がない
③ 「具体的・生活支援の必要度基準・利用者参加型」の給付判定システム
④ 給付抑制メカニズムとしては働きにくい応能負担

支援費制度には，そもそも要介護認定というしくみそのものが存在せず，利用者が，あらかじめ希望するサービス種別を決め，受給したい量のサービス費用の申請を市町村に行うところから始まる．また，要介護認定がないことから，あらかじめ制度で決められた支給量の上限というものもない．

要介護認定制度を用いない支援費制度の給付判定は，8項目の勘案事項と呼ばれる判断の目安と実際に地域にあるサービス資源の利用可能性を参考にしながら，ケースワーカーが利用者と面談および観察を行い，障害の程度だけではなく，生活状況の中でのサポートの必要性を具体的に検討しながら，決定する仕組みとなっている．このような支援費制度における給付調整は，受給する利

用者自身が，具体的に自ら必要とするサービスの種類と量を決め，主体的・積極的に給付調整に関与することから，「具体的・生活支援の必要度基準・利用者参加型」ということができるだろう．

　また，サービス利用に際しての利用者負担はあるが，基本的には所得に応じた応能負担となっており，所得が少ないことによる利用抑制は少ない．

　このように，支援費制度における給付調整システムは，受給する当事者の主体の関与が介護保険制度に比べてはるかに高く，相対的には，利用抑制圧力も小さい仕組みとなっていることにその特徴がある．

　しかし，このように，ミクロの給付調整システムが，個々の受給者の必要本位の制度設計となっている一方で，支援費制度全体の財源確保と調整の仕組みは，介護保険制度に比べて脆弱であることは否めない．

　具体的には，地域福祉の重視と脱施設化の流れの中で，最も利用量の変動が大きく増加が予想される居宅生活支援サービスのための支援費は，国庫補助金という利用の増減はあっても，予算計上額以上の支出は保障されない形式となっており，国の調整交付金，都道府県の財政安定化基金，市町村の市町村相互財政安定化事業等による地域および時間軸の調整機構は存在しない．

　すなわち，支援費制度では，総支給量に対する国庫の負担は，制度的には部分的（施設サービスのための施設訓練等支援費のみ）にしか保障されず，財源の地域／時間軸での調整もまた，基本的には単年度ごとの予算の範囲での行政裁量に委ねられてしまう仕組みとなっている．

　このように，支援費制度における必要と割当の調整は，介護保険制度とほぼ対照的に，ミクロの給付調整においては，利用者の主体性と行政裁量の関与度が高く，制度的な給付抑制メカニズムは弱いが，必要の総量に応じて割当量を調整する財源システムのフレキシブルさには乏しい制度設計となっているといえるだろう．

3 介護保険モデルを志向する政策動向

(1) 交渉決定モデルと第三者判定モデル

　つまり，介護保険制度と支援費制度では，同じサービス利用過程モデルであっても，その支給調整のモデルは異なるのである．

　前述のとおり，支援費制度は，「具体的・生活支援の必要度基準・利用者参加型」の給付判定を行う．それは，サービスの利用に際し，まず利用者が必要なサービス種別と支給量を申請し，それを基礎自治体のケースワーカーが，「勘案事項」というおおまかな「目安」に基づき判断するというものであるが，実態としては，そこに自治体と利用者という二者間での一種の政治過程，すなわち，支給主体と受給主体の間の交渉過程があることにその特徴がある．

　一方で，介護保険制度においては，「抽象的・要介護度基準・第三者型」の給付判定システムをもち，総支給量を決める要介護認定はコンピュータで一時判定が行われ，その結果についての二次判定も，医師をはじめとする専門家から構成される認定審査会で行われるため，支給主体と利用主体の交渉過程は存在しない．

　このように，給付調整において「支給主体と受給主体の間の交渉過程」をもつ支援費制度と，そのような過程をもたず，「基準に基づく第三者による決定」の制度である介護保険制度は，制度とその利用者の関係は大きく異なっている．

　その結果，支援費制度の給付判定システムは，利用者が自らの必要を訴え，主体的に給付を求める過程に参加することができるが，行政裁量による給付抑制にも利用者自身が必要の社会的構築を行って対抗していかねばならない「交渉決定モデル」であるというように考えることができる．これに対して，介護保険制度の給付判定システムは，第三者である専門家があらかじめ決められた基準に基づき給付判定を行うことが基本となるため，判定で現われる範囲の必要については受給の確保は容易であるが，利用者が決定過程に参加したり，判定に現われないあるいは制度上の上限を超える給付を求めることは困難となる

「第三者判定モデル」であるといえよう．

(2) 制度と利用者の主体性

　このような介護保険制度と支援費制度の給付判定システムの違いは，介護保険制度と支援費制度の開始時に，利用者の主体的関与がどこまでそれぞれの制度に想定されていたかの違いに関係しているのではないだろうか．

　そもそも介護保険制度においては，少子高齢化に対応し，自らが要介護高齢者というアイデンティティをもたない未組織の膨大な利用者予備軍を対象とし，専門家主導のもとに，急速にまったく新しい制度を創造しなくてはならなかったという事情が制度設計に色濃く反映しているといえる．これに対して支援費制度は，基本的には，従来からのサービス利用者を主たる対象として，「利用者本位」という社会福祉基礎構造改革の原理を実現するために，これまで措置で行われてきた障害者福祉のサービス利用過程を利用者の主体性に委ねることを主眼とする制度変更であったと理解することができる．

　このように，同じサービス利用過程モデルであっても，介護保険制度と支援費制度では，その給付調整の在り様は大きく異なり，それは，それぞれの制度のなりたちや本質が反映したものであることを認識することが，今後の高齢者介護や障害者福祉の制度において，顕在化した利用者の必要と財政からの割当の調整を実現していくために必要であるといえるのではないだろうか．

(3) 障害者自立支援法の成立と介護保険法の改正

　しかし，年金保険を含む社会保障費の総量抑制と「小さな政府」の実現をめざす近年のわが国の新自由主義的な政治体制において，現実に顕在化しているのは，福祉制度全般に対する給付抑制であり，さらに，障害福祉の制度を，より給付管理と割当調整が容易な介護保険制度に吸収統合しようとする政策動向である．

　その結果，障害福祉の分野では，支援費制度は開始からわずか3年で制度変

更され，2005年10月の臨時国会で成立した障害者自立支援法の枠組みにおいて，障害福祉の制度に対する給付コントロールメカニズムの強化および介護保険との制度統合の受け皿作りがめざされることになるのである．

　障害者自立支援法においては，将来の介護保険制度との制度統合に向けてのステップとして，障害福祉のサービス体系は新たに三区分に再編されている．すなわち，将来の統合が可能と思われるサービスのみが「介護給付」と位置づけられ，そして，今後の大幅な利用の拡大が見込まれるもの，あるいは，現在の介護保険制度のサービスメニューへ吸収することが困難と思われるサービスについては，職業リハビリテーションを中心としたものは「訓練等給付」，さらに移動介護やコミュニケーション支援等は，国庫負担が限定的となる「地域生活支援事業」という枠組みで再編成された．

　そして，加えて見落としてはならないのは，今回の制度変更で，介護保険制度の給付調整システムの根幹である応益負担・要介護認定・認定審査会の三点セットが，「定率負担」・「障害程度区分」・「市町村審査会」の名のもとに，障害福祉の給付調整システムに導入されてしまったことである．つまり，介護保険制度とのマクロの財源システムの統合の議論の結論を待たずに，障害者自立支援法によって，障害福祉のミクロの給付調整システムには，割当優位の給付調整を容易とする第三者判定モデルのメカニズムがビルトインされてしまったのである．

　一方で，制定5年目の制度改正期を迎えた介護保険制度においても，保険料の値上がりを忌避する経済界および自治体と社会保障費の総額の抑制を求める財務省の声は高く，その結果，要介護度の低い要支援，要介護1の人については，ヘルパーによる家事援助を制限し，筋力向上トレーニング等の介護予防事業のみの利用を可能とする「新予防給付」の創設など，給付費の抑制を主たる狙いとした制度変更が行われることになった．

　介護保険制度改正にあたって衆議院本会議で行われた付帯決議においては，介護保険制度の65歳以下の障害者への適用を意味する「被保険者の拡大」に

ついての結論は，2006年度末までに結果が得られるよう新たな場を設けて行うものとすること」とされた．社会保障費の総額の抑制がめざされ，介護保険制度にもさらなる利用抑制メカニズムが組み込まれようとしているわが国の現状を踏まえれば，障害福祉と介護保険制度との統合の是非は，検討の場への制度の利用者の参画に担保されながら，慎重に検討される必要があるだろう．

注・引用・参考文献

1） 小林良二「第一部・第2章　戦後社会福祉の政策展開と展望（二）」三浦文夫・高橋紘士・田端光美・古川孝順編『戦後社会福祉の総括と二一世紀への展望Ⅲ――政策と制度』ドメス出版，2002年，p.44
2） 同上，p.44
3） 坂田周一「第5章　割当」大山博・武川正吾編『社会政策と社会行政――新たな福祉の理論の展開をめざして』法律文化社，1991年，p.99
4） 同上，p.106

〈参考文献〉
① 水野祥太郎他監修『リハビリテーション講座第1巻』一粒社，1967年
② 厚生統計協会編『厚生の指標臨時増刊　国民の福祉の動向』厚生統計協会，各年版
③ 吉田久一編著『戦後社会福祉の展開』ドメス出版，1984年
④ 真田是ほか編『障害者と社会保障』法律文化社，1979年
⑤ ベンクト・ニィリエ著（河東田博ほか訳編）『ノーマライゼーションの原理――普遍化と社会変革を求めて（新訂版）』現代書館，2004年
⑥ 荒木兵一郎ほか編『講座　障害をもつ人の人権2　社会参加と機会の平等』有斐閣，1999年
⑦ 全国自立生活センター協議会編『自立生活運動と障害文化――当事者からの福祉論――』現代書館，2001年
⑧ 大谷實・中山宏太郎編『精神医療と法』弘文堂，1980年
⑨ 岡村正幸『戦後精神保健行政と精神病者の生活――精神保健福祉序論』法律文化社，1999年
⑩ 公衆衛生法規研究会編『精神衛生法詳解』中央法規，1976年
⑪ 蜂矢英彦・岡上和夫監修『精神障害リハビリテーション学』金剛出版，2000年
⑫ 岡部耕典「支援費支給制度における『給付』をめぐる一考察――ヘルパー基準額（上限枠）設定問題を手がかりに」『社会政策研究　第4号』東信堂，2004年

学びを深めるために

① 岡部耕典『障害者自立支援法とケアの自律』明石書店，2006 年

　本書は，障害者自立支援法を社会福祉基礎構造改革の過程の中でとらえ直し，「保険化」という流れで問題点を抽出している．そして真の自律したケア制度を求めて，海外にみられる「パーソナルアシスタント」と「ダイレクトペイメント」方式を検討し，障害者福祉の給付制度の重要性と課題を改めて展望している．また「序章」に記載された 2003 年から 2005 年の自立支援法をめぐる障害者運動の記述も重要な視点を与えている．

② ベンクト・ニィリエ著（河東田博ほか訳）『新訂版ノーマライゼーションの原理——普遍化と社会変革を求めて』現代書館，2004 年

　平易な文章で書かれ，ノーマライゼーションの重要ポイントを丁寧に説明してあり，具体的な内容の理解を助ける．しかし，特に施設現場で実践にうつす場合に，そのポイントに戸惑いを感じることが多くあるはずであり，単なる理想論に感じられることが多いのではないだろうか．それゆえ，だからこそ，その戸惑いは，現実から絶えず問い直すべきノーマライゼーションの課題そのものである．実践の目標に迷ったとき，読み返すべき文献のひとつといえる．

☞ どのような過程を経て，法律・制度が作られているのか，調べてみよう．

☞ 法律の目的や障害者福祉の理念（たとえば人権の保障）が，障害者福祉の現場でどのように活かされ，実現されているか，確かめてみよう．

学びのオリエンテーション

介護と介護制度

　制度とは，福祉サービスの対象やサービス規準，または，サービス項目を設定する法的枠組みであり，援助とは，その枠組みに基づいて行われる，個人や集団への直接的・具体的な技術や方法などの活動内容である．両者は，一方から独立することはなく，相互に影響しあいながら展開していくと考えられている．

　障害者福祉制度における介護制度も，法制度を形作る一制度であり，その枠組みに基づいて行われる介護実践は，制度からの影響を受ける内容として位置している．この介護実践と介護制度との関係性は，制度が利用者やその介護者の生活を保障する側面をもつと同時に，制度が，介護を得て暮らす利用者の活動制限・参加制約を招いてしまう側面をもっていることも示唆できる．

　実際の生活において，ホームヘルパーを利用しているAさんは，「今日は暑いからビールをもう一杯飲んでから，家に帰りたい」と思い，ビールを注文しようかと迷っている．しかし，ホームヘルパーが，定時に家に訪問することが前もって決まっており，ヘルパーが来る時間に間に合わせるため，Aさんはビールを追加することを諦め，帰路に着くという状況に遭遇する．

　ここでの一生活場面は，制度自体がサービス時間数や時間帯，サービス内容を事前に設定するという特徴をもっていることから，決められたホームヘルパーの派遣時間帯が利用者の抱く欲求を抑えていく様子を示している．しかし，事例に示されるところの派遣時間からもたらされるAさんの欲求や行動等の活動制約は，制度がもっている特徴からでのみ引き起こされているとは考えにくい．

　次に，Aさんが体験した上記の出来事と関連して述べたことを紹介する．

　人と人がからむんで制限はしょうがないよなぁ．そういうことを気にし

てあげないと，またそのヘルパーさんとも人間と人間なもんでうまくいかなくなってしまう，お金の部分じゃなくて．

　上の発言で，Ａさんは，自分の欲求を制限していくことは，介護者とうまくやっていくために仕方のないこととしてとらえている．これは，つまり，制度上で決められるヘルパーの派遣時間帯が，Ａさんの希望を諦めさせる要因となっているばかりでなく，介護者との関係のあり様が，Ａさんの生活に影響を与えるものとして作用していることを意味しているのである．

　介護とは，人が人と向き合っていく行為であるからこそ，利用者と介護者が向き合う空間の中で，互いの感情を介し行われる．両者が築く関係性は，利用者のみが直面し，利用者だけに問われている問題ではない．介護者は，決められ限られた枠の中で，その時間をどう重ね，どのような関係を形成していくのか．介護者へも投げかけられている課題でもある．

　このように，利用者と介護者が交わしていくさまざまな感情や日常の中で繰り広げる日々の実践は，制度と相互に影響しあう両輪の一方を担っている．実践は，制度を変革していく可能性をもっており，制度は，実践からの影響を受け変更していく責務を負っている．両者がともに，良い方向性を導き出すことができるような関係の構築をめざしたい．

　ここでは主に，利用者と介護者の在宅介護を中心に取り上げている．しかし，「介護と介護制度」という視点は他分野と同様に，さまざまな切り口をもって考察できる分野である．より深く考慮したい方は，以下の著書を参考にしていただければと思う．

安積純子・岡原正幸・尾中文哉・立岩真也『生の技法　増補改訂版——家と施設を出て暮らす障害者の社会学』藤原書店，1995 年
渡辺一史『こんな夜更けにバナナかよ——筋ジス・鹿野靖明とボランティアたち』北海道新聞社，2003 年

　　　　　　　　　　　　　　　　　　　　打保由佳（国際医療福祉大学）

第5章
障害者福祉の専門職の課題
―施設・地域生活支援の中で―

障害者生活施設，ある日の業務日誌

「職員の○○さんが，バラの花をもってきてくれました．利用者さんが怪我をしないように，トゲはとってあります．」

　援助者は，利用者にふりかかる危険を，自らが先に予測し，利用者をその危険から回避させ，護っていくことが，ひとつの支援の方法だとして，無意識のうちに引き受けている．行き届いたサービスは，利用者の心や生活に，安心や安全を提供していく要素であるとともに，人びとを無気力や無力な状態へと導いていく要因ともなりえている．

　先に紹介した業務日誌の一文は，以上のことを象徴するといっても良い．ここで，もし，バラにトゲがそのままついていたとしたら，利用者が怪我をする可能性が十分に考えられる．だとしたら，この援助者は，トゲをあらかじめとってしまうことで，利用者を危険から護り，配慮ある行動をしたといえるだろう．しかし，実は，そうばかりとも限らない．というのは，危険を回避させるということは，失敗に直面させることなく過ぎていくことであり，利用者自身が失敗の経験を積み重ね，その経験の中から，これからの生活を遂行し，生きていくための手段を見出していく機会をも奪っているともいえるからである．

　ここで問題とされるべきは，前者，後者のどちらかの視点でみていくことが良いのか否かということではなく，援助者が，同じ言葉の中にまったく違う意味合いの言葉が存在していることに気がついていないこと．特に，前者の側に見方が偏り，業務の一環として申し送られ，それが自然に，次の人へと引き継がれていくということである．

　この様な状況を引き起こしていく原因として，起床や就寝時刻，入浴時間や食事の摂取量，排泄状況がすべて管理，記録され，一日のライフサイ

クルが一生繰り返されるような施設環境の確立，そしてその空間の中で，援助者が，利用者の生活を先導していく役割を担いがちになってしまうことが考えられる．施設には，利用者の人生を最期まで世話をし，全面的な支援を提供する場であることが，暗黙のうちに求められている．確かに，施設の中で，利用者が，その一生を終えるのであれば，そう問題とはならないのかもしれない．

　しかし，施設を出て暮らすことを選んだ人びとが，しばしば抱える問題は，長い施設生活の中で，生活様式を自発的に身に付けていく方法から遠ざけられ，受身であることを引き受けてしまう，自身のあり方であるという．実際，施設を出ることでの生活環境の変化によって，その都度，その場に適応していくための力が利用者個人に求められていくことになる．施設から在宅への移行過程において，施設サービス提供者の援助過程に終結があっても，それによる利用者個人の生活に終わりはない．

　今まさに社会福祉の理念として掲げられる，施設から地域への移行は，入所施設の機能やそのあり方自体の検討を迫るものであり，地域の中で存在する施設運営の模索が求められているのである．

　本章では施設ケアにおける専門職を中心にその業務とあり方について考え，学んでいきたい．

① 障害者更生援護施設のケア──身体障害者療護施設から

1 身体障害者療護施設と職員の役割

　ここでは，身体障害者療護施設を例に施設援護の専門職について説明する．身体障害者療護施設は，身体障害者福祉法で規定される，身体障害者更生援護施設での生活施設として位置している．この施設は，医療や介護を常時必要とし，在宅で生活することが困難な重度障害者であることが入所要件となる．この要件に基づいて，その援助にあたる施設職員も，看護師，理学療法士・作業療法士，介護職員，栄養士・調理員など，医療，リハビリテーション，社会福祉，食品という，主に4種の専門分野が混在する組織体系をもっている．

　それぞれの職員の人数は施設の入所定員や規模によって異なるが，看護師，理学療法士・作業療法士，介護職員の総数が常勤換算で，利用者2.2人に対し，職員1人の割合で配置されている．これらの職員数の内，約8割は介護職員であり，1日単位で，日中の勤務者数（夜勤者を除く）を算定すると，おおよそ，利用者6～7人に対して，介護職員が1人という計算になっている．

　療護施設が，生活の場として機能し，その運営目的に，利用者の自立の支援や日常生活の充実等に置かれることで，利用者の生活の質の如何が，援助や支援の評価を左右する基準として示されていくと考えられる．それと同時に，これら援助に関わる職員には，各々の専門分野を活かして，相互に協力し，利用者の自立の支援および日常生活の充実に努めなければならず，利用者を中心とした支援体制の確立が必要とされる．

　たとえば，施設での1日の流れ・スケジュールをみてみると，起床→洗面→朝食→歯磨き→トイレ→昼食→歯磨き→トイレ→入浴→おやつ→トイレ→夕食→洗面→トイレ→消灯という予定が組まれており，それ以外の時間は，自由時間，レクリエーション等として使われる．また，現在では，前述のような固定された日課を廃止し，利用者のプライバシーの尊重や自己選択の幅を広げるた

め，原則として，職員が，利用者からのナースコールを受けて，介護に入るというあり方も広がってきている．

次に，施設に勤務する専門職の関わりをみていく．

まず，看護師は，利用者や介護職員へ健康管理および療養上，衛生上の指導を行う．具体的な業務内容として，利用者が被った病気や怪我の処置，薬の管理，口から食べ物を摂取できない利用者への経管栄養法を施行する等がある．

理学療法士・作業療法士は，利用者の心身の状況等に応じ，日常生活を営むために必要な身体機能を維持し，機能の減退を防止するためのリハビリテーションを行う．

栄養士・調理員は，利用者の身体の状況や好みを考慮し，献立表の作成，栄養価の算定，そしてそれに基づく調理と食事の提供を行う．

以上3つの専門職に比べ，最も，施設内でのスケジュールに沿って動いているのは介護職員である．業務としては，起床・就寝，食事，排泄，入浴，衣服着脱や口腔ケア，移動・移乗等の介護を担当する．この他にも，利用者に安心と安全を保障するため，身体的な介護だけではなく，精神面へのアプローチも援助内容のひとつとして含まれている．

介護職員は，利用者の日常生活を支えていく介護の提供を主な職務としており，他の専門職よりも長い時間，利用者と関わりをもっていく役職であるといえる．これは，つまり，利用者の生活行為に携わる介護職員が行う業務内容は，利用者の送る日常の様子を映し出していく指標ともなりうることを意味しているのである．

2 施設における介護とは

ここで，一人の利用者の発言を考える．

「何をやっているというわけではないんだけど，トイレ行って，ご飯食べて，そんなことで毎日が過ぎていくよね．」

日常生活について考えるとき，生活は，日常生活動作（ADL）とイコールではないということを確認しておきたい．施設の生活において，主に，食事・排泄・入浴・更衣・整容の動作，移動・移乗動作といった日常生活動作に，一日のケアの内容として比重を置かれることが多く，これに関連した介護技術や方法の習得が，利用者の生活を円滑に進めていく手段となりえている．そしてまた，利用者と向き合うことよりも先に，職員同士のやりあい，職員間のやり取りだけで利用者の生活の道筋，特に，ADLにまつわる介護方法が決められ，積極的に議論される．

しかし，私たちの日常生活は，そのような動作のみで成り立っているわけではない．もちろん，施設ケアを，もっと総合的に概観すれば，ADLだけを保障している，それしかやっていないとは言うことができない．だけれども，利用者個々人を尊重した施設環境への改善，画一的なスケジュールの見直しが求められている現在，利用者を中心とする，利用者の日常生活の充実とは，いったい何なのか，再度問い直していかなければならない．

最近の動向として，「ADLの向上からQOLの向上へ」をスローガンに，生活の質を高めていくことを柱としたいくつかの支援のあり方を考えていかなければならなくなってきた．しかし，理念実現のため残されている課題は数多く，現状の把握を前提とした上での検討が必要となる．

まず，地域とのかかわりを考えるとき，よく問題としてあげられることは，市街地から離れた山間部に造られている施設が多いということである．実際，山間部の施設で暮らす利用者が移動手段を確保できなければ，結果的に施設の中だけで暮らすことを強いられ，いわば，施設自体がひとつのコミュニティと化していくことは必然的なこととなる．支援計画の中で，地域と利用者をつなぐため，または，利用者の希望を勘案するため，外出や外泊の実施が目標として掲げられもするが，慢性的な職員数の不足と，それによる施設内のケアで手一杯な現状が，外出等の介護を勤務としてではなく，勤務時間外にボランティ

アとして行わざるを得ない状況を引き起こしていく結果となる．

　他にも，施設ケアの現状として，同性介護の問題が取り上げられることは多い．以前は，介護職員というと女性の占める割合が圧倒的に高く，このような数的問題からしても，女性が男性の介護に入ることは当たり前であり，また，社会の風潮としても，自然に許容されるという傾向があった．近年になると，男性の介護職員の数も増え，施設によっては女性職員と数を同じくするところも少なくない．しかし，男女比の変化はあっても，変わらず残る，異性介護．中でも，女性利用者への異性介護は問題とされるのに対し，男性利用者の排泄や入浴介護に女性職員が入ることは普通に行われ，周囲からも容認されるという風潮は変わりなく，存在している．

　最後に，利用者の意思の尊重，また，利用者自らの生活環境を改善するための手段となる自己決定・自己選択の難しさに触れておきたい．先に述べたように，療護施設というのは，医療や介護を常時必要とする重度の障害をもつ人びとを対象とした入所施設である．この入所要件からも理解できるように，意思疎通を困難とする重度障害者が生活しているケースは少なくない．利用者個人の心身的な障害の程度や種類を目安とし，医学的な判断基準で決定能力の衰えや喪失の度合いが測られる．その判断結果のとらえ方によっては，職員が利用者を一方的にあきらめ，見限っていくという可能性をもっている．

　自己決定とは，決定する主体から導き出され，本人のみの意思によって決められていくばかりでなく，その決定がなされるまでの前提条件や決定する主体を囲む人びとによっても左右されていくと考えられるのである．

　援助者は，利用者の生活を支援していく過程において，利用者自身が，自己の判断能力や手段を養い，創造していく機会を奪ってしまう危険性をもっており，利用者へと提示する方法や支援のあり方は，援助者へと課せられた課題となっている．

② 施設職員の役割——当事者主体と自己決定

1 当事者主体・自己決定と施設現場

　かつて，障害者施設に入所したり，通所したりしている人たちは，たとえば「園生」などと呼ばれていた．施設職員は「指導員」だった．やがて，「利用者」という言葉が施設の現場にも入ってきた．「園生」が「利用者」に変わった．それときびすを接するように，「指導員」は「援助員」とか「支援者」と呼ばれるようになった．

　私が勤める知的障害者入所施設の場合，この変化が起こったのは10年ほど前，1995年あたりだった．「知的障害者の人権」ということが，施設の中で真剣に論じられるようになった．そして，たとえば，園生＝利用者の呼び方は侃々諤々の議論を経て，「さん付け」が定着していった．職員の利用者に対する言葉遣いも「です，ます」調のていねいなものになった．

　一昔前，「園生」と「指導員」が親しげにニックネームで呼び合い，あるいはちょっと荒っぽい呼び捨てもあったりする「指導・訓練する場」だった施設は，今や「援助員」が「利用者」をさん付けで呼び，「福祉サービスを提供する場」になった．施設の雰囲気はずいぶん変わったし，たしかに表面上，施設はサービス提供の場になった．

　この変化を支えている基本的な考え方は，当事者主体と自己決定である．福祉サービスの主体はあくまでも利用者であり，利用者自身が自己決定したことを職員（援助員，支援者）はできる限り尊重しなければならない，ということである．このことは2003年から始まった支援費制度によって，制度を支える基本的な理念として，明確に位置づけられた．

　しかし，当事者主体と自己決定という考え方と実践は，施設現場ではまだまだ，不十分にしか機能していないのが現状ではないだろうか．

　この不十分さというのは2つの側面をもっている．ひとつはまだまだ，利用

者の意思尊重が十分に行われていない，ということである．利用者が何を思い，どんなことを望んでいるのか．職員は十全にそれを汲み取っているとは言い難い．職員の「ニーズ把握の技術」がまだまだ未熟であるため，一人ひとりの利用者の本当の気持ちや意思を受け止めきれていないのである．

　それと並行して施設のシステムという問題がある．現状の特に入所施設のシステムでは複数の職員が引き継ぎ引き継ぎという形で利用者援助を組み立てなければならない．そのため，どうしても利用者の意思が置き去りにされてしまうことがある．よくいわれる「利用者のニーズより職員の都合が優先される」という状況である．

　さて，不十分ということのもうひとつの側面は，俗っぽくいうと職員が利用者との関わりの中で「引いてしまう」という事態である．利用者の自己決定を尊重するといいながら，というか，その言葉を隠れ蓑にして，職員が利用者への援助を放棄してしまうのである．放棄とまでいかなくても，利用者と正面から向きあうことができず，職員が逃げ腰，及び腰になってしまう．いずれにしても，ほとんど援助・支援を受けない中で，表面上は利用者が思い通りの行動をとることになる．結果的に利用者自身が危険に身をさらしたり，社会的な軋轢を生じさせたりしてしまう．

2　何のための当事者主体・自己決定なのか

　一方で職員の未熟さや施設システムの弊害によって，当事者の望むことが実現されていない．他方で自己決定という免罪符を得て，利用者の無軌道な行動が見過ごされてしまう．当事者主体と自己決定をめぐるこの２つの実践的な不十分さは，一見違うことのようだが，その原因をよく考えてみると実は同じ根をもつように思われる．

　なんのための当事者主体なのか，なんのための自己決定なのか．同じ根というのは，その「なんのための」が双方とも深く理解されていないのではないか，ということである．

知的障害者の支援の現場，特に施設の現場で当事者主体とか自己決定ということがいわれ始めたのは，おそらく10年ほど前からである．だがそれは，利用者自身，当事者自身から発せられた主張だったろうか．それは，職員の側から「援助方針」として打ち出されたものではなかったか．

　さらに，その「当事者主体・自己決定」という援助方針は職員自身が実践的に作り上げていったものではなく，たとえば施設長が上から降ろしたものではなかったか．そしてさらに，その施設長は，自分でその方針を考えたのではなく，全国施設長研修会かなにかで「時代の流れとして勉強してきた」ものを受け売りしたりしていたのではないか．

　もちろん現在では，たとえばピープル・ファースト運動を初めとする当事者活動の先進的な活動家の人たちは，当事者主体ということの真の意味と実践を私たち支援者に突きつけてくる．そこには，ある意味息苦しいほどの緊張感がある．しかし，ここでは施設という場にある程度限定して話を進めたいと思う．良くも悪くも，いまだ施設という場に知的障害者の支援をめぐる問題性は集約されていると思うからである．

　当事者主体ということ自体が，そもそも知的障害をもつ当事者から発せられたものではなかったのである．それはむしろ職員の側からの援助方針として，利用者にとってはいわば外部注入的に押しつけられたものでしかなかった．「自己決定です．自分で決めて下さい！」と職員は利用者の顔もみずに，怒鳴ったりしていないか．利用者同士は，恐る恐る職員の顔色をうかがいながら「今度は，自己決定なんだって．職員が，自分のことは自分で決めなさいって言ってるよ」とささやきあったりしていないか．

3 自己決定のパラドックス

　なんのための当事者主体なのか，なんのための自己決定なのか．それがきちんと整理されないままでいるため，いろいろな実践的な不十分さが生じてしまう．このことを考えるために，私自身が施設の中で関わったひとつの事例を紹

介しよう．

〈自活訓練事業をめぐるＳさんの事例〉
　Ｓさんは20歳代後半の男性である．中度の知的障害をもっている．入所施設の生活が長い．小学校低学年から児童入所施設に入り，その後入所施設以外を生活の場としたことはない．母親は健在だが，さまざまな家庭の事情で3ヵ月に1度くらい，2，3日家に帰る以外は，私の勤める知的障害者入所施設で生活している．
　「自活訓練事業」というものがある．入所施設に暮らしている人に6ヵ月間，模擬的な地域生活の場を提供して，体験をしてもらい，地域移行への練習をしてもらおうというものである．地域移行をより円滑に推し進めようという意図のもとで行っている国の事業である．私の施設では3年前から，この事業に名乗りをあげ，施設から歩いて5分ほどのところにアパートを借り，専属の世話人を置いて，半年半期で2人ずつ，年間合計4人の人にそのアパートでの生活を体験してもらっている．
　担当職員から発案があり，Ｓさんにこの自活訓練事業を行ってもらったらどうかということになった．職員会議を経て，施設の援助方針としてＳさんにアパートで半年間自活訓練事業を行ってもらうことが決まった．
　私たち職員は，自活訓練事業を「自活」と略していっているのだが，Ｓさんもこの「自活」のことはよく知っていた．以前に5，6人の仲間の利用者が代わる代わるこのアパート暮らしをしているのを横目でみていたからである．担当職員がＳさんにアパートで半年間，「自活」の生活をしてみないかと提案し，アパートの見学や事前の体験入居も経験した．ここまでは，一応スムーズに事は運んだ．
　4月からいよいよ本番の「自活」の生活が始まった．自活訓練事業は私の施設と同じ法人のもうひとつの入所施設と合同でアパートを借りて行っている．両方の施設から2人ずつ利用者を出している．したがって，世話人と利用者4人，合わせて5人がひとつのアパートで暮らすのが「自活」での生活である．
　「自活」での生活の1日目．Ｓさんは一晩泣き暮らした．夜になって，いざ自室で休もうとすると，寂しくなってしまったのだ．施設でＳさんは2人部屋で暮らしている．「自活」のアパートは，1人部屋である．Ｓさんはこれまでずっと入所施設で暮らしてきて，ひとりで部屋に寝るということを体験していなかった．それが今晩はじめて，ひとりで部屋に寝なければならないのである．しかも周りには3人の仲間しかいない．いままでの入所施設での生活では，わいわいがやがやうるさいものの，20人くらいの仲間が同じフロアにいた．
　「ひとりで寝るの，怖いよー，怖いよー」Ｓさんは泣きやまなかった．世話人はやさしく，なだめ，励まし，なんとかひとりで寝てもらおうとしたが駄目だった．仕方なく世話人は自分の蒲団をＳさんの寝床の横に運んで，添い寝することにした．Ｓさんは泣き疲れて，やっと眠った．

翌日，緊急のケース会議が招集された．「自活」1日目，Sさんがほとんど眠ることができなかった様子が報告され，職員は頭を抱えた．アパート暮らしの実際について，Sさんにきちんと説明できていたのか．時期尚早だったのではないか．施設よりアパート暮らしの方が良いというのは，職員の側の勝手な思い込みなのではないか．
　利用者を主体に考え，利用者の自己決定を尊重する．それがわれわれの方針だったのではないか．そうだとすれば，あれだけ泣いて訴えているのだから，Sさんの意にしたがって，アパート暮らしはすぐに止めるべきではないのか．
　いや，Sさんの寂しい気持ちはよくわかる．でも，それは環境が激変したことによる一時的なものではないか．表面的，一時的な現象に囚われて地域生活への移行を支援するという本質的な目的を失ってはならないのではないか．
　議論が百出したが，Sさんの気持ちに添いつつ，世話人による添い寝を一定期間行いながら，アパート暮らしは続行しようという結論になった．翌日からもSさんは夜になると泣き続け，世話人は添い寝をし続けたが，徐々に寂しさは紛れていき，5日目には一人で自室で眠ることができるようになった．
　その後，Sさんは笑顔を取り戻していき，一人部屋での生活を楽しむようになり，半年間のアパート暮らしを終えた．

　この事例を通じて私たち職員は，本人の自己決定を強引に覆さないと地域生活に結びつけられないというパラドックスに直面したのだった．表面だけみれば，これはSさんの当事者性を無視し，自己決定をないがしろにした事例であろう．泣き叫ぶSさんの姿をみながら，いわば職員の価値判断でアパート暮らしを続けさせたのだから．しかし，私たち職員は，苦しみながらもあえて，アパート暮らし続行という決断をした．
　それは最初ひとりでアパートの部屋で寝ることを「寂しい」といって拒むSさんの自己決定に従うことより，Sさんの意に一時的に反してでもアパート暮らしを続行することにもっと大きな意義を見いだしたからである．「なんのための自己決定か」ということを問いつめた結果，表面的な自己決定のもっと奥により大事な価値を見いだしたといってもいい．
　より大事な価値というのは，一言でいえばSさんに地域生活へ移行してもらうということである．施設の中で生活するよりも，地域に出て生活する方が，Sさんの人生はより豊かで快適なものになると信じるからこそ，最初は困難だ

った自活訓練の道をSさんに通ってもらったのである．

しかし，ここでもまた大きな難問にぶつかる．ひとりで寝たことがないので寂しいから，施設に帰りたいといういわば目先の自己決定に従うのではなく，そこを我慢してでも地域移行に向かって一歩進む方がSさんの主体を尊重したことになる．それは，わかる．でも，その地域生活というのは，本当にSさんが望んでいることなのか．地域生活への移行を進めるというのもまた，Sさんの意思を置き去りにした，職員の側の勝手な思い込みなのではないか．

施設から地域への移行ということは，現在，誰もが無条件に認めるテーゼになっているかにみえる．しかし，本当にそうなのか．地域生活の方が施設での生活より，本当に良いのか．このことは，一人ひとりの当事者の生活の実際の姿に即して，具体的に検証する作業が絶対に必要である．

もちろん，施設にもいいところがある，地域福祉一辺倒でいくのは考えものだ，などと主張しているのではない．ここ10年来，私はかなり過激な施設解体論者のつもりだ．

かつて，1960年代までは，欧米でも日本でも施設特にコロニーと呼ばれる巨大施設は，これこそ知的障害者にもっとも豊かな人生を提供する場として，構想され作られていったのだった．誰もが「施設こそユートピア」と思いこんだ時代があった．コロニー幻想ともいうべきものが，福祉理念を支配した時期が歴史的にはたしかに存在したのである．

それと同じことが，施設福祉から地域福祉へという理念の変転の中で繰り返されてはいないか，ということなのである．地域に移行しさえすれば，すべてが解決される．そこまで思い込まないにしても，無思考に地域福祉を信奉しているだけ，ということはないか．コロニー幻想と同じような質の地域幻想がありはしないか．このことは，当事者主体と自己決定ということを本物にするために，支援者は身にしみて考えておかなければならないであろう．

4 問われる職員の役割

　当事者主体と自己決定を真の意味で推し進めるために，私たち職員は何をすればいいのだろうか．職員の役割とは何なのだろうか．

　当事者主体ということが，かけがえがないのは，人は誰しも自分自身の人生を他の誰にも侵害されずに，自分自身を主人公として生きていく権利をもっているからである．そして，そのためには自分が生きる道筋を自分自身の意思で決めていくという自己決定がきわめて重要なことになる．

　しかし，この当事者主体と自己決定ということを知的障害をもつ人を支援する立場から実践的に考えようとすると，実に困難で原理的な難問に遭遇する．

　障害福祉に関わることとして，当事者主体と自己決定という場合，その当事者というのは，具体的には身体障害者，知的障害者，精神障害者のいずれかの人たちが想定される．そして，主として身体障害をもつ当事者の人たちが，当事者主体と自己決定ということを，障害者運動の積み重ねによって実践的にも理念的にも作り上げてきた．この文脈でいえば，当事者というのは主に身体障害をもつ人を想定している．そして，当事者主体という場合，たとえば身体のどこかに障害はもっているけれど市民社会を同じように生き，通常の判断能力は備えている人という個人像を，暗黙の前提にしているように思える．

　知的障害をもつ人の場合，ここに困難が存在する．一般的に定義すれば，「判断能力が欠如している人」を知的障害者と呼んでいるのである．当事者を「障害はもっているかもしれないが，一般市民と同じ判断能力がある人」とし，自己決定を「その当事者が自分の意思でたとえば福祉サービスの受給内容を決めること」とするとどうなるか．

　知的障害者の場合には，当事者主体も自己決定も論理的に成り立たなくなってしまうのである．知的障害者を「判断能力が欠如している人」だとすれば，その人が自己決定するというのは，いわば無が有を産むことであり，あり得ないことだからである．

第5章　障害者福祉の専門職の課題　151

　もちろん，知的障害者を「判断能力が欠如している人」と定義するというのは，障害というものを個人の属性に帰着させる旧来の医学モデル的な考えを単純化して述べたものである．実に乱暴で時代遅れの考え方であることは十分承知しているし，私自身まったくその立場を取っているわけではない．ここでの議論を進めるため，便宜的にそういう書き方をしていることをご承知いただきたい．

　さて，知的障害者の当事者主体と自己決定をめぐる，この難問を突破するために，現在，2つの方向が取られているように思う．ひとつは「知的障害者も同じ，障害当事者である．自己決定する権利は当然にあるのだ」といわば権利原則論的に主張する方向である．

　もうひとつは，成年後見制度の法的枠組みが端的に現しているように，知的障害をもつ人のように判断能力がなく，自己決定ができない人には，本人に代わってそれをする代理人を立てればよい，とする考え方である．

　現実には，この2つの方向がいわばないまぜになって，知的障害者の支援が行われているようにみえる．ないまぜというと言葉が悪いが，原理的に突き詰めて考えると，知的障害者の自己決定というのは，成り立たないのではないかという上記の難問をいわば，何とか回避するためにこの2つの考え方をその時々によって使い分けながら支援が進められているのが実際であろう．

　私自身，いまだに「知的障害者の自己決定など無理だよ」などと単純に言ってのける反動派がいたりするので，それへの反論として「どんなに知的に重い障害をもっている人でも自己決定はできるのだ」と主張することがある．その場合には，キーワードとして，「自己決定支援」という言葉を使ったりもする．アドボカシーという便利な用語を散りばめることもある．しかし，そうはいい張るものの，その発言にどこか居心地の悪さを感じたりするのも事実なのだ．

　その一方で別の場面では「やはり，この人にはきちんと後見人を付けた方がいいですよね」などといったりする．どんなに重度の人でも自己決定ができるのなら，後見人（代理人）などいらないはずなのだ．自分でもまったく矛盾す

ることをいっているのである.

5 究極のパターナリズム

　自己決定ということがいわれるとき，その対極にあるものとしてパターナリズムが必ず引き合いに出される．パターナリズムというのは，たとえば医療の世界では，医師という専門家が患者の利益を考えたうえで，患者に代わって治療方針を決めるという，医師－患者関係のあり方を指していう言葉である．いかに患者のことを考えているとはいえ，あくまでも決めるのは医師である．医師が主で患者はあくまでも従の立場に置かれている．「いいから，お前のためなんだから，黙っておれの言うことを聞いていれば間違いないんだ」という関係のあり方がパターナリズムである．

　このパターナリズムに対抗するものとして，自己決定が対置される．患者自身があくまでも医療の主人公であり，治療方針を最終的に決めるのは医師ではなく患者自身である，というのが医療における自己決定という考え方である．

　しかし，いつも思うのである．自己決定支援などとわかったようなことをいっているが，実際これは究極のパターナリズムなのではないのか，と．

　パターナリズムは「本人に代わって他人が決めてあげる」というおせっかいである．自己決定支援というのは，意地悪くいえば「本人が自分で決めた方がいいということを，他人が決めて教えてあげる」ということである．パターナリズムがおせっかいなことだとすれば，自己決定支援などは，さらにそれに輪をかけた，おせっかい以上のおためごかしなのではないか．

　別に他人事を語っているわけではない．知的障害をもつ人の支援の一端を担う者として，この究極のパターナリズムに陥らない実践をどう推し進めていくのかが私自身の課題だということなのである．

6 自己肯定し自尊感情をもつ存在として

　自己決定，自分で自分のことをきちんと決める，ということをするためには，まずその主体となる自分というものがなければならないだろう．そして，その自分というものは，生き生きと自分の生き方を肯定し，自分を大切に思っている存在であろう．自己決定の主体になる，この自分というものを，自己肯定と自尊感情に支えられた人間存在と一言でいっておこう．

　私たちが支援しようとしている知的障害をもつ人たちは，この自己肯定と自尊感情という人間存在にとって，一番大切なものを十分に備えているだろうか．多くの知的障害をもつ人たちは，自分には価値などないと思いこみ，自分を大切にすることを投げ出しているように思えてならない．そこまではいかなくても，どこか自信がなく，豊かな感情を喪失している人もたくさんいるだろう．またこのことの逆の現れで，極端に自己中心的とみえる言動をしたり，自分を傷つけたりする人がいることも事実である．そして，こうした知的障害者の人たちがもつ負の側面を作り上げる大きな誘因となったのが，他ならぬ「施設」ではなかったか．このことへの痛切な批判と反省の上に立って，ノーマライゼーションも地域福祉もあったはずである．

　知的障害をもつ人がどこか危うい自分というものしかもっていないとしたら，私たち支援者にできることは，まず，その彼らにそのまま寄り添うことであろう．自己肯定も自尊感情も，おそらくはどんな自分であろうと丸ごと肯定してくれる他者の存在があってこそ，自分の中に形成されていくものであるはずだ．利用者にとってのそうした他者に，支援者はまずなることをめざすべきであろう．

　しかし，これは単に利用者のいうことをすべてそのまま，受け入れるということではない．Ｓさんの事例でみたように，ある局面では，利用者と対立的な立場にあえて立つこともありうる．寄り添うというと言葉は美しいが，実践の場面では，シビアな緊張関係そのものが，寄り添うことの内実だったりもする

のだ.

　Sさんがもし，アパートでの一晩目，泣き叫んだあげく，職員も困った果てに，仕方なく施設に戻っていたらどうなっていただろうか．Sさんには，寂しく怖いアパートという印象しか残らなかったであろう．そして，職員の意に答えられず，そこで寝ることができなかった，情けない自分という自己像がまたひとつ付け加えられたかもしれない．

　実際には，つらい何日かを過ごしたSさんは，自活訓練事業のアパート暮らしを続けて，地域での新しい生活を体験することができた．そして，最初つらいことがあったけれど，それを乗り越えて新しいことができたという自信をもつことができただろう．その自信はSさんが勝ち得た掛け替えのないものであり，それを得たSさんの喜びに傍らでそっと共感するのが職員にできることであろう．

　利用者という他者のこととしてではなく，また職員の立場という自分のこととしてでもなく，その関係のこととして，当事者主体も自己決定も，私たちの目の前にあり続けている．

③ 障害者福祉の「専門職」とその課題

〈希望する地域での自立生活を送ることができるようになった事例〉
　Aさん（40代女性）は生まれつき全身に麻痺があり，幼い頃から立ったり歩いたりすることが十分にできなかった．Aさんの母親は，子どもが障害をもっていたことが自分の責任であるかのように感じ，はじめのうちは大変なショックを受けていたが，Aさんが成長するにつれ，Aさんが自分のことを自分でできるようにしてやるのが母親である自分の務めであると考えるようになり，Aさんを自宅から離れた施設に入所させ，機能訓練を行うことを決めた．

　施設での生活では，自由に外出することはおろか，自由に実家に電話をすることさえ「甘え心がついてはいけない」という理由で許されなかった．「自立」と書かれた額が飾られた部屋で行う訓練やリハビリはとても辛く，職員は厳しかった．夏休みやお正月などは帰省することができたが，休みが終わると，施設に戻らなければならないのが嫌でたまらず，Aさんはいつも泣いていた．

第5章　障害者福祉の専門職の課題　155

　小学校を卒業するまでこの施設で過ごした後，Aさんは中学，高校と全寮制の養護学校に進学した．寮はそれまでの施設に比べると自由であり，職員に言えば外出もすることができた．Aさんには中学時代，忘れられない思い出がある．日曜日に友だちと一緒にクレープを食べに出かけたときのことである．Aさんはそれまで自分で買い物をしたことがなく，何と言って注文したらいいかわからずに頭が真っ白になってしまったという．一緒に行った友だちは「どうしよう……」と困っているAさんにイライラした様子だった．それをみてさらに緊張に拍車がかかり，「もういい」とクレープを食べるのをあきらめてしまった．
　高校を出てから3年間入所型の授産施設で生活した．以前入所していた施設とは異なり，外出が自由であったり施設内での飲酒が許されたりと，比較的規則は緩やかであったが，やはり常に人と一緒にいることが苦痛だったという．また，「自分のことは自分でする」という考え方が施設内で徹底されていたために，洗濯や入浴などの日常生活で職員が介助してくれることはあまりなく，もともと体があまり丈夫でなかったAさんには辛いことが多かった．体調を崩したことをきっかけにAさんはこの施設を辞め，実家へ戻った．
　実家では日常生活すべてに関して母親に手伝ってもらわなければならなかったために，言いたいこともなかなか言えない状態であった．また障害基礎年金を受給していたが，生活費にするということで母親が管理しすべて使い果たしてしまっていたため，Aさんの自由になるお金はまったくなかった．精神的に追い詰められてきたAさんは，養護学校の先輩に相談した．すると自立生活センターのスタッフを紹介された．同じ障害をもつスタッフは，生活費のことや，身の回りのことをしてくれるボランティアが集まらないことを心配するAさんに「何も心配しなくていいから出ておいで」と優しく声をかけ，生活保護の申請や公的な制度を利用して有料の介助者を利用することなどを説明してくれた．Aさんは「そんな世界があったんだ」と驚き，すぐに家を出ることを決めた．
　母親は「何かあったらどうするの」と強く反対したが，Aさんの意志は固く，年金の通帳と身の回りのものだけもって家を出た．自立生活センターの建物の中にある自立体験ルームで生活し，「自立生活プログラム」を受けると同時に，スタッフと一緒に不動産屋を回って自分に合うアパートを探した．何度も「障害者には貸せない」と断られながらも，大家さんを説得して契約することができた．こうしてAさんは地域での自立生活をスタートさせることができた．

　今は月に150時間以上のヘルパーの利用をしながら自立生活を続けている．また，最初は自立生活センターのスタッフに手伝ってもらっていたヘルパーのコーディネートも自分自身でできるようになった．自立生活は楽しいばかりではなく，体力の面や介助者との人間関係などで疲れることも多いという．しか

し，疲れてくると，決まって実家や施設に泣きながら帰らなければならなくなる夢をみて，起きた後に夢だとわかってほっとするのだという．Aさんは今の生活をとても大事なものだと考えている．

1 障害者福祉の「専門職」──脱施設化時代の専門職はどうあるべきか

(1) 障害をもつ人にとっての「自立」とは

事例のAさんは，幼い頃から施設で暮らしていた期間が長く，自由に街に出かけて買い物をするといった，Aさんと同じくらいの年の子どもが当たり前のようにしていることを経験することができなかった．施設への入所は単なる物理的な隔離だけではなく，同時にさまざまな社会経験や対人関係を結んでいくスキルを学んでいく経験から阻害されることも意味する．また，親や，施設の職員といった福祉の専門職にある人たちから，ずっと「自分で自分のことをすること」が自立だと教えられていたため，何かできないことがあったときに，それが自分の障害のせいであったり，あるいはそれを克服してこなかった自分の努力不足のせいであるかのように感じてしまい，堂々と周りの人に助けを求めるということもできなかった．このように障害をもつ人に何か「できない」ということがある場合，本人の機能的な問題が原因であるよりもむしろ，育った環境や社会的な条件の下に作られたものであることが少なくない．Aさんにとってクレープを買うことができなかった思い出は，そのような辛い状況におかれていた自分を象徴するものなのだろう．

しかし，学校の先輩を通じて自立生活センターのスタッフと知り合い，自分と同じような障害をもつ人がさまざまな社会資源を利用しながら生き生きと地域でひとり暮らしをしている様子をみることで，Aさんはそれまで自分がもっていた障害者にとっての「自立」のイメージを一変させた．自立生活センターの考える障害者にとっての自立とは，食事や着替え，入浴などといった自分の身の回りのことが自分でできることを指すのではない．あくまでも，自分の生活のあり方を自分で決定し，自らの意思で管理していくことを指すものである．

自立生活センターとは、脱施設化と呼ばれる運動の中から生まれてきた障害をもつ人による障害をもつ人のための組織である．この自立生活センターの考え方とサポートの方法は，これからの障害者の地域生活を支援していく際の専門職とはどうあるべきかを考えるときに一つのモデルになるものと思われる．そこで脱施設化運動とは何をめざし，どのような運動だったのだろうかを少し考えてみたい．

(2) 脱施設化―施設からの「解放」

　身体障害，知的障害，精神障害などのさまざまな障害のある人が，障害のない人と同じように，施設ではなく地域で暮らすべきであるとする「脱施設化」の思想に基づく運動と，地域での自立した生活を求める運動は，アメリカや北欧，ヨーロッパなど先進国を中心に展開されてきた．特に，1960年代にアメリカのカリフォルニア州バークリーにおいて，自ら重度の身体障害をもつエド・ロバーツによって，施設生活を抜け出し，介助を受けながら地域生活を営むための拠点として，自立生活センターが設置されたことは画期的な出来事であった．障害者自身が運営を行うという点で，障害者による，障害者のための組織だったからであり，それまでの障害をもたない福祉の専門職による組織とはまったく性格を異にするものだったからである．

　日本においても，1980年代以降，身体に障害のある人が中心になって自立生活運動が展開されてきた．当事者である樋口恵子は，運動が展開されていた当時の状況を振り返って次のように語っている．

　「日本の，特に全身性障害で言語障害を併せもつひとたちがおかれていた状況はあまりにもすさまじく，"障害者だから仲間"と思えるような土壌はできていなかったし，妥協を許すことは自分たち自身の存在が危ぶまれるといった危機感をもっていた」と，身体に障害のある人がおかれていた生活が非常に劣悪な状況にあったことを述べている．そして，このような状況から脱するために，当事者による地域での自立生活を求める運動が展開されてきた．それは健

常者社会に対する障害者の強烈なアピールであるとともに,「自分たち障害者の中にある刷り込みや常識と闘い,自分たちのありのままを取り戻す,解放への過酷な戦い」だったとする.

特に問題であったのは,そのような劣悪な状況が自立のための「訓練」として当時の介護やリハビリテーションの専門職員によってなされていたという事実である.中西正司は自らの施設入所について,「衣服の着替えに2時間かけ,トイレの自立訓練だといって6時間も便座に座らされるという異常な訓練」をさせられる経験をし,リハビリテーション不信になったとつづっている[2].すなわち,自立生活運動は,旧来の自立概念に基づく既存の専門職のあり方に対するアンチテーゼであったとして位置づけられたのである.

(3) 家族からの「解放」

また,事例のAさんも施設から実家に戻った後に経済的な面,精神的な面で非常に制限された生活を送らなければならなかったことからもわかるように,ここでいわれる「解放」とは,入所型の施設からの解放を意味するだけではなく,家族からの「解放」も意味する.日本では戦後しばらくのあいだ,施設の定員数が希望者数よりも少ないという「施設不足」の状態が長く続いてきた.在宅でのサービスがあるわけではなく,足りない部分は家族負担への依存によって補ってきた経緯がある.この家族負担は,核家族化が進み,男性は仕事,女性は家事と育児といった分業が進んだ近代家族制度の下では,実質的に母親が担うことになり,結果的に「母子一体化」の状態を生み出す.これによって生じる極端な事例が,母子心中,あるいは母親による障害児者の殺人である「子殺し事件」である[3].

(4) エンパワメントを進める専門職という立場

以上でみてきた障害をもつ当事者による施設と家族からの「解放」への訴えを通じてわかることは,脱施設化と自立生活のプロセスとは,以下の2つを必

要とするということである.

① 施設や家族の中で抑圧されてきた障害をもつ当事者の内面の変化させる, すなわち「エンパワメント empowerment」を行っていくこと. これは自らもっている「障害」概念の再構築やセルフ・イメージの変革, またそれに伴う家族関係の作り直しを意図的に行うことによって経験される.

② 大規模施設に依存せずに地域で暮らしていけるだけの資源を確保し, 一人ひとりの価値観やライフスタイル, 希望に合わせてコーディネートしていくこと. このような地域における社会資源の組み合わせの方法は「ケアマネジメント」と呼ばれる. そして, ①で行われるエンパワメントは, 最終的に障害者自身によってこのケアマネジメントを行うこと, すなわち「セルフケアマネジメント」をめざすものでなければならない.

脱施設化時代の専門職のあり方は以上の点を前提としたものでなければならない. なぜこのことが強調されなければならないのかといえば, 専門職は容易に相手に対して権力的な存在となりうるからである. 以下でケアマネジメントとは何かを考えた後に, この専門性に潜む問題について若干考えてみたい.

2 専門職と専門性——ソーシャルワーク・ケアワーク・ケアマネジメント

(1) 障害者ケアマネジメントとは

2002年に厚生労働省は, 次年度より障害者福祉の分野にも導入される利用契約制度において障害をもつ人が自らサービスを選択することが多くなると見込まれることから, 障害者の自己選択, 自己決定を支援し, より質の高い地域生活を得られることを目的として『障害者ケアガイドライン』（平成14年3月31日　厚生労働省社会・援護局障害保健福祉部）を発表した. その中ではケアマネジメントの手法が今後ますます重要なものとなってくることが指摘されている. ここでケアマネジメントは次のように定義されている.「障害者の地域における生活支援をするために, ケアマネジメントを希望するものの意向を踏まえて,

福祉・保健・医療・教育・就労などの幅広いニーズと、さまざまな地域の社会資源の間に立って、複数のサービスを適切に結びつけて調整を図るとともに、総合的かつ継続的なサービスの供給を確保し、さらには社会資源の改善及び開発を促進する援助方法である」．すなわち、地域では福祉・保健・医療・教育・就労といったさまざまなサービスが広く点在しており、利用しにくい状況にあることから、ケアマネジメントの技術をもつ者が障害者本人のニーズに基づいたケア計画を作成し、サービス提供者と調整し、適切なサービスが提供されるよう働きかける必要がある、というものである．

このガイドラインの中では、障害者ケアマネジメントを実施するうえでの基本理念と原則がそれぞれ5つ掲げられている．

〈障害者ケアマネジメントの基本理念〉
① ノーマライゼーションの実現に向けた支援
② 自立と社会参加の支援
③ 主体性，自己決定の尊重・支援
④ 地域における生活の個別支援
⑤ エンパワメントの視点による支援

〈障害者ケアマネジメントの原則〉
① 利用者の人権への配慮
② 総合的なニーズ把握とニーズに合致した社会資源の検討
③ ケアの目標設定と計画的実施
④ 福祉・保健・医療・教育・就労などの総合的なサービスの実現
⑤ プライバシーの尊重

具体的には，ケアマネジメントは以下のようなプロセスを経て実施される．

①ケアマネジメントの希望の確認

　複数のサービスを提供する必要があると判断される時点で，障害者本人にケアマネジメントとはどのようなものであるのかを十分に説明した上で，利用を希望するかどうかの確認を行わなくてはならない．その際，聴覚障害や知的障害など，個々の障害特性に応じて，本人が安心して話せるような環境を作るなど，コミュニケーションの保障がなされなければならない．

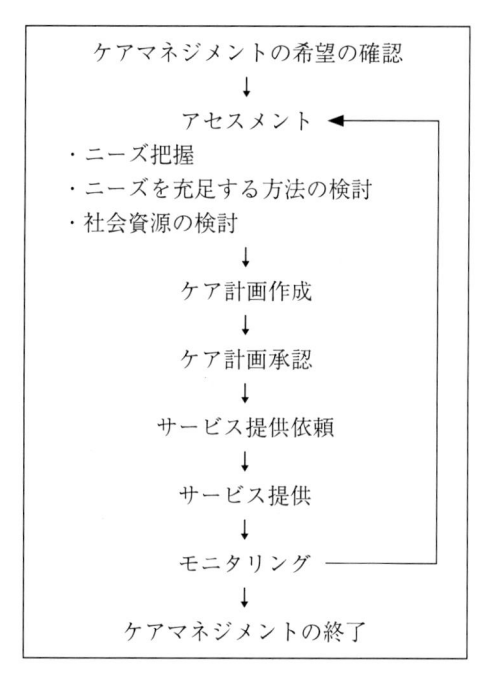

```
ケアマネジメントの希望の確認
        ↓
      アセスメント  ←──┐
  ・ニーズ把握            │
  ・ニーズを充足する方法の検討
  ・社会資源の検討        │
        ↓                │
    ケア計画作成          │
        ↓                │
    ケア計画承認          │
        ↓                │
    サービス提供依頼      │
        ↓                │
     サービス提供         │
        ↓                │
     モニタリング ────────┘
        ↓
  ケアマネジメントの終了
```

② アセスメント

　ケア計画を作成するために，利用者の希望する生活の形態や，生活上の困りごとなどを聞き，必要に応じて家庭訪問などを実施して利用者の置かれた環境をよりよく理解しながら，具体的な生活ニーズを探していく．その上で，利用者の了解を得た上でリハビリテーションや医療，福祉，就労など，さまざまな分野のサービス提供者や専門家から助言を求めるなどして具体的なニーズを確定していく．

③ ケア計画の作成

利用者と話し合いながら，おおまかな生活の流れ（一週間のスケジュールや一日の生活時間帯など）に応じたケア計画を作成していく．利用者の承認を得た上で，利用者とサービス提供者，市町村担当職員などから構成されるケア会議を開催し，計画の中身を検討し，決定する．

④ ケア計画の実施・モニタリング

実際に計画を実施する際には，利用者本人の意図に沿った援助をするよう心がけなくてはならない．ケアマネジメント従事者は，サービスが計画通り実行されているか，新たなニーズが生じていないか，サービスの内容が質的に低下していないか，利用者が満足してサービスを受けているか，などの点について定期的に確認を行う必要がある．そしてモニタリングの結果，新しいニーズが発見された場合には再度アセスメントを行い，より利用者の希望に沿った計画へと変更するなど，柔軟に対応しなければならない．

⑤ ケアマネジメントの終了

利用者がケアマネジメントを希望しなくなったとき，ケアマネジメントは終了する．また，ケアマネジメントの開始前に，利用をやめたくなったときにはいつでも自由にやめられることを伝えておく必要がある．

以上のような手順で障害者ケアマネジメントは実施される．ケアマネジメントの手法自体は，日本においては高齢者福祉の分野で以前から活用されてきたものであるが，障害をもつ人を援助する方法としては，いくつか特徴的な点があるだろう．すなわち，障害者ケアマネジメントの最大の特徴とは，障害をもつ人の望む生活の実現への支援であることだ．特に，障害者ケアマネジメントの利用者は若年層からが対象となるため，青年期や壮年期といった人生において人が最も活動的になる時期をいかに自分らしく生きることができるかが重要な課題となるのである．また，一人ひとりの価値観の尊重という意味での「生活の質の向上」をめざすものでなくてはならない．ここでいう「生活の質」と

は，主観的な幸福感，満足感を指す．人によって価値観が違うため，同じことをしても，同じだけ生活の質が高まるとは限らない．それぞれの利用者にとって大事にしたい事柄はまちまちである．それを理解し，その気持ちに寄り添う支援が必要となる．また，同様に，専門家が「障害者の生活はかくあるべき」といった既成の概念や常識に基づく生活像を押し付けるのではなく，障害者自身が自らの生活を創造していく過程への支援であることも忘れられてはならない．

3 「ニード」ではなく「願望」に基づくソーシャルワークをめざして

(1) 自立生活を支える新しい支援のパラダイム

事例では身体障害をもつ人を挙げ，その地域生活を可能にしていく条件について考えてきたが，もちろん知的障害や精神障害をもつ人も同様に，支援を受けて地域の中で暮していくことができる．特に知的障害をもつ人の脱施設化のプロセスについて研究していたブラッドレイとノールは，障害のある人の暮し方の変化にともなって，支援する専門職の側もまた，それまでとは異なるやり方で仕事を進めていく必要があることを指摘している．つまり，脱施設化は単に「住居の移転」を意味するのではなく，同時に障害のある人に対するサービス運営上の方法に関する「新しいパラダイム（方法論，理論的枠組みを指す言葉）」をともなうものなのである．

この「新しいパラダイム」の要素は，以下の4つにまとめられる．

① 地域生活優先

障害のある人が他の住民と同様に地域生活を行うことができるという信念．サービス提供者の役割は何が地域生活を困難にしているのかを特定し，それを排除することにある．

② 社会関係重視

障害をもつ人も地域の住民と同様の社会関係をもつというニーズがあり，サービス提供者の仕事は障害をもつ人と周りの人の社会関係を結び，地域生活に溶け込めるよう援助することである．

③ 個人中心的支援

現行のプログラムに人びとを合わせるのではなく，それぞれの個人のライフスタイルに合わせて計画されなければならない．計画には家族，友人，サービス提供者，権利擁護者，そして最も個人を考慮に入れたものでなくてはならない．

④ 個人による選択と管理

「専門家が一番知っている」という専門家至上主義を否定し，サービス利用者が誰とどこで住み，どのように時間を費やすのか，また彼らが望むサポートの形態を選択する権利を認めるものである．地域生活を支えるワーカーは利用者にインフォームド・コンセント（説明と同意）を保障し，有意義な選択をするために援助する．

(2) ケアマネジメントにおける専門家主義の危険性

脱施設化にともなう新しいサービス提供のあり方についての上の4つの要素の中で，ここで最も重要な点は，④の専門家至上主義の否定と，個人による選択と管理の重視である．なぜなら，この項目は地域生活の支援を行うにあたっての基本的な姿勢になるからである．

従来の入所型の施設における介護職員や生活支援員といったような専門職は，日常生活の身の回りのことについて手伝うケアワーカーとしての役割と，障害者からの相談に応じ，そこで聞き取られたさまざまなニーズを各種の社会資源とつないでいくソーシャルワーカーとしての役割とのあいだにはっきりとした線引きがなされておらず，その仕事内容の定義づけも曖昧であった．しかし，地域生活を支える際には，利用者の手足となって日常生活を支えるケアワークを主に行う介助者と，各種の相談業務と資源のコーディネート，すなわちケアマネジメントを行うソーシャルワーカー，あるいはケアマネージャーのあいだには明確な役割分担がある．

仕事の進め方をどの程度自分でコントロールできるかという仕事の自律性と

いう面からみても，入所型施設における従来の仕事に比べ，利用者との1対1の関係性の中で，利用者の話を聞きながら，どのような訴え（ニーズ）があるのかを評価（アセスメント）し，ケア計画を作って実施していくというケアマネジメントの仕事はより高いものがあり，自主的な決断を求められることも増えるのである．また，職員の仕事への満足度という面からみても，自立性や責任性が増加し，仕事への満足度ややりがいは高まるという結果が出ている．

しかしながら，地域生活支援におけるケアマネジメントの仕事において，仕事を自分自身でコントロールしていくことが従来に比べてしやすくなっている点にまた，専門家主義が入り込む危険性が潜んでいるのである．

(3) ゲートキーパーとしてのケアマネージャー

「専門家が一番知っている」という専門家至上主義とは，フリードソンがいうところの「専門家による支配」の基盤となる考え方であろう．フリードソンは，専門性は仕事に対する自律性によって定義されるとしている．だとすれば，上のように地域生活支援において，利用者とソーシャルワーカーとのあいだの1対1の関係性が基本となり，その中でソーシャルワーカーの裁量権が増大することは，「専門家による支配」を招きやすい状況になる，ということを同時に意味しているのではないかと考えられる．

対人サービスの対象者と直に接し，ある程度仕事の裁量を任されているソーシャルワーカーや教師，警察官，政府や自治体のサービスの窓口になる人たちといったような行政サービス従事者を，マイケル・リプスキーは「ストリート・レベルの官僚」と呼び，サービス受給のゲートキーパーの役割を果たしているために，対象者に対して権力的になりがちであることを警告している．これは，ケアマネジメントの例でいうなら，ある対象者が「必要である」として申請したサービスが，ストリート・レベルの官僚によって「ニーズがない」と判断され，支給されないといったようなことである．実際に，1970年代からコミュニティ・ケア改革がなされ，障害者の地域での自立生活と，それを支援

する方法としてのケアマネジメントの先進国であるイギリスでは，上のような障害をもつ人による訴えがケアマネージャーによって「必要でない」と判断され，少ない量のサービスしか支給されないこということが多く起こっているという．

自らも障害をもつ当事者であるイギリスのヴィク・フィンケルシュタインの専門職への危惧の言葉は，これから障害をもつ人の支援に携わろうとしている人は忘れてはならないものだろう．

「移動の問題はその人が歩けるか否かにかかわらず出てくる．その人が仕事をしたいと考えたとき，その人に欠陥があるから解決しなければならないのではない．その人にニードがあるからでなく，その人に希望があるから解決しなければならないのである．障害がある人は，障害があるからではなく，希望することがあるから解決策を探す．……私たちは自分たちの希望に沿って考えなければならない．自分たちの希望は評価（アセスメント）してはいけない．[4]」

ニードに基づく支援ではなく，希望に基づく支援を私たちがめざさなければならない．

注・引用・参考文献

1) 樋口恵子「日本の自立支援運動史」全国自立生活センター協議会編『自立生活運動と障害文化──当事者からの福祉論』現代書館，2001年，p.14
2) 中西正司「自立生活センターの誕生」同上書，p.33
3) 脳性まひ者のグループである「青い芝の会」は，こうした「子殺し事件」により逮捕された母親に対して減刑嘆願運動が起こったことに対する抗議を激しく行なった（横田弘『母よ，殺すな！』）
4) ヒューマンケア協会ケアマネジメント研究委員会『障害当事者が提案する地域ケアシステム──英国コミュニティケアへの当事者の挑戦』ヒューマンケア協会・日本財団，1998年，p.58

〈参考文献〉
① 全国自立生活センター協議会編『自立生活運動と障害文化──当事者からの福

祉論』現代書館, 2001年
② ヒューマンケア協会ケアマネジメント研究委員会『障害当事者が提案する地域ケアシステム——英国コミュニティケアへの当事者の挑戦』1998年
③ ヒューマンケア協会『自立生活プログラムマニュアル——改訂版』ヒューマンケア協会, 1997年
④ 北野誠一・大谷哲・西岡務編著『障害者ケアマネジメント——実践事例集』中央法規, 2003年
⑤ Bradley, V. J. and Knoll, J. A., Shifting Paradigms in Services for People with Developmental Disabilities, in Karan, O. C. & Greenspan, S. (Eds.), *The Community Revolution in Rehabilitation Services,* Andover Press, 1995.
⑥ Michael Lipsky, *Street-Level Bureaucracy,* The Russell Sage Foundation, 1980. (田尾雅夫訳『行政サービスのディレンマ——ストリートレベルの官僚制』木鐸社, 1986年)
⑦ Friedson, Eliot, *Professional Dominance : The Social Structure of Medical Care,* Atherton Press, 1970. (進藤雄三・宝月誠訳『医療と専門家支配』恒星社厚生閣, 1992年)

学びを深めるために

① 広井良典『ケアを問い直す——「深層の時間」と高齢化社会（新書）』筑摩書房, 1997年
　人間を「ケアする動物」としてとらえ, 医療・福祉の枠を超えたケアの本質を説きおこす本. 高齢化社会とケア, ケアの市場化など現代社会の重要課題も明晰に論じている.
② 古川孝順・岩崎晋也・稲沢公一・児島亜紀子『援助するということ　社会福祉実践を支える価値規範を問う』有斐閣, 2002年
　なぜ私たちは人を援助するのか. 援助という営みの歴史的社会的意味合いを説き, 援助者は「友人」たりうるか, 誰が自己決定するのか, など援助者にとって切実な問いに答える.
☞ 見学をした施設, 実習をした施設等を例にして, 施設で働く専門職の種類と役割を考えてみよう.
☞ 社会福祉の援助はさまざまな専門職によって行われているが, 専門職と利用者の自己決定との関係を援助の場面ごとに整理してみよう.

学びのオリエンテーション

当事者運動・自立生活センター・ピアカウンセリング

「必要な支援を受けながら人生の主体者として生きる」．この新たな自立観を理念として掲げた自立生活運動（Independent Living Movement）は，アメリカのバークレーから発信され，1970年代にめざましい発展を遂げていった．障害者－専門家関係における「専門家支配」に対する批判と，「問題の所在は障害者本人にあるのではなく，障害者が困難な状況になるような状況をつくり出す社会の側にある」という「社会モデル」の主張は，従来の専門家主導の身辺自立を目的とするリハビリテーションに，大きな転換を迫るものとなった．

「ピアカウンセリング」という手法を生み出したことも，自立生活運動の重要な成果だ．対等なピア（peer：同等の人，仲間）の立場で，互いに時間を分け合い，話や気持ちを聞きあう．そこでは，感情の解放を通じて，自己信頼を回復し，生活の主体者として自らの人生を歩むことへの支援がめざされる．

日本の自立生活センターでも，「ピアカウンセリング」がサービスとして提供されている．精神的なサポートばかりでなく，住宅探し・所得保障・就労など，生活に必要なさまざまな情報提供や相談も含んでいる．また，障害者が自立生活に必要な心構えや技術を学ぶ「自立生活プログラム」も積極的に提供されている．プログラムは，介助者との関係，制度を使いこなす，金銭管理など，自立生活に必要なことすべてにわたり，「障害者自身が力をつけていく場」とされる．

1996年に施行された「市町村障害者生活支援事業」の中に，「ピアカウンセリング」や「社会生活力を高めるための支援」が位置づけられた．障

害当事者のもつ力とそれまでの実績が，行政に評価された結果といえよう．2002年度には全国34か所の自立生活センターが本事業を受託（JIL年鑑2003より）し，本人の立場にたった相談窓口として，地域での自立生活の実現を支援している．

今日の福祉の理念やサービスの発展は，障害のある人びとの長く粘り強い当事者運動に支えられてきたといっても過言ではないだろう．

雨宮由紀枝（日本女子体育大学）

＊参考文献：全国自立生活センター協議会編『自立生活運動と障害文化—当事者からの福祉論』現代書館，2001年

第6章
障害者福祉の関連領域
―連携と関連性の中で―

福祉工学，アダプティブテクノロジーの効果
── K.I.さんの事例 ──

〈ケース概要〉

K.I.さん（男性）は高等学校2年在学中，クラブ活動（体操系）の事故により頸髄損傷（C6）による四肢麻痺となる．リハビリテーションを含む約8ヵ月の入院を経て，高等学校3年次に復学した．

高等学校在籍中は通学という手段により社会参加を果たしていたが，卒業後は在宅生活を継続するものの，外出をすることがなくなる．そのため，家族以外との交流がほとんどなく，週1回程度のリハビリテーションが唯一の外出であり，それ以外は自宅に「閉じ込められていた」（本人の表現）状態であり，「テレビが唯一の友だち」で，テレビを見るだけの生活を5年間続けていた．

〈コミュニケーション手段の確保〉

その後，病院の作業療法士に勧められて，パソコン通信を体験することになる．パソコン通信とは電話回線を利用して，自宅のパソコンと最寄りのパソコン通信ホスト局とを接続して，パソコンを通して電子掲示板に自分の意見を書き込んだり，書き込まれたメッセージを読んだり，電子メールなどを利用しながらコミュニケーションを図るシステムである．

K.I.さんはそれまでパソコンどころか，ワープロすら利用した経験がなく不安を感じたが，作業療法士，理学療法士，リハビリテーションエンジニアなどが協力し，本人の身体機能に応じた操作環境が実現できた．この経験が本人の生活や人生観，価値観までを変えてしまうことになる．

〈障害者・健常者の区別がない仮想空間＝電子掲示板〉

パソコン通信は限られた仲間との意見交換ばかりではなく，参加者が自由に読み書きできる電子掲示板もある．パソコン通信の利用に慣れてきたK.I.さんは一般の利用者も利用する電子掲示板にも書き込みを行い，ほとんど不自由を感じる事なく一般の利用者とのコミュニケーションを展開していった．

電子掲示板など仮想的な空間を利用したコミュニケーションをオンラインミーティングとし，その反対に現実的・物理的に会うことをオフラインミーティング（オフミ）と称している．ある時，K.I.さんが参加している電子掲示板でもオフミとしてリンゴ狩りにいくことで盛り上がった．K.

I. さんにも誘いの声が掛かった．電子掲示板の利用には健常者であろうが障害者であろうが関係がなかったこともあり，自分に障害があることをだれも知らなかった．

〈社会参加の契機となったオフラインミーティング〉

K. I. さんは電子掲示板の仲間たちに，自分が頸髄損傷による四肢麻痺であり，移動には車いすが欠かせないことや，車いすから立ち上がれないばかりか，上肢にも麻痺があるためリンゴを握ったり，食事を摂ったりすることもできないことを告白した．

しかしオフミの主催者は特別支援学校教諭であり，参加者で協力さえすればK. I. さんの参加がそれほど難しいことではないと考え，本人を説得し，家族の了解を得て（なかば無理矢理のような状況ではあったが）オフミに連れ出すことになる．

K. I. さん自身はオフミに参加するため，自分自身の介助方法を適切に伝える手段を検討した．作業療法士や理学療法士らが協力し，車いすから自動車，自動車から車いすへの移乗に必要な介助方法を写真で説明し，さらに留意事項などをまとめた介助マニュアルを作成した．

当日は早朝から主催者ら数名がK. I. さんの自宅まで行き，マニュアルにしたがって介助を行い，オフミに参加できた．受傷後，はじめて家族以外と外出する経験であった．

そして，K. I. さんはその後，自らの意思により電動車いすの交付申請を行い，公共交通機関を単独利用，パソコンの専門学校へ通い，情報系企業への就職を経験し，現在では自立生活を支援するピアサポーターとして多忙な生活を送っている．

このようにK. I. さんは，リハビリテーションエンジニアらの支援によって，特殊なソフトウェアやわずかな工夫でパソコンが使えるようになり，社会参加や自立生活につなげていくことができた．ここで大切なことは，障害者用の特殊な装置だけで自立生活が得られた訳ではなく，利用者個々のニーズや生活様式，生活環境などに応じて適切な装置を選択し，有益なアドバイスや工夫などとのセットによって効果を発揮できたのである．アダプティブテクノロジーとは単なる技術（物的資源）ではなく，支援技術者（人的資源）との組み合わせで存在することを忘れてはならない．

伊藤英一（長野大学）

1　教育と福祉との連携

1　特別支援教育体制への転換と社会福祉における改革

(1) 特殊教育から特別支援教育へ

　平成15 (2003) 年3月に，特別支援教育の在り方に関する調査研究協力者会議により，「今後の特別支援教育の在り方について」最終報告がされ，「特別な場」による教育から，「ニーズに応じた」教育への転換が提言された．これを受けて，平成17 (2005) 年12月には，中央教育審議会初等中等教育分科会特別支援教育特別委員会より，「特別支援教育を推進するための制度の在り方について」答申が出された．そして，平成18 (2006) 年6月に「学校教育法」が改正され，平成19 (2007) 年4月より，特別支援教育が実施されることになった．特別支援教育では，従来特殊教育が対象としていた児童生徒に加え，LD・ADHD・高機能自閉症等の発達障害のある人も，その対象として加わることになり，従来の盲・聾・養護学校は，「特別支援学校」へ，特殊学級は「特別支援学級」へと変わることになった．また，この特別支援学校は，小・中学校等に対する支援を行う，地域の特別支援教育のセンターとしての機能もあわせもつことになり，この特別支援教育体制をすすめるにあたっては，次の3点が重要な役割を担うことになる．

　① 特別支援教育コーディネーター

　コーディネーターは，小・中学校等および特別支援学校に配置される．その役割は，一人ひとりの子どものニーズにそって，保護者や関係機関および学校内の体制作りも含めた連絡調整を行うことにある．特別支援学校におけるコーディネーターには，地域の小・中学校等への支援も，その役割として加わる．

　② 個別の教育支援計画

　学校内における児童生徒一人ひとりの指導計画としての「個別の指導計画」は，自立活動及び重複障害のある児童生徒の教育課程においてすでに実施され

ているところである．一方，「個別の教育支援計画」は，児童生徒一人ひとりの家庭生活・地域生活全体を支援する学齢期における「個別の支援計画」である．平成14（2002）年12月に策定された「障害者基本計画」およびその前期5年間の実施計画である「重点施策実施5か年計画」において，平成17（2005）年度までに特別支援学校に在籍する児童生徒一人ひとりに「個別の支援計画」を策定することが明記された．そして，この支援計画を作成するにあたっては，上述のコーディネーターが重要な役割を果たすことになる．これにより，就学前から学校卒業後まで，地域の関係機関のネットワークによる一貫した相談支援が受けられることをめざしている（表6−1）．

③ 特別支援教育連携協議会

特別支援教育連携協議会は，都道府県レベルから障害保健福祉圏域および市町村レベルまでの部局横断型の連携組織，すなわちネットワークの形成を指している．それぞれの専門組織が，一人ひとりのニーズに応じて「個別の支援計画」における役割分担による支援ができるよう，ネットワークを構築していくのである．

(2) 「障害者自立支援法」と「個別の教育支援計画」

平成15（2003）年4月からスタートした，「支援費制度」は，利用者主体の理念のもと，「措置から契約へ」とそれまでの社会福祉制度を大きく変えた．しかし，財政的な基盤整備等の課題から，平成18（2006）年4月より，「障害者自立支援法」として，新たな制度として再出発することになった．その特徴は，利用者主体のもと，「個別の支援計画」に基づき，公平性・透明性を保ちながら，計画的に市町村中心のサービス提供をめざすことである．また，障害のある人の社会的自立に向け，就労支援に力を入れている点も重要である．サービス利用における利用者負担や地域における相談支援体制およびケアマネジメントのあり方など，いくつかの課題も指摘されているが，利用し活用していく中での改善および修正が今後必要と思われる．

表6-1　個別の教育支援計画（例）

本人	ふりがな		性別		生年月日		年　月　日生	（　）歳
	氏　名				電話番号			
	住　所	〒						
	障害名				愛の手帳		度（平成　年　月交付）	
					身障手帳		種　級（平成　年　月交付）	
保護者	氏　名				緊急連絡先			
	住　所	〒						
在籍校	東京都立		養護学校		担当教諭			
	住　所				電話番号		ファクシミリ	
前籍校等					担当教諭		電話番号	

養護学校

現在・将来についての希望
本人
保護者

支　援　の　目　標

必要と思われる支援

学　校　の　支　援

支援機関の支援

家庭生活	支援機関：	担当者：		連絡先：
	支援内容：			
	支援機関：	担当者：		連絡先：
	支援内容：			
余暇・地域生活	支援機関：	担当者：		連絡先：
	支援内容：			
	支援機関：	担当者：		連絡先：
	支援内容：			
医療・健康／教育相談	支援機関：	担当者：		連絡先：
	支援内容：			
	支援機関：	担当者：		連絡先：
	支援内容：			
	支援機関：	担当者：		連絡先：
	支援内容：			
	支援機関：	担当者：		連絡先：
	支援内容：			

支援内容の評価と課題

支援会議の記録（予定も含む）		
日時	参加者	協議内容・引継事項等

作成日　　平成　年　月　日　　＜新規・更新（　回）＞

養護学校長
作成担当

私は、以上の内容を了解し確認しました。

平成　年　月　日　　氏名

「障害者自立支援法」では，介護給付・訓練等給付のようにサービスが個人につくものと，市町村が行う地域支援事業によるサービスに大きく分かれる．そして，サービスの決定やサービスの組み合わせ等の相談支援は，市町村中心となるが，その際に重要となるのは，市町村ごとに置かれる「地域自立支援協議会」である．関係者が集まるこの会議は，これから実施されるものであるので，明らかなことはわからないが，特別支援教育体制における「特別支援教育連携協議会」とイメージが重なる．いずれにせよ，学齢期においては，「個別の教育支援計画」を中心的に作成する身近な支援者としての保護者および教員の役割が重要になりそうである．児童生徒一人ひとりが，学校生活を含めた地域生活全体を豊かに過ごせるよう，どのようなサービス・支援が必要であるのか，「地域自立支援協議会」に伝えていくことが必要である．また，比較的障害の発見が遅れがちになる発達障害のある人の支援についても，最初に気づくことが予想される学校の役割が重要となる．これらの点から，これからの学校の果たす役割は，「個別の教育支援計画」を一人ひとりの地域生活を充実するためのネットワーク構築のツールとして活用するとともに，地域におけるサービス利用の最初のケアマネジメントを担うことが期待される．

(3) 「個別移行支援計画」について

　「個別の教育支援計画」に先立ち，養護学校卒業後の社会参加を支援するツールとして開発・活用されているものが，「個別移行支援計画」である．「学校から社会へ」「子どもから大人へ」という移行期における進路指導の課題を，地域の関係機関によるネットワークによりスムーズに乗り越えられるよう考えられたものである．現在は，「個別の教育支援計画」の一部として位置づけられ，おもに卒業後に活用されるものとして関係機関には理解されている．特に，学齢期とは異なり，進路先を含め本人を支援する機関および人的資源が大幅に切り替わる時期であることを意識することが必要である．したがって，進路先決定後に改めて支援ネットワークの再構築をする必要があり，中心的な支援機

表6-2　個別移行支援計画（例）

本人のプロフィール					
氏名		フリガナ			
住所	〒				
保護者		住所	〒		連絡
出身校			担当者		連絡

将来の生活についての希望

（進路先について）：挨拶，返事，報告がしっかり出来るようになりたい．
（余暇）：カラオケや温泉に行きたい．卒業しても友達と一緒に遊びたい．
（家庭）：障害者年金がもらえるようになったら，グループホームで親と離れて暮らしてみたい．
（医療）：必要に応じて・・・

> 3年後くらいを視野に入れ，本人と保護者の希望を記入する．
> 学校で把握している本人の希望を書いておくと保護者が検討しやすい．

必要と思われる支援内容

- 挨拶返事報告のセリフを日誌の表紙につけてもらう，読み上げる練習を指導してもらう．
- 支援費を継続利用する．
- 同期会や保護者も交えた生徒同士の集まりができるよう，学校や保護者と連携して企画する．
- 福祉課やグループホームめぐりを保護者が積極的に行う．
- 障害者基礎年金がもらいやすくなるよう，学校から紹介された病院へ風邪を引いた時，何か相談があるときに行き連携を図っていく．

具体的支援

家庭生活	進路先の生活	余暇・地域生活	医療・健康	出身学校の役割
担当者： 連絡先： 内容：	担当者： 連絡先： 内容：	担当者： 連絡先： 内容：	担当者： 連絡先： 内容：	担当者： 連絡先： 内容：

> 希望が実現するために，必要と思われる助け（支援）を記入する．
> 本人の苦手なことを補ってもらう第三者の協力を検討する．
> 本人・保護者だけで考えられない場合，また，必要性が高い場合は，面談を行い検討する．
> 家庭中心に支援ができる場合は，この計画書の必要性は低くなる．
> 本人が頑張ることは，ここでは書かない．

> 具体的に支援をしてもらう機関や，現在利用している関係機関を記入する．
> 紹介が必要な時は進路より情報提供する．
> 実際に関係機関と相談した後でこの欄は決定・記入される．

備考：

私は，以下の支援を受けることを希望します．
　平成　　年　　月　　日　　　　　氏名（自筆）＿＿＿＿＿＿＿＿＿＿

※この支援計画は，関係者の合意であり，契約ではありません．

関が，学校から関係機関へと引き継がれることも重要なポイントとなる．

また，「障害者自立支援法」の施行にともない，福祉施設の機能が大きく変わったため，学校卒業後の福祉就労から一般就労への移行，保護者との同居からグループホーム・ケアホーム利用への移行等，本人・家族のニーズにそった将来設計とそれらを可能にする継続的な相談支援体制を構築していくことが求められる（表6-2）．

2 教育と福祉の連携の可能性

(1)「個別の指導計画」「個別の教育支援計画」の作成・活用による地域生活の充実

「特別支援学校」における，これからの児童生徒には，学校内の学習計画・授業計画としての「個別の指導計画」と地域生活全体を豊かに支える「個別の教育支援計画」の2つが作成され，活用されることになる．そして，この2つの計画は，学校の果たすべき機能を明らかにしつつある．

「個別の指導計画」は，学校および教員の専門性に直接つながる内容をもつ，すなわち，一人ひとりの児童生徒の教育的ニーズを踏まえた適切な指導方法が求められることになる．こうした授業における専門性の確保とそれらのノウハウを地域の小・中学校等に提供することが，今後ますます必要となる．現在，多くの学校において，外部の専門機関等の協力を得て，公開研究会・授業公開等を通じて授業改善が図られている．具体的には，障害者雇用企業・授産施設等の社員・職員をアドバイザーとして作業学習等における授業改善を図っている例や，地域の作業所・企業等の協力を得て作業学習を展開している例，PT・OT等の専門家の導入により，その助言等を「個別の指導計画」へ反映している例などがあげられる．福祉・労働・医療と学校との連携を具体的な授業づくりにおいて実践することが必要であり，保護者も含めた外部との連携が重要となる．

「個別の教育支援計画」においては，公的なサービスに加え，私的な援助・支援等も含めた，児童・生徒を中心とした支援者の役割分担が大切である．特

に，支援費制度がスタートする中で，サービス利用についてのケアマネジメントの必要性が浮き彫りとなった．すなわち，学齢期の場合は，保護者が利用申請を行うため，保護者を支えるしくみが必要になるとともに，児童・生徒のニーズを把握し伝える役割が，身近な支援者に求められるようになったからである．各学校において，保護者とともに市町村福祉課と相談するケースも多くみられており，それらが「個別の教育支援計画」の作成と関係者の支援会議による役割分担の確認および支援計画の策定につながっている事例が増えつつある．子どもの生活全体を把握し，支援やサービスを児童生徒・保護者に集めるマネジメントの役割が，これからの学校に求められる新たな機能として明確になりつつあると考えられる．

(2) 地域における社会資源として，これからの学校に求められるもの

「個別の指導計画」と「個別の教育支援計画」が，相互に関連し合いながら，児童生徒の学びや生活をより豊かにする方向で活用されることが，これからの学校の果たすべき機能として重要になる．そこで，相互の関連を具体的な場面で考えたい．

① 授業および支援方法を共有する場としての学校

学校および教員の専門性は，授業の中で発揮される．その授業において，外部の関係機関の人と児童生徒をつなぐことで，2つの計画をより機能させることが可能になるのである．従来行われてきたものは，最も身近な支援者である保護者の授業参観等であるが，ここに，障害者自立支援法における指定事業所のヘルパーや市町村福祉課の職員に参加してもらうことが考えられる．児童生徒の授業の様子をみながら，支援者間で支援方法についての共通理解や，必要と思われる支援内容について確認しあうこともできる．このような機会は，「個別の教育支援計画」における支援会議に相当する．また，高等部段階では，進路先の福祉施設および障害者雇用企業と就労支援機関等に加わってもらうことが考えられる．支援方法等についての具体的な引継ぎも含め，進路先等から

の助言により，授業内容等の改善も図ることが可能である．学校の授業（個別の指導計画）を支援者等の関係者が，児童生徒から支援方法および支援内容等を学ぶ場・役割分担をする場（個別の教育支援計画）として活用することが，これからの学校には求められるのである．

② 地域活動，余暇活動を創造する場としての学校

地域社会への参加は，学校卒業後だけではない．むしろ，就学前，学齢期において，地域社会へより多く参加していることが，学校卒業後の生活をより豊かにすると考えられる．学齢期からの社会参加を求め，PTAを中心に休日や放課後の地域活動が模索されてきている．こうした，学校外の活動，すなわち地域活動や余暇活動の場として，学校の施設や人的資源を有効に活用することが考えられる．特別支援学校は，その多くがバリアフリー施設であり，児童生徒にとっても利用しやすい面がある．学校の施設等を活用しながら，地域活動を立ち上げ，居住地に近い公共施設の利用に広げていくことも可能である．また，教職員の専門性は，活動内容への助言やボランティア等の養成にも役立つ．PTAや地域住民とともに，新たな地域活動を創造する場として，学校の機能が期待されている．

③ 特別支援教育におけるセンター的機能の発揮に向けて

このように，児童生徒および保護者とその支援者・地域住民にとって，学校が社会資源のひとつとして機能していくためには，「開かれた学校」であることが必要である．そして，それらの機能および事業等が，しっかりと活用されているか，有効な成果をあげているかなど，学校評価を受けることが必要である．そのためには，学校評議員制度を活用し，関係者の外部評価を受け，具体的に改善することが考えられる．地域におけるセンター的機能を発揮できるよう，新たな学校の役割を地域とともに考えていきたい．

② リハビリテーション医療

1 はじめに

リハビリテーション（以下リハ）医学は，臨床医学の一専門分野として誕生した．一方で，アメリカで発祥したその過程で，物理医学（physical medicine）とリハ（rehabilitation）という一見まったく異なるようにみえる2つの分野が統合された経緯から，その専門性がすっきり理解しがたい面もある．

Rehabilitation の re = again，また，habilitate = to make suitable を意味し，その目的は，患者が身体的，心理的，社会・職業的に最大のレベルにまで到達することである[1]．

2 リハ医学とは

リハ医学の範囲は，基本的に，疾患の種類にかかわらず主に身体的・認知的な機能障害をもつ障害者を対象とし，診断・評価・治療を行い，社会復帰を支援する医学的技術としてのリハである．この体系の特徴は，疾患の治療に加えて，機能を改善し，能力を最大限向上することによって障害者の生活の質：QOL の改善・維持を目標とし，その達成のため多くのリハ関係職がチームを組んで，リハ技術の利用者と相互的に作用する多面的な医療を実践するところにある[2]．

3 リハチーム

リハ医学は，多職種の専門性を統合することにより，holistic（全人的），comprehensive（包括的）治療アプローチを行うことを原則とする．

チームの構成は，医師，看護師，理学療法士（Physical Therapist：以下 PT），作業療法士（Occupational Therapist：以下 OT），言語聴覚士（Speech Therapist：以下 ST），医療ソーシャルワーカー（Medical Social Worker：以下 MSW），義肢装具

士（Prosthetist and Orthotist：以下 PO），臨床心理士（Clinical Psychologist：以下 CP），職業リハカウンセラー（Vocational Rehabilitation Counselor：以下 VRC），リハ体育指導員（Rehabilitation Gymnast：以下 RG），保健師，家族などからなる．

4 リハチームモデル[3]

① Medical Model（医学的モデル）（図6−1）

古典的な医学的治療により，医師が患者のニーズを探すモデルである．この古典的なモデルは，医療法上，責任の所在が一目瞭然である．一方で，主治医と関与する多職種との協調は難しく，不完全であることが多い．結果として，効果的リハ治療ができない場合があり，これが，医学的モデルによる患者の治療の最大の欠点である．

② Multidisciplinary Team Model（MDT model：多職種チームモデル）（図6−2）

MDT モデルは，定期的に相互の情報交換や協調を要する多職種の関与の方法である．主治医が管理し，チーム内の相互関係が主治医と多職種との間にある点は，医学的モデルと同じである．チームカンファレンスは，縦の意見交換

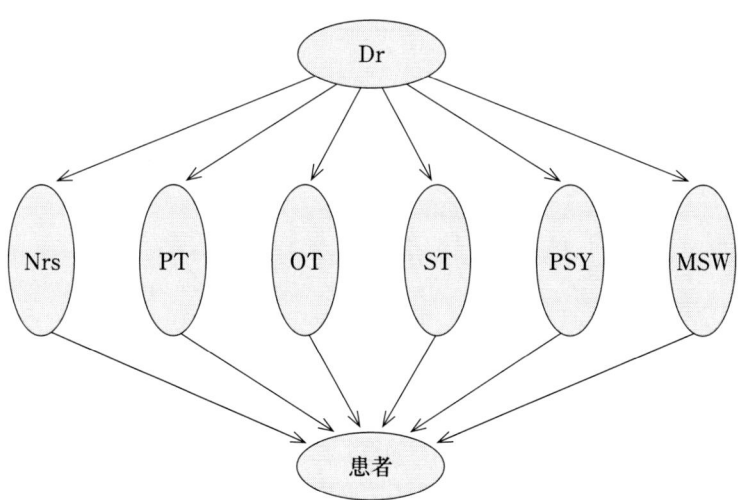

図6−1　Medical Model（医学モデル）

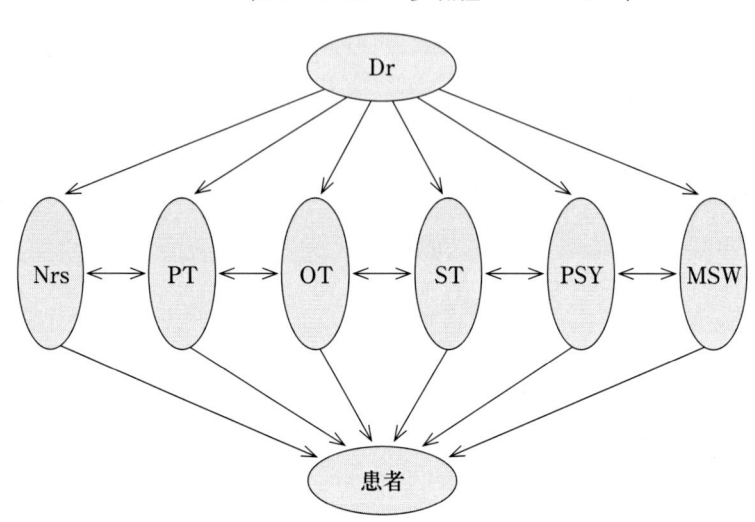

図6-2　Multidisciplinary Team Model
（MDT model：多職種チームモデル）

```
              Dr
        ↙ ↙ ↓ ↓ ↘ ↘
    Nrs ↔ PT ↔ OT ↔ ST ↔ PSY ↔ MSW
        ↘ ↘ ↓ ↓ ↙ ↙
             患者
```

が強調され，医師と多職種との議論は最小で，効率的に行われる．しかし，医師以外の多職種の横の相互の意見交換が損なわれる．

③ Interdisciplinary Team Model（相互関係モデル：IDTモデル）（図6-3）

IDTモデルは，MDTモデルにおける上下の意見交換に加え，多職種の横の意思疎通ができる．患者は治療集団の一部として，チームの中心的役割を担っている．カンファレンスは，チームのどのメンバーでもリーダーとなりえる．このモデルのひとつの目的は，自由な意見交換を許すことにあり，チームが共に向上するメリットがある．欠点は，患者の治療のためのカンファレンスに時間がかかることであるが，活発な意見交換により問題解決が促進されることで相殺されよう．

④ Transdisciplinary Team Model（相互乗り入れ，超職種モデル：TDTモデル）
（図6-4）

TDTモデルは最近発達してきたもので，多職種間の相互の乗り入れの治療を推奨する．これらは教育的モデルから発展してきたもので，経済的な側面と

図6-3　Interdisciplinary Team Model
　　　（IDT model：相互関係モデル）

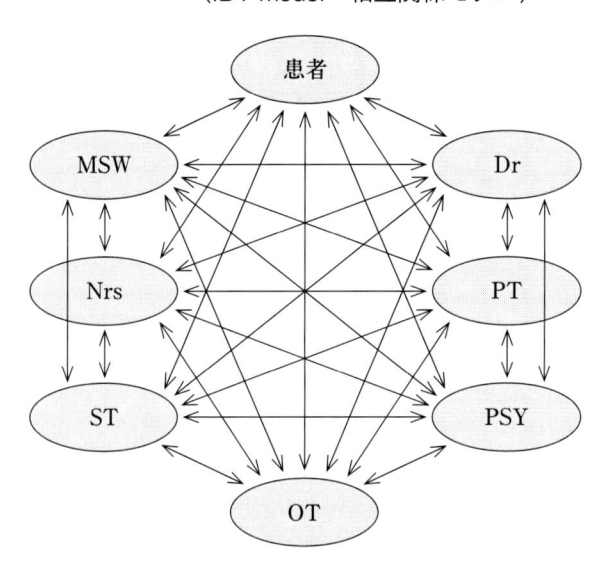

図6-4　Transdisciplinary Team Model
　　　（TDT model：超職種チームモデル）

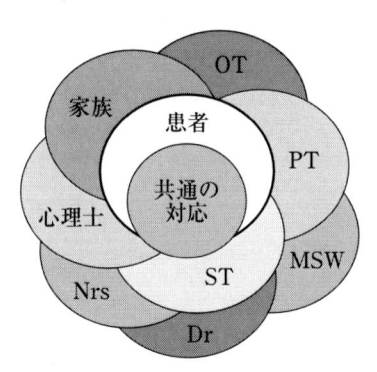

療法士の数の不足から正当化されえる．専門職と助手による相互治療，多職種の技術が必要とされるサービスの提供に有用である．また，多職種の統合のないプログラムの場合，好意的に用いられやすい．情報交換の継続と，患者を共

同で治療できることは価値があり，多職種は時に専門性を発揮し，時にgeneral therapistであることが要求される．一方で，各職種の専門性が失われる，医師が治療の流れに取り残されてしまいやすい，などの問題もある．脳外傷リハなど，長期にわたる認知教育にTDTモデルは有効である．

表6-3にリハチームの4つの一般的モデルの特徴についてまとめた[4]．どのチームモデルが最適かは，その施設ごとの事情によって異なる．これらのモデルを，その施設の特性によって組み合わせる必要がある．

表6-3 リハチームモデル（4つの一般的モデル）

名称	特徴
1. Medical Model （医学的モデル）	・医師が患者のニーズを探すモデル． ・医療上の責任の所在が一目瞭然． ・職種間の強調が困難．
2. Multidisciplinary Team Model （多職種チームモデル） （MTDモデル）	・医師と多職種の上下の情報交換や協調を行うモデル． ・多職種との議論は最小限で効率的． ・多職種間の横の意見交換が損なわれる．
3. Interdisciplinary Team Model （相互関係モデル） （IDTモデル）	・上下の意見交換同様，多職種間の横の意思疎通を行うモデル． ・多職種間の横の意思疎通をしやすい． ・カンファレンスに時間がかかる．
4. Transdisciplinary Team Model （相互乗り入れモデル） （TDTモデル）	・意見交換ばかりではなく，多職種間の相互乗り入れを行うモデル． ・包括的治療を有する認知教育に有効． ・医師が治療の流れに取り残されやすい．

5 入院リハの実際（医療・リハチームによる包括的治療）

入院リハの実際を紹介することを目的として，外傷性脳損傷によって障害を負った男性の一例を示す．以下のプログラムは，この事例をもとに解説する．

事例：32歳男性

診断：外傷性脳損傷

機能障害：四肢麻痺，高次脳機能障害

経過：バイク運転中に車と衝突し，受傷．外傷性脳損傷の診断にて，保存的に加療された．意識障害は2ヵ月間遷延した．右足根骨開放骨折，右脛骨骨折除脳硬直肢位に対して観血的手術．尖足に対して，創外固定器による固定を行っていた（図6-5）．その後，リハ病院転院．

所見：四肢体幹麻痺．左上肢失調．明らかな感覚障害なし．発語はできないが，口であいうえお模倣できる．文字板は細かいものは使用不可．摂食は左手をうまく口に運べないことがあり，耐久性が低く．食事以外はADL全介助．高次脳機能障害として，知能低下，脱抑制，記憶障害などを認めた．

(1) 診療科ごとの連携

病院におけるリハプログラム開始時には，医学的検査や治療が必要となる．合併症治療により，早期に医学的安定化を図ることは，有効なリハを行う上で重要である．この症例のような多発外傷患者では，運動障害だけではなく，多くの臓器に合併症を起こす可能性がある．①耳鼻科による気管切開孔管理，②外科に依頼しての，胃ろう造設・管理，③泌尿器科による尿道カテーテル管理，膀胱ろう造設，④内科との連携による多臓器不全の管理，⑤整形外科による尖足に対する創外固定術，アキレス腱延長術，などさまざまな診療科と

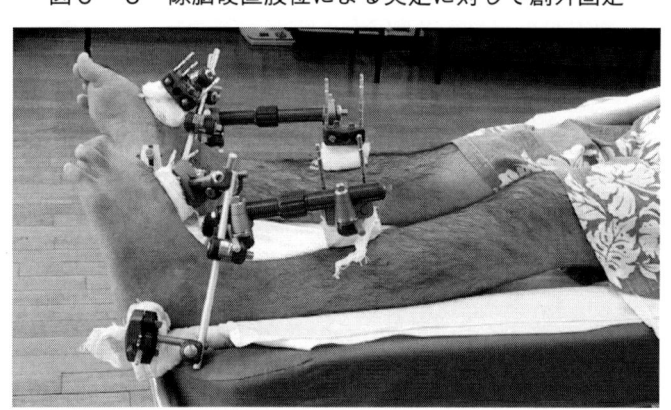

図6-5　除脳硬直肢位による尖足に対して創外固定

の連携が要求される．

(2) クリニカルパス

　患者を中心に多職種が関与するリハ医療では，それぞれが専門とする知識や技術が異なり，長期的な目標は同じでも，短期的目標や対応方法の優先順位が異なる場合が多い．このような治療を病院で行う時，チームにおいて情報を共有する手段をもち，多職種の動向を管理し，効率よく治療目的を達成するクリニカルパスが有用である．神奈川リハ病院では，脳損傷病棟に入院治療に訪れる後天性脳損傷者のうち75％が脳外傷者であることから，「脳外傷クリニカルパス」が利用されている[5]．

(3) 評価

　運動機能障害，すなわち運動麻痺や関節障害の有無と程度は，神経学的検査などによって行う．認知障害では，これに神経心理学的検査，行動評価などが加わる．

　能力障害の評価は，本人への問診や動作観察によって行う．リハ効果判定などの目的では，能力障害に着目して，Barthel Index あるいは FIM：Functional Independence Measure，FAM：Functional Assessment Measure（表6-4）など[6]のADL評価法を用いることが多い．

(4) リハプログラムの実際

　① 理学療法士（PT）
- 起立台での立位保持訓練，リクライニング車いすを用いての座位訓練．
- 四肢関節可動域および体幹の柔軟性の維持・拡大を目的に，他動的関節可動域運動やストレッチング．
- 身体的・精神的リラクセーションを目的とした身体各部位のマッサージ．

表6-4　能力障害の評価
Functional Independence Measure (FIM) と Functional Assessment Measure (FAM)

7段階評価
7　完全自立　　（動作を時間内に，安全にできる）
6　修正自立　　（動作に時間がかかったり，道具の使用が必要なことがある）
5　監視・監督　（きっかけ，うながし，誘いなどが必要）
4　最少の介助　（自分で75％，あるいはそれ以上行う）
3　中等度の介助（自分で50〜74％行う）
2　最大の介助　（自分で25〜49％行う）
1　全介助　　　（自分で25％以下を行う）

FIM 項目	FAM 項目
食事	嚥下
整容	自動車移動
入浴	市街地移動
上半身更衣	読む
下半身更衣	書く
排泄動作	言語明瞭度
排尿管理	情緒
移乗（ベッド・いす・車いす）	就労能力
移乗（便器）	見当識
移乗（浴槽）	注意
移動（歩行・車いす）	安全判断
移動（階段）	
理解	
表出	
社会的交流	
問題解決	
記憶	

注：Functional Independence Measure (FIM) は，アメリカの Uniform Data System for Medical Rehabilitation (UDS) で採用されている ADL に関する18項目，7段階の評価である．FIM には障害を診断する力は乏しいが，身体的介助に必要な時間数と関連性が高く，介護システムの作成や管理の目的でも利用される．
Functional Assessment Measure (FAM) 項目は，認知，行動，コミュニケーション，社会参加などの12項目から構成されている．FIM に FAM を加えた合計30項目の評価は FIM+FAM と呼ばれ，施行するのに35分程かかる．FAM が FIM 以上に感度が高くなるのは，急性期後のリハビリテーション（postacute rehabilitation）場面と考えられている．

② 作業療法士（OT）

- 頸部，肩，上肢の緊張，痛みの軽減．
- 車いすでの座位と肢位の安定を目的として，テーブルの作製．

- ナースコールのスイッチを患者が自力で使用できるように，スイッチの形状およびベッドへの固定法を担当看護師と検討．
- 車いすベッド移乗時に使用するリフターの選択，家族への介護指導．

③ 言語聴覚士（ST）
- 失語症の有無を判定する目的で，トークンテストや語の流暢性検査を行う．
- 失語症が疑われた場合，詳細な評価を標準失語症検査やWAB失語症検査で行う．
- 構音障害や発声障害が重度の場合，アイコンタクトやコミュニケーションノート，文字盤などを用いたコミュニケーション訓練．

④ 臨床心理士（CP）
- 知的レベルの評価を目的とした，認知症の検査，知能検査など．
- 高次脳機能障害の評価を目的とした，神経心理学的検査，行動評価．
- 記憶や見当識の代償手段として，メモ帳やスケジュール表の活用．
- 本人にわかりやすい環境を整える，環境の構造化．
- 家族の介護負担感からくるストレスに対するカウンセリング．

⑤ 医療ソーシャルワーカー（MSW）
- 受傷原因となった交通事故の処理状況の調査．
- 休職期間，休業補償，復職の可能性など環境調整．
- 障害者手帳，障害者年金，介護保険制度についての説明．
- 就労援助機関の紹介．
- 地域で利用可能な社会資源の紹介．

6 地域との連携

(1) 環境調整

　リハビリテーションは，機能障害に対する直接的訓練や代償手段獲得だけでなく，患者を取り巻く環境への働きかけが重要である．

　以下，重度脳損傷による四肢麻痺，高次脳機能障害をかかえた患者が電動車

いすで大学生活を送る際の環境調整例を紹介する．

①食堂の出入り口を自分で開くことができなかったため，大学側の配慮で，入り口の横に車いすマークとインターフォンの設置がされた（図6－6）．

②テーブルの座席の横に車いすマークのポールを設置し，障害者のスペースであることを明示した（図6－7）．

図6－6　車いすマークとインターフォンの設置

図6－7　障害者のスペースの確保

(2) 地域リハ（クラブハウス「すてっぷなな」）

　リハは，当然のことながら病院で終了するものではなく，地域密着型の活動もその重要な支援のひとつである．筆者が嘱託医を勤める横浜市のクラブハウス「すてっぷなな」（障害者地域作業所）の活動を紹介する．2004年4月に開設され，交通事故や転落等による外傷性脳損傷やさまざまな疾患によって高次脳機能障害となった人びとの支援を目的としている．活動日は月曜日から金曜日，午前10時から15時，活動内容は ① 犬用クッキーの製作・販売，② 印刷受注業務（パソコン入力，印刷），③ 公共の乗り物を利用した外出，④ 調理実習，などである．ここで行われていることは，必ずしもゴール指向型のリハではない．利用者が生き生きと過ごすことができ，もう一度自分らしさを取り戻す場所，そして，次の目標につながるような場所「ステップ」であることをめざしている．支援者は専門職である作業療法士（OT），社会福祉士，リハ医が関わっており，このことから，リハ医療の実践は必ずしも病院の中のみで行われるのではなく，広く地域との連携のもとに成り立っていることがわかる．

7　おわりに

　リハチームアプローチは，職種ごとに行われる専門的訓練を前提として，家族も含めたチームに関わる全員が，可能な限り統一した対応を継続し，共通の目標を達成することが必要である．そのためには，医療，福祉，労働，教育といった広い分野での円滑な連携が必要となる．今後，多分野の連携がTransdisciplinaryに行われていくことが期待されるが，その中でリハ医療の果たすべき役割は大きいと考える．

③ 障害者の就労支援制度と課題

1 現在の雇用・就労支援制度

障害者の雇用・就労支援制度は，福祉的就労（援護就労），雇用促進制度（一般就労確保）に大きく分けられる．全体の構成と機関・施設は表6－5の通りである．

表6－5　雇用・就労支援制度

福祉的就労―　A　一般就労に準ずる：授産施設・労働センター（通所，入所）
　　　　　　　　　　　　　　　　　　福祉工場，職親制度
　　　　　　B　生き甲斐・参加型：共同作業所
　　　　　　専門職的支援：ジョブコーチ
　　　　　　　（援助付き雇用の担い手であり，障害者に付き添って仕事や訓
　　　　　　　練をサポートし，また職場内の人間関係の調整など，きめ細か
　　　　　　　な援助にあたる専門職）
　　　　　　支援機関
　　　　　　　ハローワーク（公共職業安定所）
　　　　　　　独立行政法人高齢・障害者雇用支援機構
　　　　　　　　（広域センター，地域センター，支部）
　　　　　　　国立職業リハビリテーションセンター
　　　　　　　　（設置：厚生労働省　運営：高齢・障害者雇用支援機構）
　　　　　　　障害者職業能力開発校（職業能力開発法）

雇用促進制度（就労確保）
　障害者雇用促進制度の方法
　　A．割当雇用制度：雇用主に一定数の，またはある割合の障害者を雇用するこ
　　　　　　　　　　とを義務づける形のもの．日本，韓国，ドイツ，フランス，
　　　　　　　　　　オーストリアなど．
　　B．保護雇用：障害のために，通常の一般雇用の条件のもとでは雇用されない
　　　　　　　　人びとのために，特別な条件のもとで提供される雇用形態（企
　　　　　　　　業が取り入れている地域は多い）．
　　C．差別禁止による雇用促進（差別禁止アプローチ）
　　　　　　　　：障害者差別禁止の法制度によって，公的機関，民間企業問わず，
　　　　　　　　雇用の面での差別も禁止することによって，障害者の雇用をす
　　　　　　　　すめる．アメリカ，イギリス，オーストラリアなど．

まず,「福祉的就労」(援護就労)は,福祉施設や小規模作業所や職親雇用等で働くことである.「援護就労」の場では働くことを核にした生産活動と生活指導を受け雇用就労をめざすことが目的であるはずなのだが,現実的にはステップアップの機会すら与えられないのが現実であり,施設は通過施設であるはずが停滞し,利用者は長期にわたり低賃金労働(月1万円程度)に従事せざるをえない状況がある.

各施設ではユニークな取り組みを展開し高工賃(月5万円)をめざす努力をしているところもあるが,逆に「雇用就労」に進まない人たちが多くなってきていることも現実としてある.

2 日本の雇用促進制度

わが国の障害者雇用促進制度は,「障害者の雇用の促進等に関する法律」である.この法律は公共団体,民間企業に一定の割合で障害者を雇用するよう義務づけている(現在の雇用率は,表6-6の通りである).1960年の制定当時は,強制力はなかったが,1976年改正で,身体障害者雇用納付金制度を導入し,雇用率を達成していない企業などに納付金納入を義務づけたのである.また一方,雇用率を達成している事業者には助成制度を定めている.

「障害者の雇用の促進等に関する法律」では,その対象を身体障害,知的障害,精神障害とし,「長期にわたり,職業生活に相当の制限を受け,又は職業

表6-6 「障害者の雇用の促進等に関する法律」に基づき定められた雇用率
(平成10年7月1日以降適用)

民間企業	一般の民間企業	1.8%
	特殊法人等	2.1%
国及び地方公共団体	国,地方公共団体	2.1%
	一定の教育委員会(注)	2.0%

(注)都道府県に置かれる教育委員会,その他厚生労働大臣の指定する教育委員会.
資料:厚生労働省

生活を営むことが著しく困難な者をいう.」(同促進法第2条1より)としている.この三障害のある人が対象になるが,雇用率の計算の実際は,法定雇用障害者数＝(企業全体の労働者数－除外率相当数)×障害者雇用率となっており,業種毎に除外率が定められていることに注意をする必要がある.

3 就労支援センターにおける実践

(1) 就労支援センターとその役割

　障害をもった方が地域で働き暮らすことを支援する機関として,就労支援センターが作られている.

　国レベルでは「障害者雇用支援センター」が,都道府県では,地方自治体でも国の「障害者プラン」を受けて「障害者就労支援センター」が各地域で立ち上がってきた.

　東京都では2000年に「区市町村就労支援事業」として各区市町村に設置され始め,2007年5月には23区全区に設置され市町村においても半数近くが就労支援機関を置いている.運営については直営と民間があり,社会福祉法人,社会福祉協議会,NPO法人,社会福祉事業団等とさまざまな形態で運営している.

　就労支援センターは障害をもった人が地域で就労生活を継続していくための核となる機能をもち,就労相談から就職の援助,定着の支援を行う場として地域の就労のネットワークの中心であることは共通している.就労支援センターは障害者へのかかわりのみではなく,企業に対しても,障害者雇用を行うにあたり,どのような仕事があるのか等職務分析を行ったり,ジョブコーチとして受け入れ時にかかわることで,単に企業の良識に任せるだけでなく,積極的に支援の大切さを企業に理解をさせていくことも大事なことである.

(2) 就労支援の意義

　本来の就労支援とは,就職までの支援だけではなく,雇用された後の継続的

かつ専門的支援が大事であり，就労支援機関ではまず就労を希望される方やご家族または支援者の人びとに直接お会いして，本人が何を望んでいるのか適格に理解することが大切である．適切なアセスメントがなされるかどうかは，その後の職場開拓や職場支援の成否に大きな影響をもたらす．本人がどんな仕事をしたいのか，通勤のこと，苦手なこと，セールスポイントにもなる得意なことをしっかりと把握しできるかぎりの情報を提示して，本人に適した就職先を探すことが重要である．

(3) 就労支援の流れ
① 支援計画の作成

就労に向けて支援計画を作成している．支援計画は，本人やご家族との共通の場面で話し合いをし，1つひとつ細部にわたり確認をとりつつ就労までの計画を立てることが大切である．常に働く意欲の確認を意識し，短期間の職場実習の経験がもてるプログラムを考えたり，就労している障害者の職場を訪問したり話を聞く機会をもったりして本人の就労意欲を高めていくことである．

② 職場開拓と職場実習

仕事を探すのはハローワークの仕事．その通りだが，待っていたのではなかなか進まない．求人情報雑誌や折り込み広告にも常に目を通しアプローチしたり，定期的に何度もハローワークを訪れ情報を得たり，攻めの姿勢で職場開拓をしていかなければならない．

仕事に人を合わせるのではなく，人に仕事を合わせるという視点をもつこと，求人についてもこちらからセールスにいくこと，ジョブコーチ制度や活用も含めて関係機関のサービスを企業に伝えることが重要なのである．

実習を受け入れてくれる企業には助成金制度や障害者雇用のノウハウをきちんと伝えて安心して受け入れていただく土壌を作る．実習先へは，適切な職務の選択や仕事の組み立てをアドバイスしてミスマッチを防ぐ．ジョブコーチとして導入期のかかわりをもつことで企業の負担が軽減されるし，障害者を受け

入れる職場の人間関係を円滑に進めることができる．サービス内容については長期的にも可能であり，企業の経費はかからないことも説明する．

③ 採用

採用がめでたく決まった時点から企業との長いお付き合いが始まる．会社の了解のもと雇用契約にはできるだけ立ち合わせてもらうことも大事である．

雇用契約書の中身を障害者にわかりやすくきちんと伝えるとともに，両者の間に立ちきっちりと内容を確認して契約を取り交わす．会社によって手順や方法はまちまちだが，基本は抑えておかねばならない．

採用に当たっては個々の育成や研修のプログラムを立てるが，支援側は継続的な支援を約束しなければならない．

雇用の形態は一般と同じで，正社員，嘱託，アルバイト，パート等いろいろあり，就労形態もフルタイム，パート，短時間勤務，在宅勤務などさまざまである．企業側は雇用率に反映される一定の条件を満たす必要があり，どのような雇用形態が良いのかのアドバイスも必要になる．

④ 定着支援

就労支援の原点は何かと問われれば「守ること」に尽きる．障害をもった人が街の中で働き，暮らしていくプロセスの中で，突き放したり，ぎりぎりまで手を出さずに見守ったり，すべて受容したり，さまざまな支援方法を展開しながら，最後は見守りに入る．「見守りの支援」このことが支援の基本である．

そして，その支援はエンドレスの支援でなければならない．私たちの一方的な事情で支援を打ち切ってしまえば，彼らの就労もすぐに終焉を迎えてしまう危険性が高い．その意味でも定着支援こそが重要であり支援の濃さが問われる．

支援内容はそのケースによって訪問頻度も違ってくるが，より多く出かけることが望ましい．何も問題がないとついつい足が遠のいてしまうが，逆にいえば何も問題がないということが問題であるという認識が必要である．定期的に会社を訪問することは，本人と会うこと以上に，企業に支援機関が常に後ろにいることを知らせることに意味がある．

⑤ 離職・転職時支援

離職については傷ついた心を癒し，再び就職をしようという気持ちをもち続けるための離職のかかわり方（企業・就労者両方の）が大切である．

障害をもっている人たちでも，やりたい仕事へのチャレンジや条件面の改善を求めて転職を考えるのも普通のことである．しかし残念ながら，どの支援機関も転職を積極的に勧めるほど企業の受け入れができていない現実がある．「大変だけどもう少し頑張れ」という，過酷な言葉しかでてこないことが問題である．

また，今まで社会に貢献してきた高齢の障害者の人びとのための受け入れ施設の整備もあわせて必要になってくる．

4 「がんばって」といわなくて良い支援体制の確立をめざして

最近の福祉的就労の場が拡がり充実したことは，それ自体大変喜ばしいことである．しかし，その結果として本人も家族も就労という選択肢を捨て，友だちもたくさんいて，楽しい行事もあり，保護された環境で安心して暮らせる場として施設を選ぶ傾向にはないだろうか．

本来はどの施設もすべて彼らにとって通過の場であるべきだと考える．

障害者が，就労をして稼いだお金を使って生活をするという当たり前の営みを送ることができるように，その実現のための支援体制が不可欠である．

支援する私たちが頑固なまでに「就労にこだわり続けること」そのことが今，求められていると考える．私たち支援者が就労を諦めてしまったら，施設に暮らす人たちは企業就労そのものを意識することもなく終わってしまう．それゆえ，こだわり続けている．

Mさんが残してくれたもの

桜の咲き誇る4月Mさんの突然の死を知らされた．亡くなった日も朝の食事を終え勤務に向かうためテレビで出勤時間の7：00の数字が並ぶのを待ってい

たそうである（本人は時計が分からないので）10分過ぎても部屋から出てこないので心配して父親が行ったところ座ったままの状態で息をひきとっていたとのこと．病名は「心肥大」だそうで太りすぎが原因であった．彼はとても心優しく，照れ屋な人だった．長男としての自覚が強く，数年前に母親が転んで骨折してからは，自宅にいる時は母の入浴や夜中のトイレの付き添いを彼は進んでやっていたらしく，母親のことを心配して，そのストレスを食べることで発散していたようで，最近は体重が増加をしていたという．

私が，彼と出会ったのは26年前，彼が27歳の時だった．当時作業の中心は「箱作り」，力持ちで完成した箱をトラックに積み込むのが彼の仕事だった．天井まで届くくらい持ち上げる時の得意そうな表情はとても颯爽として素敵だった．そうだ！この仕事なら働けるのではと考えて早速，受注先の会社に1ヵ月の実習を依頼したところ快く引き受けてくださり，トラックに乗っての納品や材料運びをやらせていただいた．

会社のユニホームを着て毎日作業所にやってくるMさんの，作業所ではみたこともない生き生きとした表情が印象的だった．実習が終わり，作業所へ戻そうとしたとき彼は猛反発をした．家族はようやく入れた作業所を辞めることは絶対反対で就職なんて無理という考えだった．彼は会社で働きたいという意思が強く，自分の部屋に篭城して徹底抗議に出た．何日か続き，とうとう親も会社も彼の願いを受け入れてくれ晴れて就職をした．私たち，支援者にとっても一番厳しい関門であった親の説得も彼自身で開いてくれた．このことは施設から企業へと育っていった人たちや私たちにとっても大きなことだった．

彼の26年間はけっして順風ではなかった．大きな問題だけでも3回あった．1回目は「小火事件」である．自分の気持ちを言葉で表すことが苦手な彼は追い込まれると暴走してしまうことがあり，その時も注意されたことが不満で，もっていたライターで衝動的に紙に火をつけてしまった．2回目は仕事に使う大きなカッターナイフを振り回し材料を切り裂き大暴れ，私が飛んでいきなだめたりした．3回目は工場が移転することになりとても通いきれないところだ

ったので万事休すと思ったら，何と，毎日本社から車で送迎してくださることになり働き続けることができた．本人の努力もさることながら，26年間にわたり彼の就労生活を支えた会社に感謝の気持ちで一杯である．私たちがまだ今のように知的障害者の就労が語られない時に，暗中模索の中で作業所の役割は通過施設であり続けること，彼らにとって就労は社会自立に向けての最大の手段であると考え行動し始めた時代，M君をはじめ多くの人が企業就労へと歩き始めた．M君との接点の中で彼から教えられたことの大きさを強く感じている．

通夜の席で彼の姉が「Mはとっても幸せでした．重い障害をもっていたけれど，皆さんの暖かい指導のお蔭で企業で働く事ができ，普通の人以上に充実した53年の生涯でした.」という言葉にとても心温まる思いがした．

彼は，毎朝，自転車で10分くらいかけて通っていた．満面の笑顔で毎日会う人に挨拶を交わしながら，疾風の如く走り過ぎる姿が目に焼きついている．

障害をもった人たちが自分の生まれ育った地域の中で見守られながら暮らすことの大切さをM君は私たちに教えてくれた気がする．就労支援とは何か，原点を再確認させられた．

長い間，障害をもった方々の就労のお手伝いをさせていただき，いつも感じることは，私たち支援者の不用意な言動がいかに彼らを傷つけていること，そのことに気づかない支援者が多いことである．そもそも，「がんばれ」は人に命令する事である．励ましや応援のために使っているのだろうが，それは，おしつけがましいことになってしまう．

会社訪問の際などに「がんばれ」以外なんと言えば彼らが傷つかないのだろうかと考えた時「しっかりやろうね」「楽しくやろうね」「いい仕事をしようね」等々いろんな言葉があるだろうが，これだという言葉がみつからない．

がんばっている彼らに，がんばらなくてもそのままの貴方でじゅうぶんだよ．そんな気持ちを少しでも伝えるためにも優しく微笑んで別れたいと思っている．

精一杯，今をがんばっている彼らに代わって，福祉の画一的になりがちな支

援ではなく，個々の社会自立に向けて支援していきたい．

④ 福祉用具と支援技術

1 はじめに

　表題の「福祉用具」はなじみのある用語でも，「支援技術」はあまり耳にされたことはないと思う．支援技術とは，米語の Assistive Technology を邦訳するにあたって創られた造語である．リハビリテーション工学や福祉工学などの範疇と考えられるが，はっきりとした定義は見あたらない．

　リハビリテーション工学や福祉工学とは，肢体不自由者，視覚障害者，聴覚障害者およびその他の機能障害のある人が全人間的な復権をするプロセス（リハビリテーション）における問題を科学的原理と工学的方法論の面から貢献しようとする支援を指している．その主な対象領域を図6-8に示す．

　本項では，そのリハビリテーション工学や福祉工学の範疇のうち，特に障害者の肉体的，感覚的および認知的能力を高めるため，もしくは彼らの自立生活

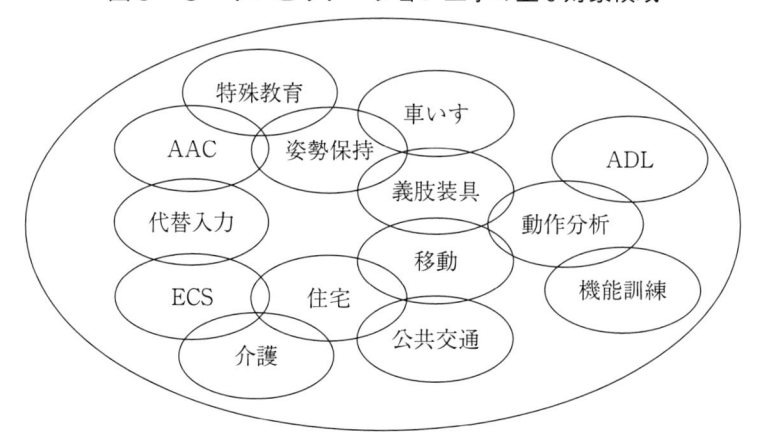

図6-8　リハビリテーション工学の主な対象領域

を支援するために用意する個人向けの特別な装置やそれに必要な技術サービス全般を支援技術とする．そして，支援技術という観点から福祉用具を考えるための重要な視点について述べる．

2 福祉用具

福祉用具とは福祉機器とほぼ同じ概念であり，類する用語としてはリハビリテーション機器，介護機器，高齢者用機器などがある．福祉用具という用語を使用する理由のひとつとして，1994年に制定された「福祉用具の研究開発及び普及の促進に関する法律」（通称「福祉用具法」）がある．その福祉用具法では，「福祉用具とは，心身の機能が低下し日常生活を営むのに支障のある老人又は心身障害者の日常生活上の便宜を図るための用具，機能訓練のための用具及び補装具をいう」と規定している．そして，福祉用具の目的は，「日常生活上の便宜を図るため」と「機能訓練のため」とし，そのための「用具ならびに補装具[7]」を「福祉用具」と規定している．従来，補装具は身体障害者福祉法にその種目が規定され固定化されていたため，科学技術の進歩や障害者のニーズに対応することが困難であった．障害者自立支援法では，補装具の種目については別に基準を定めることで，従来の問題点を改善している．基準による補装具の種目を表6-7に示す．

このように広い範囲をカバーする福祉用具には目的別や型式などによる，さまざまな分類方法がある．たとえば，国際福祉機器展[8]では，「移動機器」「ベッド用品」「入浴用品」「トイレ・おむつ用品」「日常生活用品」「コミュニケーション機器」「建築・住宅設備」「施設用設備・用品」「その他」と，利用者の用途に応じた分類となっている．また，㈶テクノエイド協会による福祉用具情報システム[9]では，「治療訓練用具」「義肢・装具」「パーソナルケア関連用具」「移動機器」「家事用具」「家具・建具，建築設備」「コミュニケーション関連用具」「操作用具」「環境改善機器・作業用具」「レクリェーション用具」「その他」と，用具が果たす機能により分類されている．

さらに，大きな福祉用具の分類としては自立用と介護用という区分がある．一般的に国内では，福祉用具というと介護機器や介護用品を思い浮かべられることが多い．この介護機器や介護用品とは，主たる利用者が介護者であり，介護者の負担軽減や効率を高めるための器具が多い．たとえば，移乗介助に利用

表6-7　補装具の種目

1．義肢：殻構造義肢
　　上腕義手，肩義手，肘義手，前腕義手，手義手，手部義手，手指義手，股義足，大腿義足，膝義足，下腿義足，果義足，足根中足義足，足指義足
2．義肢：骨格構造義肢
　　肩義手，上腕義手，前腕義手，股義足，大腿義足，膝義足，下腿義足
3．装具
　　下肢装具，靴型装具，体幹装具，上肢装具
4．座位保持装置
5．その他
　(1)盲人用安全つえ（普通用，携帯用）
　(2)義眼（普通義眼，特殊義眼，コンタクト義眼）
　(3)眼鏡（矯正眼鏡，射光眼鏡，コンタクトレンズ，弱視眼鏡）
　(4)補聴器（標準型箱形，標準型耳掛形，高度難聴用箱形，高度難聴用耳掛形，挿耳形(レディメイド)，挿耳形(オーダーメイド)，骨導型箱形，骨導型眼鏡形）
　(5)車いす（普通型，リクライニング式普通型，手動リフト式普通型，前方大車輪型，リクライニング式前方大車輪型，片手駆動型，リクライニング式片手駆動型，レバー駆動型，手押し型，リクライニング式手押し型）
　(6)電動車いす（普通型（4.5km），普通型（6km），手動兼用型，リクライニング式普通型，電動リクライニング式普通型，電動リフト式普通型）
　(7)座位保持いす
　(8)起立保持具
　(9)歩行器（大輪型，四輪型（腰掛つき），四輪型（腰掛なし），三輪型，二輪型，固定型，交互型）
　(10)頭部保持具
　(11)排便補助具
　(12)歩行用補助つえ（松葉づえ，カナディアン・クラッチ，ロフストランド・クラッチ，多点杖，プラットホーム杖）
　(13)重度障害者用意思伝達装置

注：補装具の種目，購入又は修理に要する費用の額の算定に関する基準（平成18年9月29日厚生労働省告示第528号）．厚生労働省法令等データベースシステムにより検索可能 [http://wwwhourei.mhlw.go.jp/hourei/index.html]

するリフターや，排泄介助の負担軽減のためのおむつなどである．しかし，本項では支援技術という身体能力を向上させたり，自立を支援したりすることが基本となることから，どちらかというと障害者自身が利用するための装置や用具という意味が強くなる．次に，障害者自身の意志により操作し，自己決定や自立を助けるための支援技術について，内容とその考え方について概説する．

3 支援技術

福祉用具に関与する専門家（職種，資格）としては，理学療法士や作業療法士，言語聴覚士，義肢装具士，リハビリテーションエンジニアなど医学的リハビリテーションにおけるパラメディカルスタッフや，福祉用具プランナーや福祉住環境コーディネーター，介護支援専門員などの社会福祉関連職種などがある[10]．

これらの専門家には福祉用具を有効に活用させるための，用具の選定，使用およびその取扱い方などに関する専門知識やノウハウが必要となる．たとえば，福祉用具プランナーの業務内容は，①福祉用具に関する一般的相談，②福祉用具プランの作成，③福祉用具の利用支援，④福祉用具適用後のモニター・再評価，となっている．

つまり，福祉用具の知識だけではなく，ニーズや目的が多様な生活者としての障害者を対象とすることから，さまざまな技術が必要となる．しかも，社会サービスの一環となるこれらの支援は，利用者の身体機能や意識，目的，環境，経済状況など多くの変数をもつ多項式の解を，利用者に最も適するというひとつの条件のみによって導くことを求められている．これが支援技術の難しさなのである．

福祉用具の研究開発が進んでいるアメリカでは，TechnologistやCompu Mentor[11]と呼ばれる支援技術者による支援情報の蓄積があり，具体的な支援手順や機器情報[12]などが多く存在する．一方，学術的なアプローチとしては大学や研究機関における支援技術の標準化[13]や先端技術の応用という展開が多い．

アメリカでの支援技術に関連した福祉用具の研究開発は1970年代に始まっ

たといえる．アポロ計画の終焉とベトナム戦争の終結が重なり，多くのNASA[14]の科学者や技術者が，傷痍軍人らの補装具や生活支援機器の研究開発へ異動したと考えられる[15]．

また，この分野における研究開発はNIDRR[16]の策定する体系的な研究予算配分に基づき実施され，それぞれの専門家（大学・業界団体等）により組織的に行われている．TECH法[17]，および利用支援技術法[18]で求められている各州において利用者などに提供するべき利用支援技術に関するサービス等の情報もNIDRRが一括して収集・提供している[19]．

これら支援技術における重要な事項でもある人材育成として，例年全米各地でセミナーや会議が開催されている．特に毎年開催されているCSUN[20]やCTG[21]が開催するセミナーと機器展示は規模も大きい．またATA[22]などのような地域で活動しているNPO[23]の支援活動も盛んになってきている．また，RESNA[24]には支援技術者に対する認定制度があり，人材育成にも積極的である．

日本では1960年代後半より，医学的リハビリテーションにおける工学技術の応用という観点から，工学技術者がリハビリテーションセンターなどに勤務し，研究開発という視点から障害者に対する技術サービスを展開している．その範囲も多岐にわたっている（図6-8参照）．

近年の情報化にともないコミュニケーションや余暇の手段としてコンピュータを利用することが多くなってきた．そのため，e-Japan重点計画[25]以降，厚生労働省や経済産業省，総務省などが競うように障害者に対するIT活用のための方策を練っている．一方には，個人的・地域的な支援としてのパソコン・ボランティア（パソボラ）という活動がある．これは障害者のコミュニケーション手段やさまざまな活動に用いるコンピュータの活用支援をボランティアとして提供するものである．具体的には，利用者のニーズや用途，環境，操作手段に応じて，パソコンを調整・改造したり，適切な用具や装置の選択に助言したりしている．日本障害者協議会情報通信委員会では，地域に分散しているパソボラ組織同士の相互の情報交換を目的としてパソコン・ボランティア・カンフ

ァレンスを開催してきた.しかし,これらの地道で個人的・地域的な活動に対する公的な支援策は充実しているとはいえない.

4 支援技術の重要な視点

コミュニケーションエイドやパソコンなど技術的な専門知識を必要とする分野では,医療あるいは福祉専門職はリハビリテーションエンジニアやパソボラなどと協力して支援を展開することは必要である.しかし,専門職だからといって技術的なことを避けていてはニーズの把握すらできないことになる.利用者の要求(デマンド)から,必要項目(ニーズ)を読み取るためには,環境の把握から技術的な動向,選択可能な機器などの技術的要素の把握も必要である.

重度の運動機能障害をともなう肢体不自由者の全介助に近い日常生活において,わずかな事柄であっても自分の意志により実行できるということは自立生活として位置づけられる.たとえば,高位頚髄損傷による四肢まひ者の場合,呼吸などのわずかな運動機能により身の回りの家庭電化製品(家電)を操作するための装置として環境制御装置(ECS:Environmental Control System)がある.1980年代に国内で開発された当初は,呼鈴やラジオ(電源,音量,選局),テレビ(電源,音量,チャンネル),電話機,電灯,電動ベッドなどを操作できた(図6-9参照).

今日ではオーディオ製品や,テレビ,ビデオ,DVD,照明設備,エアコンなどの多くはリモコンで操作するようになった.そして,高機能化が進んでいることからリモコンのボタン数も多くなり,ECSの項目数が100チャンネルを越えるような製品もある.このため,利用者のニーズからどのようなシステムが適しているのかを判断するには技術的な知識も必要である.

また,新しい技術分野は,一般常識や社会通念だけでは判断できないことも意識しておく必要がある.たとえば,食事介助ロボットというものがある.利用者自身が食べたいものを指定し,スプーンのついたロボットアームが目的の食物を口の近くまで運ぶ.ロボット(機械)が食事を介助することに嫌悪感を

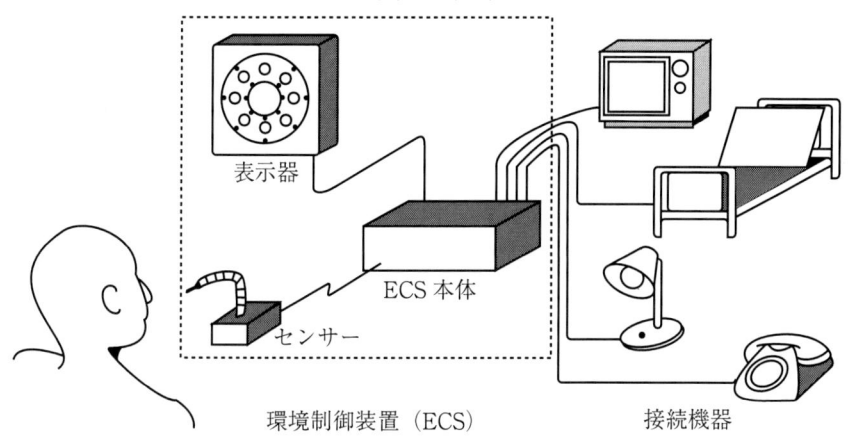

図6−9　環境制御装置の概念図

環境制御装置（ECS）　　　　　接続機器

抱く人は少なからず存在する．しかし，利用者個々の価値観や生活環境によってはこれら福祉ロボットを必要とする場面もあることを認識する必要がある．

　理想的な食事場面では，皆で食卓を囲み，会話を楽しみながら食事をする．一方，現実的な食事介助場面では食事を摂るのは被介助者だけであり，家族と一緒の食卓ではないことが多い．そのため，家族と一緒に誰にも気兼ねすることなく食事をする場合には食事介助ロボットは必要な存在なのであり，利用者が主体的に食事をする環境が大切なのである．

　つまり，支援技術を提供するためには，福祉用具に関する知識から生活環境を設計するための技術以外に，利用者が主体的に生活するためにはどのような支援技術が必要とされるのかを常に意識する視点が重要なのである．

注・引用・参考文献

1) 日本リハビリテーション医学白書委員会編『リハビリテーション医学白書』日本リハビリテーション医学会，2003年
2) 米本恭三監，石神重信・石田暉・眞野行生・宮野佐年編『最新リハビリテーション医学』医歯薬出版，1999年

3）King, J. C., Nelson, T. R., Heye, M. L., Tururro, T. C., Titus MND：Prescriptions, Referrals, Order Writing, and the rehabilitation Team Function. *Rehabilitation Medicine: Principles and Practice,* 3rd Ed. （ed by Delisa, J. A. and Gans, B. M.）, Lippincott-Raven Publishers, Philadelphia, 1998.

4）橋本圭司・大橋正洋・渡邉修・宮野佐年「重度認知・行動障害者に対する相互乗り入れチームアプローチ」『リハ医学2002』39，2002年，pp. 253～256

5）橋本圭司・大橋正洋・森田智之・岡本隆嗣・宮野佐年「脳外傷クリニカルパス――導入前後における効果判定」『リハ医学2004』41，2004年，pp. 168～175

6）Hall, K. M., Hamilton, B. B., Gordon, W. A, et al., Characteristics and comparisons of functional independence Measure, and functional assessment measure. *J. Head Trauma Rehabil,* 8, 60～74, 1993.

7）補装具：身体障害児・者の，日常生活や職業生活の自立を支援するための更生用の用具．義肢，装具，座位保持装置，盲人安全つえ，義眼，眼鏡，補聴器，車いす，電動車いす，歩行器，および歩行補助つえなど，障害者自立支援法に規定されている．

8）国際福祉機器展：毎年東京で開催されている福祉機器の総合展示会．2006年は16カ国632社・団体が出展．http://www.hcr.or.jp/

9）福祉用具情報システム：ISO9999の福祉用具分類と整合性をもったテクノエイド協会独自の福祉用具分類コード95（CCTA95）にしたがって分類・整理されたデータベース．http://www.techno-aids.or.jp/system/index.shtml

10）福祉用具プランナー：（財）テクノエイド協会が実施している研修会を修了することで認定される．理学療法士や社会福祉士などの資格をもち，福祉・保健・医療等の実務経験2年以上を有するものであって，原則として現在もその業務に従事している者が受講できる．http://www.techno-aids.or.jp/senmon/planner.shtml

11）岡部一明『インターネット市民革命――情報化社会・アメリカ編』御茶の水書房，1996年

12）ジョセフ・ラザーロ著（安村通晃監訳）『アダプティブテクノロジー』慶應義塾大学出版会，2002年

13）Stephanidis, C., *Towards User Interfaces for All: Some Critical Issues, Symbiosis of Human and Artifact 20A,* Elsevier, 1995.

14）NASA：National Aeronautics and Space Administration（アメリカ航空宇宙局）

15）畠山卓朗「テクノロジーの発展と障害者の生活～電子機器を中心に～」『障害

者問題研究』Vol. 27, No. 4, 2000 年, pp. 328 〜 334

16) NIDRR: National Institute on Disability and Rehabilitation Research（国立障害者リハビリテーション研究機構）は障害者の生活改善に必要なリハビリテーション，関連技術，機器に関する情報の普及を目的に，障害者リハビリテーションの研究を全米で総合的に組織的に推進．連邦政府の障害者施策を実質的に統括する．全米の研究・訓練センターやリハビリテーション工学センターへの資金供与，研究開発事業や情報収集・提供事業の分野の委託助成等を行う機関でもある．http://www.ed.gov/offices/OSERS/NIDRR/

17) TECH 法: Technology-Related Assistance for Individuals with Disabilities Act（障害者へのテクノロジー関連支援法）1988 年制定，1994 年改訂後，利用支援技術法へ継承．

18) 利用支援技術法: Assistive Technology Act（アシスティブ・テクノロジー法）は利用支援技術装置およびサービスの供給を通して，障害をもつ個人の生活の向上，コミュニティ等への参加と関与，障害のない者との交流，障害のない者と同等の機会獲得を実現する目的で制定（1998 年）．

19) 電子情報技術産業協会「米国の情報機器アクセシビリティに関する法律の実態調査報告書」2000 年．http://it.jeita.or.jp/perinfo/committee/accessibility/usreport/

20) CSUN: California State University, Northridge（カリフォルニア州立大学ノースリッジ校）にある Center of Disabilities が年 1 回のカンファレンスと多くの利用支援技術に関するセミナーを主催している．このセミナーは大学の単位としても認定されている．http://www.csun.edu/cod/

21) CTG: Closing the Gap. アメリカ国内で販売されているコミュニケーション関連機器やソフトウェアなどを情報誌で発行（隔月刊）し，年 1 回展示会と会議を開催している．http://www.closingthegap.com/

22) ATA: Alliance for Technology Access. 障害をもつ子どもの親の団体で，子どもたちへの利用支援技術の供給，およびその方法に関する普及啓蒙活動を行っている．http://www.ataccess.org/

23) NPO: Non Profit Organization（非営利組織）

24) RESNA: Rehabilitation Engineering and Assistive Technology Society of North America（北米リハビリテーション工学協会）では ATP ／ ATS（Assistive Technology Practitioners ／ Assistive Technology Suppliers）という認定制度がある．http://www.resna.org/

25) e-Japan 重点計画：2001 年 1 月 22 日に情報通信技術戦略本部によって決定された「e-Japan 戦略」を具体化した内容で，政府が迅速かつ重点的に実施すべき

施策の全容が明示されている．(1) 世界最高水準の高速通信ネットワークの形成，(2) 教育と人材育成，(3) 電子商取引の促進，(4) 行政の情報化，(5) ネットワークの安全性の確保——などで構成されており，具体的な数値や達成年限についての目標を設定（2001 年 3 月発表）．

26) http://www.psv.gr.jp/
27) 環境制御装置研究開発連絡協議会編『環境制御装置設置手引書』環境制御装置研究開発連絡協議会，1984 年

〈参考文献〉

① 松矢勝宏監修，養護学校進路指導研究会編『主体性を支える個別の移行支援——学校から社会へ』大揚社，2004 年
② 宮崎英憲，個別の教育支援計画研究会『個別の教育支援計画に基づく個別移行支援計画の展開——特別な教育的ニーズを持つ子どもへの支援』ジアース教育新社，2004 年
③ 大橋正洋・木村彰男・蜂須賀研二編『義肢装具とリハビリテーション』金原出版，2003 年
④ e-AT 利用促進協会監修『詳解　福祉情報技術Ⅰ/Ⅱ』ローカス，2003 年
⑤ 伊藤英一「IT 活用のための支援技術」『障害者問題研究』Vol. 29, No. 4, 2002 年，pp. 72〜77
⑥ 伊藤英一・梅垣まさひろ・薗部英夫編『障害者と家族のためのインターネット入門』全国障害者問題研究会出版部，2001 年

学びを深めるために

① 千野直一，安藤徳彦編集主幹『リハビリテーション MOOK　リハビリテーション工学と福祉機器』金原出版，2006 年
　　日本のリハ工学を築いてきたリハ・エンジニアらがそれぞれの専門により分担執筆した本．ハイテクや先端技術に頼ることなく，現場や当事者の視点から必要とされるアダプティブテクノロジーについて解説．PT や OT などの医療職と福祉職にはお勧めの一冊．
② 市川熹・手嶋教之『福祉と情報技術（人工知能学会編）』オーム社，2006 年
　　情報処理の視点から，コミュニケーション能力や機能障害を支援するための技術課題について解説した本．科学技術への興味関心があり，これから福祉工学を学ぼうとする人のための入門書．高専や理工系学生以外にも，理系が苦手でない人にはお勧めの一冊．

☞　障害者福祉の実際では，社会福祉以外のさまざまな専門分野の機関や学校，施

設がかかわる．障害のある人の人生のある段階，年齢，生活する地域ごとに，どのような専門分野がかかわるか整理してみよう．
☞　福祉機器には多くの種類があり，暮らしのあらゆる場面で使われている．インターネットや文献等からその種類や器具を調べてみよう．

学びのオリエンテーション

「統合」教育をめぐって

　障害をもつ子どもともたない子どもとが，一緒に教育を受けることを統合教育と呼んでいる．統合教育には，①障害児が健常児を真似して成長する，②健常児に障害児への思いやりが育つ，③障害児に劣等感を与える，④健常児の教育が乱される，という考え方がある．多くの教師たちは①か②あるいは①と②の立場に立ちながらも，自分が障害児のいるクラスを担当することに関しては消極的である．

　では代表的な統合教育の立場を，3つあげてみよう．まず，発達保障論である．どんなに重度の障害があっても，発達へのみちすじがあり，憲法第25条の健康で文化的な生活を受ける権利や，26条の教育を受ける権利がある．したがって障害の程度に応じた障害児教育を重視し，障害児学級や障害児学校の充実と，非障害児との対等な交流をめざしている．

　2つめは，インテグレーションである．これは，アメリカでの視覚障害時の統合教育から始められたもので，「統合教育」と訳され現在に至っている．基本的には，非障害児の教育に，さまざまな教材を用いて適応させようという考え方である．軽度の障害児を中心に展開され，国際的にも多くの国で普及している．全体として統合社会を，めざしている．

　3つめは，インクルージョンである．1980年代のアメリカで提唱された考え方で，1950年代からの北欧のノーマライゼーションの影響を受けている．すなわち障害の有る無しにかかわらず，お互いを受け入れるための教育が前提であり，社会全体もそうならなければならないという理念である．発達保障論は障害別教育の充実に，インテグレーションは健常児を見本としている．これに対してインクルージョンは，そもそも子どもの集団は，個性の集合体であるという，「共育」につながる考え方であるといえる．

吉本充賜（岡山県立大学）

第7章
障害者福祉の課題と展望

障害者の権利条約採択
── 2006年8月25日の熱狂と2006年12月13日の静寂 ──

　2006年12月13日，私はニューヨークの国連本部の本会議場の傍聴席にいた．国連総会が障害者の権利条約を採択するその場面に立ち会うために，2泊4日という強行軍で日本からトンボ帰りのアメリカ行きだった．私は1980年代後半に国際的な障害者組織（NGO）のアジア太平洋事務局を，1990年代初頭に国連事務局の障害者班の職員をそれぞれ務めていた．そうした経験に基づいて，1990年代前半から障害者の権利条約の策定に関心をもち，新聞の投稿や雑誌の論文の形で，障害者の権利条約の必要性を訴えてきた．また2002年に国連総会のもとに障害者の権利条約特別委員会が設置されてからは，2006年8月まで全部で8回開かれた毎回約2週間のニューヨークの特別委員会ほぼ全日程に出席してきた．だから，最後となった第8回特別委員会の最終日，2006年8月25日，最初に条約が提案された1987年から足かけ20年を経て，障害者の権利条約が合意されたときは本当にうれしく，感動した．一緒に取り組んできた障害NGOの仲間たちと抱き合って喜びを分かち合い，その晩は日本や各国の同志と祝杯をあげたものだった．特別委員会で実質的な交渉は終了したので，12月13日の国連総会での採択の場面には当初，行かないつもりだったが，その1週間前を切ってからつい，行きたくなってしまった．振り返ってみると，行く価値はあったと思う．

　しかし，それは8月25日の特別委員会での採択の場面での興奮とまったく異なる冷ややかな国際社会の現実に触れるという意味においてである．コフィ・アナン国連事務総長（当時）は権利条約採択時に「障害をもって生きる世界中の人びとにとって，新しい時代の夜明けを約束するものだ」という声明を発表したが，本人は顔をみせず代読だった．翌日に，次期事務総長との引継ぎ式を控えていたとはいえ寂しいものだった．

　発言者も特別委員会で活躍していた外交官も多少はいるものの，総会ということで高位の外交官が発言する国が多く，したがって，発言要領にしたがって読み上げるだけのこともあった．日本政府のように早速，国連の予算面の制約に触れる国もあった．国際社会が抱える課題は戦争，紛争，

飢餓，虐殺，貧困と数限りない．障害の問題はその無数の問題のひとつにしか過ぎないことを冷ややかに感じざるをえなかった．それは各国内でも同じかもしれない．

しかし，だからこそ，障害者の権利条約が実現したことが心からうれしい．障害者の権利条約は，障害者そして，障害者の権利保障を願う者にとって念願だった．そして，策定過程に精神障害者と知的障害者を含む障害者自身が実質的に参画してできあがったものである．国連総会が条約を採択した直後，障害者代表として，二人の女性障害者が壇上で発言を行った．一人は車椅子を使い，もう一人は，精神障害者だった．その発言は"Nothing about us without us"（私たちのことを私たち抜きで決めないで）という，特別委員会で繰り返された言葉で締めくくられた．

この条約は，障害者の差別禁止と社会参加の実現，つまり障害者の人権保障を目的とする国際条約である．これまでも障害者の権利宣言等は，国連で採択されてきたが，法的拘束力のある国際条約は，この障害者権利条約が最初である．しかし，女性差別撤廃条約や子どもの権利条約などの他の人権条約と同様，各国内での実施が一番の課題となる．核心は社会の障壁の除去であり，差別禁止である．教育や労働の場面での「合理的配慮」と呼ばれる障害者個人のニーズにあった配慮が重要である．障害者に対する差別は障害者だからという理由で不利に扱われることはもちろんだが，「合理的配慮の否定」も差別と認められることになった．

権利条約はあくまで紙切れに過ぎない．私たちがそれを活用しなければ確実にただの紙切れだ．これまではその紙切れすらなかった．しかし，多くの仲間が必死になって，この紙切れを作った．この紙切れに血を通わせるために一緒に取り組んでくれる人が一人でも多くほしい．そして，この条約を通して，日本から途上国をはじめとする世界の障害者の人権保障を考え，行動すること，世界から日本の障害者の人権保障を考え，行動すること，どちらも同じだけ大切なのである．

本章では障害者運動と国際化をキーワードに障害者福祉の課題を展望する．

長瀬　修（東京大学大学院経済学研究科特任准教授）

① 障害者福祉の展開と障害当事者運動の役割

1 障害者運動とは

　障害者福祉の分野には，他分野にはみられない重要な特徴がある．障害者運動（当事者運動）の存在と，その政策・制度や援助内容（方法）への影響力の強さである．本節では，こうした戦後の障害者運動の歴史的整理を行い，障害者運動が障害者福祉において果たした役割について，振り返っておきたい．

　ところで障害者運動とはどのような社会運動であろうか．あらゆる社会運動がそうであるように，利害が一致する者や何らかの目的に共感しあう者が集まり，問題解決策をめざす，あるいはそれを期待して行う組織的な社会的集団行動のひとつである．その中で障害者運動は，障害者の人権・生活問題などの解決と改善をめざし，障害者やその家族，関係者が参加する組織的主体的な社会運動であるということができる[1]．このような障害者運動は，わが国においても明治初期から存在したが，ここでは障害者福祉が本格的に始まり，現代的課題に直接的につながる第二次世界大戦後からみることにする．

2 戦後初期の障害者運動（1945～1950年代）

　わが国は，1945年8月15日の敗戦と連合国軍総司令部（GHQ）の占領によって，戦前の政治体制と政治理念を変え，1946年「日本国憲法」の制定に象徴されるように，民主主義の定着と平和国家の確立が大きな課題となっていた．これにより，労働運動や社会運動が活性化し，その中に障害がある人びとの運動も存在したのであった．

　列記すると1947年に全国国立病院患者同盟，全日本ろうあ連盟，1948年に日本盲人会連合，日本肢体不自由児協会，1949年には日本精神薄弱者愛護協会（現在：日本知的障害者福祉協会）などである（再建も含む）．

　当時の障害者運動が成立する社会的背景は，敗戦による生活基盤の崩壊と戦

争により傷つき障害を負った多くの傷痍軍人の存在であった．当時の厚生省は，連合国軍総司令部の命令によって停止した「傷痍軍人対策」に代わる傷痍者援護についての立法化を検討しはじめるが，当然ながら運動諸団体も法案を提案する．しかしながらそれらは盛り込まれず1949年に身体障害者福祉法が制定され，わが国の障害者福祉がスタートする．

この身体障害者福祉法は，傷痍軍人対策を実質的に温存したい当時の厚生省の思惑と軍事的施策の払拭および無差別平等をめざす占領政策，さらに厳しい財政状況も加わり，きわめて多くの限界をもった内容となっていた．法の目的を「身体障害者の更生」とし，対象は「更生できうる者」，つまり障害程度の軽い身体障害者となった．この他にも対象範囲，行政責任の不明確，サービス内容の限定等多くの問題があった．

当然，この内容については公布直後から改正要求が出された．1952年中央社会福祉協議会（現在：全国社会福祉協議会）は，身体障害者福祉部会をつくり，障害者団体も加わり，国会請願などを行い，この改正問題に取り組むことになる．結局この時の法改正は，要求側にとって十分な成果が得られたとはいえなかった．

このようにこの時期の障害者運動は，多くの団体の結成と再結成が相次いだが，まだ運動団体として十分な力と視点はもっていなかったといえる．肢体不自由者の団体，視覚障害者の団体，聴覚障害者の団体，知的障害者の団体と障害の種別ごとに結成され，他の障害の問題については無関心もしくは排除という姿勢さえとったこともあった．また，団体によっては，会員相互の互助的性格の強い組織であり，親睦団体でもあった．

3 高度経済成長下の障害者（1950〜1970年代）

1950年代後半から1970年代にかけて，わが国は高度経済成長をむかえる．この時期はまたその経済成長にともない，水俣病等の公害やサリドマイド等の薬害，交通事故の増加，人口の都市への集中，農漁村の過疎化等のさまざまな

社会的な矛盾も顕在化し，戦後のわが国のひとつの転換期となった．また，この時期，社会福祉関係法も3法体制（生活保護法，児童福祉法，身体障害者福祉法）から6法体制（3法に老人福祉法，精神薄弱者福祉法——現在：知的障害者福祉法，母子及び寡婦福祉法が加わった）となり，年金制度や雇用促進，施設整備が進められた時期でもある．

では実際に1950年代後半から60年代にかけて結成され，運動を展開した団体をみておくことにする．

設立順に列記すれば，青い芝の会[2]（1957年），日本身体障害者団体連合会（1958年），全国言語障害児を持つ親の会（1962年），全国障害者とともに歩む兄弟姉妹の会（1963年），に全国重症心身障害児（者）を守る会（1964年）が結成された．またこの時期，より具体的な要求を掲げる運動も登場し，医療停止問題をめぐって1964年に「センター医療問題闘争」が国立身体障害者更生指導所の卒園者を中心に取り組まれた．

みられるようにこの時期には，障害をもつ子どもの親の会・家族の会の発足が相次いでいる．成人の身体障害者には不十分ながらも法的対応が一応整いつつあったが，障害がある児童，とりわけ言語障害や肢体不自由，知的障害をあわせもつ重複障害の児童，さらには医療的ケアが必要な「重症心身障害児」については，ほとんど無策といって良い状態であった．経済成長にともなって核家族が増加し，家族の介護力も低下しはじめた．このような中で1963年，障害をもつ子どもの父親でもある作家水上勉は，中央公論誌上において「拝啓池田総理大臣殿」という一文を著し，政府に国の対応の必要性を訴える．

こうした流れは60年代後半に入り，新たな運動組織への呼び水の働きをしたともいえる．水俣病，森永砒素ミルク事件，サリドマイド薬禍の影響もあり，障害児・障害者の問題はその本人や家族だけの問題ではなく社会化される．60年代後半，東京都でいわゆる「革新都政」（1967年）が誕生し，「障害者の要求」に関心を寄せ，行政課題に盛り込んでいった．

このような社会状況の変化に呼応して，従来の運動理念・組織とは違った運

動団体が結成される．1967年に結成された全国障害者問題研究会（全障研）と障害者の生活と権利を守る全国連絡協議会（障全協）である．

　全国障害者問題研究会（全障研）は，障害の種別や有無を問わず，また，障害者，父母，家族，障害者関連分野の専門職者，教員，学生，研究者など立場を越え，障害者の発達や福祉，教育に関心のあるすべての人が参加する研究団体として結成された．一方，障害者の生活と権利を守る全国連絡協議会（障全協）は，同様に障害の種別を問わない要求運動団体として結成され，両者は車の両輪の輪のような関係と位置づけられたのである．

　その後，全障研と障全協は，発達権の内実をはかり，研究活動と要求運動の協調というスタイルを確立していく．社会福祉に関する要求はもちろん，養護学校の増設，養護学校義務制の早期実現や早期療育体制の整備などの政策要求を行い，施設・教育関係者，研究者，障害者，家族の中でひとつの力を形成する．

　このように60年代の障害者運動は，戦後初期の運動とは異なり，障害の種別に必ずしもこだわらない団体が作られ，他団体や非障害者との連携や連帯を模索し始めたのであった．そして置かれた状況や環境から自らの社会的役割を自覚し，感情論や正義感からではなく，基本的人権などの普遍的価値に立って「権利として」要求するという運動を展開し，マスコミの利用，ボランティアの活用等運動体としての力量の向上がみられたといえる．

4 当事者運動の役割（1970～1980年代）

　70年代の障害者運動の特徴をまずひとつあげるならば，運動を通してより強く「障害がある者」の立場を主張し，社会のみならず家族からも疎外される立場であり，差別される立場であることを「異議申し立て」という形で訴えたことであろう．言い換えれば障害者のさまざまな問題を「差別問題」ととらえかえしたということができる．社会そのものへの抗議や批判のスタイルを取る運動も多くなり，ややもすればそれまでの運動団体とは相容れない点も生じ，

軋轢を招くこともあったのである.

　実際の運動は1970年「親による重症児殺害減刑反対運動」が青い芝の会神奈川連合会によって取り組まれ，1972年には「優生保護法改正阻止運動」，1975年には「身体障害者実態調査阻止運動」などが展開された．さらに1976年には「養護学校義務化反対運動」が開始され，養護学校の増設を願って運動を展開してきた団体には戸惑いと反発が起きた．さらには同年「全国障害者解放運動連絡会議」が結成され，1978年には，「金井康治君の花畑東小学校転校を支援する会」が結成され養護学校義務化反対運動のシンボル的運動も始められた．

　「重症児殺害減刑反対運動」は，親による重症児殺害事件に世間の同情が集まったのを見，「殺される側の立場・障害児」はどうなるのかという異議を主張し，世論と対峙し，社会に訴えた運動であった．

　「養護学校義務化反対運動」については若干説明しよう．これは1973年に政府から出された「学校教育法中養護学校における就学義務及び養護学校の設置義務に関する部分の施行期日を定める政令」（1979年4月より養護学校義務教育制実施）への反対運動である．当時，いくつかの地域で就学免除規定によって小学校も卒業していない成人の重度障害者が，地域の小学校への入学を求めて運動を行っていた．それは勉学の機会を得るという意味もあるが，むしろ，地域の小学校に通うことによって障害をもたない人たちとの交流が生まれ，地域で障害者も当たり前の住人であるという認識を醸成する場と考えていたのである．養護学校義務教育制実施はこの運動を押さえ込むものととらえ，さらに，60年代後半からコロニー構想に基づく大規模施設建設があり，障害者は結局地域では生活できず，養護学校か施設に囲い込まれてしまうという危機感が彼らにはあったのである．この反対運動には障害者のみならず，さまざまな差別問題や教育問題に関心のある市民，学生の共感が得られ，かつての障害者運動にはなかった多くの人びとが参加するものとなった．

　もちろん，このような思想と運動理念をもつ障害者運動は，行政や一般社会

のみならず，既存の障害者運動団体からも批判と反発を招くこととなった．従来の障害者運動が要求してきた主な事項は，重症児の療育制度・施設であり，親亡き後も安心して任せられる施設の建設・増設であり，養護学校の義務教育制実施であった．そして社会の理解と協力であった．彼らにとって「問題解決の路を選ばない」運動[3]などは言語道断であり，非科学的で到底理解できない急進的な運動ととらえられたのである．

しかし，急進的とされた人びとは，施設の増設等の要求に関して「われわれが本当に望んだのであろうか．望んでいない」と「NO」の意志表示を示しただけなのである[4]．つまり，障害者運動がめざす目標や理念はひとつではないという事実を，障害者福祉の当事者とされる「本人と家族」「親と子」の間にも立場や意見の違いがあるという事実を示したのであった．ここに 70 年代の運動の特徴がある．

このような当事者運動はどのような成果をもたらしたのであろうか．それは直接的な結果ではなく，1980 年代以降，特に「国際障害者年」(1981 年) の始まりとともに，わが国の社会にも知られるようになった「ノーマライゼーションの思想」(大規模施設から地域での共生へ) や「自立生活運動の哲学」(障害当事者の自己決定の重視) を理解する準備を整えたことであろう．言い換えれば 70 年代の当事者運動は，図らずも北欧で生まれたノーマライゼーションやアメリカの自立生活運動に思想的に呼応・同調していたということができよう．

5 社会福祉基礎構造改革と国際化と（1980 年代以降）

1980 年代以降の障害者福祉の特徴は，国際化と「法改正」という言葉でまとめられる．障害者運動も海外との交流活動や国際的な組織作り，あるいは地域に根ざした「介護サービスの提供」という役割を担う団体が生まれる一方，社会福祉基礎構造改革の嵐に立ち向かうことになるのである．

まず，国際化の流れである．1975 年，国連総会において「障害者の権利宣

言」が採択され，長年議論されてきた障害者の人権が国際的に確認され，その周知徹底の意味を込めて1981年を「国際障害者年」としたのであった．1979年には「国際障害者年行動計画」が国連総会で採択され，1982年に「障害者に関する世界行動計画」が決まり，障害者の「完全参加と平等」を理念とするアクションプログラムがはじまったのであった．

このような動向を踏まえ，わが国の政府は，従来の障害者関連施策では国際基準にそぐわないと認識し，「福祉八法改正」とあわせ，障害者関連法の抜本的な改正に取り組むことになる．

国際化の流れは，障害者運動にもみられ，国際リハビリテーション会議に参加した障害当事者を中心に1981年，障害をもつ当事者の国際組織「障害者インターナショナル」（DPI）が結成された（わが国の代表組織：DPI（障害者インターナショナル）日本会議）．

また，1983年には，研究者などが呼びかけ人となって障害者自立生活セミナー実行委員会が作られ，アメリカ各地の自立生活センターの代表者・リーダー（身体，知的，精神障害当事者等）10名を招き，「日米自立生活セミナー」を日本各地で開催した．これはわが国の障害当事者に障害の重さにとらわれない自立概念と自己決定を追究する必要性を説き，「自立生活運動」，「自立生活センター設立運動」のきっかけを作ったといえる．さらに，国際障害者年を契機にはじめられた民間企業の補助事業などを活用し，多くの障害者が海を渡り，自立生活運動の哲学，センターの運営方法，ケア事業の方法，自立訓練プログラム，ピア・カウンセリングを学び日本にもち帰ったのであった．

多少前後するが，1981年，国際障害者年がわが国の障害者運動に与えた影響では，国際障害者年の成功をめざして1980年に100を超す障害者団体が集まり「国際障害者年日本推進協議会」（推進協）が設立されたことがあげられる．障害の種別やこれまでの運動方針の違いを超えて，全国組織をつくりあげ，民間の立場から「完全参加と平等」をスローガンに運動を展開したのであった（同団体は1994年に「日本障害者協議会」になる）．

こうした国際化の流れの影響をうけ，日本の自立生活運動がスタートする．1986年に，わが国で最初の自立生活センター「八王子ヒューマンケア協会」が設立されるのである．以後，「町田ヒューマンネットワーク」（1989年設立），「札幌いちご会」（会設立：1977年，自立生活事業開始：1990年）など，全国各地に自立生活センターが設立されていった．1991年には自立生活センター設立の支援やセンター間の情報交換・連携を進める「全国自立生活センター協議会」が設立された．また，わが国の自立生活運動のもうひとつの方向として「公的介護制度確立」運動があり，1988年「全国公的介護要求者組合」が結成されている．

さらにこうした身体障害者を中心とした「当事者の自己決定権」を重視する自立生活運動は，知的障害者や精神障害者の当事者運動にも影響を与えた．1989年，日本手をつなぐ育成会は「本人部会」をつくり，知的障害をもつ本人の意見や意志を運動に反映させる取り組みを始めている．精神障害者の運動では患者会として活動をしてきたが，1993年に全国的な精神障害者の当事者団体「全国精神障害者団体連合会」が結成される．

また「障害者プラン〜ノーマライゼーション7か年戦略」の一環として，1996年度より実施された「市町村障害者生活支援事業」は，市町村レベルでこの「自立生活センター」設立を促し，障害当事者による「当事者の社会参加サポート」が広範に進んだのであった．

一方，政府は，1982年に中央心身障害者対策協議会の意見具申にしたがって「障害者対策に関する長期計画」を定めた．この長期計画は「リハビリテーション」および「ノーマライゼーション」の理念，「完全参加と平等」の目標を掲げ，啓発，保健医療，教育，雇用，福祉・生活の5分野にわたり課題を整理している．

そして社会福祉基礎構造改革も開始される．1990年「身体障害者福祉法」が改正され，法の目的を「自立と社会参加」と明示するとともに，措置権が大幅に市町村に移された．同様に旧「精神薄弱者福祉法」では，相談員制度の法

定化がなされた.

　さらに「アメリカ障害者法」（ADA：1990年）の制定（アクセス上の障害者差別禁止），「アジア太平洋障害者の十年」への対応等，「国連・障害者の10年」終了後の内外の状況を踏まえ，1993年「障害者対策に関する新長期計画」が新たに決定された．これは「障害者の主体性，自立性の確立」や「平等な社会づくり」等の目標が付け加えられている．

　これによって，1993年「心身障害者対策基本法」から「障害者基本法」への改正，1995年「障害者プラン～ノーマライゼーション7か年戦略」の策定，同年「精神保健法」から「精神保健及び精神障害者福祉に関する法律」への改正が行われた．そしてさらには，長年の懸案であった「らい予防法」が廃止（1996年）され，「優生保護法」から「母体保護法」への改正（同年）も行われ，法律上の障害者差別規定見直しが具体化した．1997年には「障害者の雇用の促進等に関する法律」が改正され知的障害者も法定雇用率の算定に組み入れられた．1998年には「精神薄弱の用語の整理のための関係法律の一部を改正する法律」によってすべての法律上にあった「精神薄弱」という用語は「知的障害」に置き換えられた．このように比較的短期間に多くの法改正・施策化が行われたことがわかる．

　これらの改正の中で「障害者基本法」は，運動団体にとって重要な位置にある．条文の中に審議機関である「中央障害者施策推進対策協議会」の委員の中に「障害者と障害者福祉関係者」を加えることが明記されたのである．長年，政策決定過程への参加を望んできた障害者運動にとって，対策協議会委員への障害者参加の明記は大きな前進であったと言える．また，この基本法をもとに1995年「市町村障害者計画策定指針」が総理府より出され，障害者計画の策定を地方の市町村にも促したことは地方の障害者運動を大いに活性化させ評価できる．

　このように80年代から90年代の障害者運動の特徴をみると，国際化への動きが加わり，所得保障，介護保障要求や自立生活センターの設立など，機能・

目的別に組織する団体が作られるようになったことがあげられる．行政や社会に求める運動だけではなく，自らもサービスを創造し提供していく役割を担い，その実績をもとに運動を展開する，それは新たな障害者運動の段階といって良い．

しかしながら，社会福祉基礎構造改革はここで終わったわけではなかった．障害者運動にとって，政策の決定過程に関与する力が問われる状況となっていくのである．もとより社会福祉基礎構造改革は，利用者の自己決定を重視した供給システムの構築だけではなく，国の財政難の軽減と急速に進むわが国の少子高齢化問題への対応も重要な目的であった．

この中で障害者福祉分野に限れば，介護保険の導入（2000年），措置制度から支援費制度へ（2003年），介護保険と支援費制度の統合問題（2004年），そして「障害者自立支援法」の制定（2005年）と障害者の暮らしを左右する重要な政策課題が次つぎと提起されていった．「上限設定問題」など支援費のあり様をめぐり，障害者団体の運動は未曾有の動員数を厚生労働省にみせた．しかしながら，障害者に等しく定率負担（応益負担）を求める「障害者自立支援法」に関しては，障害者運動は，財源確保を重視する立場があり意見が分かれ，「応益負担反対」の声は国会には届かなかった．

6 障害者福祉の課題と障害者運動

これまで述べてきたようにわが国の障害者運動（当事者運動）は，障害者福祉の発展に大きく貢献してきた．暮らす上で，人権を守る上で不可欠な課題を指摘し，必要な制度を要求し，サービスや制度の内容を使いやすいように変えてきた．時には政策制度そのものに反対し実施困難にしたこともあった．自分たちの手で自分たちの「障害者観」を追求し模索してきたことも忘れてはならないことである．それらの事項についてはここでは繰り返さないが，施策やサービスの内容の決定には当事者の参加（意志の確認，意見の聴取）が不可欠であること，どちらも当事者である「障害をもつ本人」と「その家族」の立場の違い，

ニーズの違いを正確にそれぞれ把握する必要があること，この2点を最後に改めて銘記しておきたい．

いずれにせよ，社会福祉基礎構造改革の動向，障害者自立支援法の実施状況，介護保険との統合問題等はいうまでもなく，教育や人権・権利擁護，雇用，障害者観，街や交通，情報の伝達のバリアフリー（ユニバーサルデザイン）など当事者の声が必要な課題はまだ多く残されている．今後も障害をもつ人びとや家族のニーズが存在する限り，障害者運動（当事者運動）の役割の重要性は変わらないのである．したがって運動を取り巻く社会的環境の整備や人材育成，政策立案能力の向上，他の市民運動との連携やネットワーク，国際化と情報化への対応も急がれる．

② 脱施設の構造と展望

脱施設とは，一般的に障害者が長期間の生活を施設で続けることから生じてくるさまざまな問題に対して用いられている．さらには脱施設化として，生活の場を，入所施設以外の所に求める傾向のこととして理解されてきている．本節では脱施設について，まず日本における障害者施設の歴史を概観し，障害者施設の存在意義を確認する．次に脱施設に対する視点と，障害者施設のあるべき姿を提示することにする．

1 脱施設の前史

(1) 個人の努力（1891～1946年）

日本において知的障害児施設を最初に設立したのは，石井亮一であった．石井は1891（明治24）年に，滝乃川学園を東京に開設し，運営方針として，臨床心理学を基礎科学とし，手工労働を取りいれ，宗教教育を重視するというもので，アメリカ留学での知見が導入されているものであった．また施設の理念は，知的障害児に「別天地」を与えるための隔離であった．他方障害児教育に視野

を広げると，日本で最初の盲学校は，1875（明治8）年に高級官僚であった山尾庸三や外国人プロテスタントが中心となって組織された楽善会が基盤となった．山尾は設立理念として，「無用を転じて有用となす」としていた．

いずれにしても日本における障害児への組織的な取り組みは，個人の努力として開始されたのであった．これは社会福祉の歴史において，慈善事業として位置づけられるが，次のことが，障害者施設の在り方として重要である．すなわち，石井は知的障害児施設を，知的障害児の「別天地」としていたことであり，山尾は視覚障害児の学校を「無用」な存在から有用なそれへと教育するためのものであったということである．両者の思想は，一方において障害者を健常者中心の社会から切り離し，他方において健常者へ近づけるためのものであったといえるのである．別の表現をすれば，石井は健常者社会を守るための，山尾は健常者社会への適応をめざしたものとして，障害者施設と教育を始めた歴史上の代表的存在であるといえよう．さらにいえば，知的障害者は施設で保護をする，知的に障害のない者に対しては経済的な自立を求めるという発想が，その後の障害者施設の存在意義の底流となっているのである．

さて知的障害児施設はその後の1946（昭和21）年に至る間に，全国で13施設が開設され約500人が生活を送ったのであった．すべての施設が，個人の寄付金によるもので，法的な裏づけのないままの状態で半世紀が経過したのであった．なおこの時期には，現在使用されている知的障害という語にかえて，「白痴」あるいは「精神発達制止症」が一般的にも公文書にも用いられていたことを付け加えておくことにする．

(2) 公的責任による量的拡大と多様化（1947～1978年）

1947年の児童福祉法の制定により，すべての児童に対する公的責任が示され，知的障害児施設も条文化された．その数は，1948（昭和23）年に16施設，1980（昭和55）年の349施設を最高に，以後は減少を続けている．とりわけ，日本の高度経済成長期の1970年代までは量的拡大がみられたのであった．

施設のもつ機能の拡大は，1960年代から1980年にかけて，つぎの5点にまとめることができる．第一は1964（昭和39）年の，重度棟の設置であった．全体として，扱いやすい軽度の知的障害児から徐々に，中度，重度へと対象児を広げたのである．なお入所の要件は，学校教育法の就学の猶予，免除であった．第二は，大規模化である．社会福祉事業団による公立民営方式で，200人から500人を入所させる，いわゆるコロニー型が都道府県単位に設置されていったのである．国際的には，アメリカにおける2000人を平均とする入所定員の縮小，北ヨーロッパにおける入所施設を解体していく動きが始まった時期であった．

第三は，通園施設の導入にともなう知的障害児施設の複線化である．1957（昭和32）年に児童福祉法に精神薄弱児通園施設として法制化されていたが，1970（昭和45）年の96施設から1980（昭和55）年の217施設へと増大し，主として中度の知的障害児の通所施設として定着をみたのである．この知的障害児通園施設は，当時にあって学校教育法第23条の規定する就学の免除と猶予の対象児を吸収すると同時に，学齢児の増大にともなう特殊学級の不足をも担うという意味で，学校教育を児童福祉が補充したといえるのである．

第4は，成人施設の法制化により，18歳以上の者へと入所の対象者が拡大されたということである．1960（昭和35）年の当時の精神薄弱者福祉法の制定により，成人施設が初めて公認されたのであった．これにより，従来の知的障害者児施設で18歳をむかえた人と，在宅で生活をしていた知的障害者の生活の場が用意されたことになったのである．

施設機能の拡大と多様化の第5点は，施設で働く人たちに関することである．そのひとつは，施設職員に対して，一定の資格が求められるようになったということである．すなわち当時の保母であり，指導員あるいは社会福祉主事などである．2つには，障害児あるいは障害者としての入所者に対する指導理念の確立を求める動きである．

指導理念あるいは処遇目標としてまとめられるのは，社会適応型と発達保障

型とである．前者の社会適応型とは，食事や衣服の着脱，排泄といった基本的生活習慣を身につけると同時に，簡単な作業を行うことにより，職業能力を可能な限り体得させるという考え方である．そこには，人間の本来の姿として健常者を設定し，一歩でも近づけるための，さまざまな訓練が展開されることとなる．この指導あるいは処遇の実践は，当時日本で普及しつつあったリハビリテーション，なかでもその1分野である職業的リハビリテーションの影響を受けたものである．具体例として，1972 (昭和47) 年の知的障害者通勤寮や，同年の重度身体障害者福祉工場をあげることができる．

また後者の発達保障型とは，糸賀一雄の「人間の生まれながらにしてもつ人格発達の権利を，徹底的に保障する」ために施設をとりでとする，という考え方をもとにしたものである．重度の知的障害児を生存権の持ち主とし，社会の一員であることを主張し，実践したのである．そこには，人間の模範としての健常者という発想からの脱皮がみられるのである．この糸賀の考えは，のちに田中昌人らによって発達保障論として展開され，障害児や障害者施設の増設，施設職員の増員と待遇改善，さらには，養護学校の義務制度化に取り組むことになったのである．

2 障害者施設の体系化と脱施設の必然性

(1) 現代社会と障害者施設

1979 (昭和54) 年の養護学校の義務制度化によって，日本の障害者施設は再編成され，年齢別，障害別さらには程度別に体系化されたといったよいであろう．すなわち，戦後まもなく盲学校と聾学校が学校教育法の中に組み込まれたおよそ30年後の義務制度化によって，まず知的障害児通園施設が，その役割を転換させたのであった．通所児が養護学校に就学することによって，通園施設は，就学前の児童を対象とするものと，養護学校卒業後の知的障害者通所授産施設となったのである．その結果，就学前を児童福祉法，18歳以上は知的障害者福祉法による障害児と障害者施設とに分化したのである．さらに従来の

知的障害児施設は，養護学校の併設としての意義をもち，成人施設は利用者の中高年齢化が進行している．

さてここで，以上に概観した障害者福祉施設の歴史を踏まえて，障害者施設を，現代社会との関係でまとめておくことにする．まず第一にいえることは，家庭機能の低下が進行しているということである．不完全な労働力の持ち主が家族にいる場合は，家庭の機能は加速度を増して低下していく．その限界状況に達したのが親子心中であり，捨て子であり，障害児殺しである．障害児をもつ親の多くが，心中を考えたことがあるのである．経済的に肉体的に，そして精神的にもちこたえられなくしている社会をみることができるのである．この極限状態に対して，施設に家族の一員である障害者を入所させることによって，この危機から脱出することができることになるのである．他方では，在宅の障害者や高齢者に対して，さまざまな在宅対策が行われるようになってきた．いわば，出張型のサービスあるいは地域支援が増加してくるのである．

第二は，障害者施設の孤立性が明確になったということである．まず地理的に，周囲の人びとと交流しにくい土地の安価な場所に建設されているということである．一般の住宅がまわりに増えた場合には，夏まつりやバザーあるいはボランティアなどの限定的ではあれ，地域住民との交流を生み出している．また施設内における，空間的あるいは物理的な孤立性をあげることができる．施設利用者の行動範囲は，居室から食堂や作業室までである．これに集団生活としての起床から就寝に至る日課の設定による時間的な側面を重ねると，利用者の生活は，地理的に，人的交流，生活空間と時間のすべてにおいて，施設内で完結し固定化されることになるのである．

第三は，財政的検討がなされるということである．これは障害者施設に限らないことはいうまでもないが，この場合は在宅対策との比較における検討を意味する．極論をいえば，入所施設の維持と在宅支援に要する公的負担は，どちらが少なくてすむかということである．施設利用者の多くは，障害基礎年金ないしは特別児童扶養手当の受給者である．したがって応能負担としての施設利

用料は低額となり，税の負担は多くなるのである．これに対し在宅対策は，家族の障害者介護を前提にして，その一部をホームヘルパーやガイドヘルパーが補なうことになる．したがって施設を建設し職員を採用することよりも，ホームヘルパーを障害者の住む場としての家庭に派遣したほうが公費の節約になるという考えが成立するのである．

　以上，現代社会における障害者施設の位置づけからいえることは，歴史的にもまた社会的にも障害者施設は，家族機能の低下という事態を，障害者の施設入所により防ぐ役割を果しているということである．そして防ぎきれない部分を，在宅あるいは地域福祉として対応することになるのである．こうして公的責任としての障害者施設対策は，財政的再検討を基本として，施設のもつ孤立性の打開策として，脱施設が政策課題として展開することになるのである．ここで見逃してはならないことは，障害者自身が，地域で自己決定できる自立生活をめざしてきた，さまざまな運動の存在である．

(2)　脱施設の展望と共生

　現代社会においては障害者施設の役割は，第一義的に，労働力の確保と維持のために非障害者としての家族に対するものであった．第二義として，障害者を施設の中で，自己完結した生活の維持をすることである．以下にここでは，家庭機能の補充ではなく，財政的に安くつくためでもない障害者施設のあり方としての脱施設を展望する視点を提示しておくことにする．

　まず基本的な視点として，障害者施設の管理構造を踏まえておくことである[7]．まず第一は，政策的管理である．これは障害者施設の存在を制度的に位置づけ，法的根拠をもたせることになるということと，いわゆる障害者プランのような政策提言が含まれる．この管理により，障害別，程度別に専門分化された施設体系が社会的に維持されるのである．

　第二は，運営による管理である．施設長による職員配置や利用者への生活支援の方針作成，さらには財務を合わせたものである．法律に基づきながら展開

され，特に財務に主眼を置くことにより，経営志向となるといえよう．

第三は，生活支援としての管理である[8]．すなわち，さまざまな職種の施設職員が，業務として着替え，食事，洗面，作業指導，外出訓練などをとおして，利用者を直接時間と空間から管理することである．

これらのいわば縦の三重の管理から，横の共生関係を志向することである．それには第一に施設職員は労働者でありながらも，利用者との共同生活者であるとの自覚が求められる．第二は，施設での生活の時間帯を，地域住民のそれを参考にして，利用者みずからが決めることである．第三は，プライバシー，基本的人権を得ることである．居室空間，トイレのドアやカーテン，同性介護などをあげることができる．第四は，情報公開である．施設内にあっては献立を利用者と職員とで決め，買い物に出かけ，共働して作る．施設外の催し物などの情報を共有するということである．そして第五は，地域へ溶け込むということである．行事としての交流から，日常的な触れ合いの成立である．

これらへのたゆまぬ実践は，脱施設や施設解体をも乗り越えることとなるのである．それゆえ現存のグループホームや小規模作業所，自立生活センターの在り方にも通じるものであるといえるのであり，現代社会変革への施設からの対抗概念として，共生が真に位置づくのである．

③－1　海外に学ぶ　(1) スウェーデン

1　はじめに——ノーマライゼーション思想が生まれた国

ノーマライゼーションの理念は，1950年代の北欧における知的障害者の親たちの運動から生まれたといわれる．第二次世界大戦前には，知的障害，精神障害，遺伝病のある人たちに対し，さまざまな迫害がなされ，その究極がナチスによる大量虐殺であった．迫害の対象とされた人たちは，人里離れた場所に身を隠すという生活を余儀なくされた．スウェーデンにも断種法という法律が

実在し，知的障害や遺伝病のある人たちに対して，本人の承諾なしに不妊手術が行われていた事実が明るみにでて（1997年），大きな議論が巻き起こった．

デンマークの「1959年法（知的障害者サービス法）」の法案作成を担当したニール・エリク・バンク−ミケルセン（当時，社会省行政官）は，知的障害者の解放運動に参加し，ナチス時代にはレジスタンス運動で投獄された経験をもつ運動家でもあった．同法は，ノーマライゼーションの考え方をはじめて法文化したものといわれる．

バンク−ミケルセンは知的障害のある人たちが普通の人びとに近い暮らしができる必要性を提唱し，この考え方をノーマライゼーションと呼んだ．ノーマライゼーションとは障害者をノーマルにしようとするのではなく，環境さえ整えれば，障害があってもノーマルに生活できるという考え方である．

ノーマライゼーションの理念は，バンク−ミケルセンやスウェーデンのベンクト・ニーリエらによって，政策として具体化され，北欧を中心に世界に広がっていった．スウェーデンではグループホームの増設や行政責任の明確化等を求める障害者運動も活発になっていった．1985年の「知的障害者等特別援護法」の成立によって，収容型施設は次つぎと閉鎖され，知的障害者の居住はグループホームが主流となった．

スウェーデンの人口は907万7,628人（2006年6月現在）である．スウェーデンでは福祉政策の地方分権が進んでおり，コミューンと呼ばれる基礎自治体が大きな責任と権限をもって，障害者福祉施策を展開している．

2 主な障害者関連法の整理

(1) 「社会サービス法」

1982年に施行された社会サービス法は，スウェーデンにおける福祉の基本法で，障害者福祉をはじめ，高齢者福祉，児童福祉，生活保護等の福祉関連の法律を一本化し，コミューンの大きな責任と権限を規定した法律である．

社会サービス法では，「コミューンは障害者が必要とする援助や住宅を用意

しなければならない」としており，サービス提供におけるコミューンの最終責任も明記している（5章8〜10条，2章2条）．

また「（コミューンの）社会福祉委員会は，身体障害者，精神障害者，またその他の理由で生活面で深刻な障害をもつ人たちが，できるだけ社会に参加し，他の人たちと同じように生活できるよう努めなければならない．また社会福祉委員会は，個人が意義のある雇用の機会に恵まれ，それぞれの障害に必要とされる支援を備えた上で居住ができるように努めなければならない」（5章8条）と障害者の社会参画とその支援の必要性もうたわれている．

(2) 「機能障害者を対象とする援助およびサービスに関する法律（LSS法）」

1994年施行の「機能障害者を対象とする援助およびサービスに関する法律」（以下，LSS法）は知的障害，自閉症を含む重度障害者を対象とした法律である．

LSS法と同時に施行された「パーソナルアシスタンス（個別介助者）補償金に関する法律」は，「パーソナルアシスタンス（個別介助者）」に対する公費助成を法的に確立した．20時間未満の費用はコミューンから，20時間以上の費用は社会保険金庫から給付される．

社会サービス法が社会福祉サービスの詳細をコミューンに任せた枠組み法であるのに対し，LSS法は，障害者の自立生活に不可欠な援助およびサービスを法律で具体化し，これに対するコミューンと県の責任を明確にした権利法である．LSS法対象者は個別介助者，ガイドヘルプサービス，レスパイトケア，ショートステイ等の10項目のサービスが法律によって保障されている（表7-4参照）．

(3) 「職場における障害者差別禁止法」「大学における障害者差別禁止法」

「職場における障害者差別禁止法」（1999年）は，職業生活における障害者差別をなくすことを目的とし（1条），雇用主は障害をもつ求職者や雇用者を冷遇してはならない（4条）としている．

また「大学における障害者差別禁止法」(2001年)は，高等教育機関の学生および入学希望者の平等の権利を促進するために，性，人種，同一性障害，障害による差別をなくすことを目的とする（1条）．大学に対して，障害などによる学生への差別をなくすための計画作りを義務づけ（5条），ハラスメントを防ぐための調査や方法の検討を義務づけている（6条）．

3 スウェーデンの障害者サービス──「社会サービス法対象者」と「LSS法対象者」

スウェーデンの障害者に関する統計は2つに分かれる．(1)社会サービス法と保健医療法の対象となる障害者，(2) LSS法の対象となる障害者である．

社会サービス法対象者とLSS法対象者を合計すると72,179人（2005年）で（表7-1），スウェーデンでは人口の0.8％が障害者サービスを利用している．

(1) 社会サービス法対象の障害者

社会サービス法および保健医療法の対象となる障害者（65歳未満）は1万7,900人である．そのうち約1万6,000人が自宅でホームヘルプを利用しながら生活している．2000年に比べて13％の増加であり，主に45～65歳の年齢層での増加が目立っている．また，約5,800人が介助つき住宅で暮らしている（2005年）．

表7-1　スウェーデンにおける障害者サービス利用者

（2005年10月1日現在）

LSS法対象者	社会サービス法対象者 （65歳未満）	合　計
54,279人[1] （0.6％）	17,900人[2] （0.2％）	72,179人 （0.8％）

1) LSS法による法定サービス利用者数．数字には65歳以上も含まれる．
2) 社会サービス法によるホームヘルプサービスのみ利用者数（0-64歳）と訪問看護のみ利用者数（0-64歳）の合計．
注：（　）内の数字は全人口に占める割合．
出典：Socialstyrelsen. 2006. Funktionshindrade personer – insatser enligt LSS år 2005.

介助つき住宅の約45%がミニキッチンつきのワンルームでトイレ・シャワーもついている．2部屋にミニキッチンとシャワートイレがついているものが最も一般的である．

社会サービス法では，サービス内容や利用料金の決定は各コミューンに任されている．ホームヘルプ，ショートステイ，デイサービス，介護つき住宅の提供が主たる障害者サービスとなるが，サービスの量や種類，利用料金はコミューンによって異なる．社会サービス法対象者は，収入に応じて，利用料金を支払うが，在宅者の自己負担上限額は1588クローナ（1クローナ約17.8円，2007年5月現在）と法律で定められている．

(2) LSS法対象の障害者

1994年に施行されたスウェーデンのLSS法は，世界的にも注目される障害者の権利法である．もともとは知的障害者法の改正であったが，法律の対象を知的障害だけに限らず，重度の介護や介助を必要とする「機能障害者」を対象とした．前述の社会サービス法はその運用をコミューンに大きく任せているのに対し，LSS法では10種類の法定サービスを条文に規定し，その実施をコミューンに法的に義務づけた．

LSS法対象の障害者は，全国で5万4,279人（2005年）で，この数は全人口

表7－2　LSS法対象者数の推移　　　　　　　　　　（人）

	1999年	2000年	2001年	2002年	2003年	2004年	2005年
0-22歳	13,300	13,900	14,800	15,500	16,600	17,300	50,417
23-64歳	27,700	28,500	29,100	29,800	31,300	31,800	
65歳以上	3,000	3,100	3,200	3,300	3,600	3,800	3,862
合計	44,000	45,500	47,100	48,600	51,500	52,900	54,279

注）　1999年，2000年は10月1日現在．2001年，2002年は9月1日現在．2003年，2004年，2005年は10月1日現在の数字．
出典：Socialstyrelsen. 2006. Funktionshindrade personer – insatser enligt LSS år 2005. をもとに加筆修正．

の約0.6％にあたる．LSS法対象者数は年々約3％ずつ増加しており，1999年に比べ2005年では1万人強の増加を示している（表7－2）．

LSS法対象の障害者は，重度の介護や介助を必要としている人で，その認定基準は法律で決められている（表7－3）．〈グループ1〉は知的障害と自閉症によく似た症状があるケース（46.8％），〈グループ2〉は脳の障害による重度の機能障害をもつケース（32.9％），〈グループ3〉は身体的機能障害があるケース，精神障害があるケース（18.4％）である（数字は2005年）．

(3) LSS法による10種類の法定サービス

前述のように，LSS法では10種類の法定サービス（表7－4）が規定されており，コミューンにはこれらのサービスを必要とする人たちにこれらのサービスを提供する義務がある．

さらに表7－5は，LSS法対象者の各サービス利用状況を示す（表7－5）．

LSS法による事業（2004）は全国で10万4,200件で，最も利用が多いサービスはデイサービス（⑩）である．サービスの約85％がグループ1（知的障害者，自閉症や自閉症のような症状をもつ障害者）の利用となっている．LSS法対象者のうち，2,800人が精神障害者で，この数は前年に比べ3％増加した．

LSS法対象者のうち2万1,100人がグループホーム等を含む介助つき住宅

表7－3　LSS法による障害グループ別認定者数

（2005年10月1日現在）

	グループ1	グループ2	グループ3	グループ3以上	合　計
認定者数	25,403	17,856	9,996	1,024	54,279
比率	46.8％	32.9％	18.4％	1.9％	100％

グループ1：知的障害者と自閉症，あるいは自閉症によく似た症状があるケース．
グループ2：脳の障害による重度の障害をもつケース．
グループ3：身体的機能障害があるケース，精神障害があるケース．
グループ3以上：その他．
出典：Socialstyrelsen. 2006. Funktionshindrade personer － insatser enligt LSS år 2005.

表7-4　LSS法による10種類の法定サービス

①助言および支援（9条1項） 　LSS法の対象者はケースワーカー，心理カウンセラー，理学療法士，言語療法士，作業療法士等の専門職から助言と支援を受けることができる．（県が実施している場合もある．）
②個別介助サービス（9条2項） 　重度の機能障害があり，日常生活を送る上で，多くの量の援助を必要とする人が利用できるサービス．コミューン直営のサービスを利用することもできるし，個別介助サービス手当を受け，自分で他事業者からサービスを購入することもできる． ※パーソナルアシスタンス補償金（LASS法）：衣服の着脱介助などについて，週に20時間以上の個別介助サービスが必要であれば，LASS法に基づき，社会保険金庫を通じて国から補償金が支払われる．20時間未満はコミューンから支給される．
③ガイドヘルプサービス（9条3項） 　友人を訪問したり，余暇活動やレジャー，散歩，通院などに支援を必要とする人のために提供される．
④コンタクトパーソン（9条4項） 　障害のある人が社会的な孤立を感じないで，自立生活を営めるように，日常生活へのアドバイスを行ったり，レクリエーション等への参加を援助したりする人．コンタクトパーソンは障害のある人が社会参加を果たすための条件づくりに貢献している．
⑤レスパイトサービス（9条5項） 　障害のある家族の介助を担っている家族に対して，休息やリフレッシュの機会を提供するためのサービスである．またこのサービスは，緊急事態へも対応し，24時間いつでも利用できるサービスになっている．
⑥ショートステイ（9条6項） 　ショートステイの目的は，本人の生活環境に変化を与えたり，同時に家族に休息を提供することである．介助つき住宅でのショートステイや他の家庭でのホームステイなどがある．
⑦障害児向け学童保育（9条7項） 　12歳以上の障害のある学童で，放課後や学校が休みの期間に自宅に居ることが困難な場合，このサービスを利用できる．
⑧青少年対象の介助つき住宅（9条8項） 　LSS法対象の児童や青少年で，特別な理由により両親と同居が困難な場合，他の家族あるいは介助つき住宅で生活することができる．
⑨成人対象の介助つき住宅*（9条9項） 　障害にあわせてグループホームを含む複数のタイプの住宅が用意されている．
⑩デイサービス（9条10項） 　就労年齢にある障害者で，就業せず，また教育を受けていない場合，デイサービスを利用する権利を有する．（LSS法による第1グループと第2グループの障害者が対象）

表7-5　LSS法による法定サービスの利用者推移　　　（人）

	1999年	2000年	2001年	2002年	2003年	2004年
①助言および支援	18,600	16,400	—	11,900	11,700	11,200
②個別介助	(4,500)	(4,200)	(4,300)	(4,300)	(4,300)	3,900
③ガイドヘルプサービス	7,400	7,800	8,100	8,500	9,200	9,400
④コンタクトパーソン	13,400	13,600	14,000	14,500	15,200	16,100
⑤レスパイトサービス	3,600	3,600	3,600	3,500	3,600	3,700
⑥ショートステイ	9,400	9,800	9,600	10,000	10,400	10,500
⑦障害児向け学童保育	2,800	3,000	3,100	3,400	4,000	4,400
⑧介助付住宅（青少年対象）	1,200	1,100	1,100	1,200	1,300	1,300
⑨介助付住宅（成人対象）	16,500	16,900	17,500	18,000	19,000	19,800
⑩デイサービス	19,800	20,500	21,100	21,700	23,200	24,100

注1）個別介助は定義の変更があったため，2004年の統計は全年までの数字とは比較できない．
注2）「①助言および支援」については，1999年～2003年まで11月1日現在．2004年のみ10月1日現在．2001年の統計はなし．
注3）その他のサービスについては，1999年，2000年は10月1日現在，2001年，2002年は9月1日現在．2003年，2004年は10月1日現在の数字．
出典：Socialstyrelsen. 2005. Funktionshindrade personer – insatser enligt LSS år 2004.

（⑧⑨）で生活しており，LSS法対象者の38.9％にあたる．

先にも述べたように，社会サービス法によるサービスでは収入に応じた利用者負担が求められるが，LSS法の法定サービスには利用者負担はない．

4　法律の遵守を確実にする——障害者オンブズマン

以上みてきたように，スウェーデンでは社会サービス法，権利法としてのLSS法，差別禁止法があり，障害者を取り巻く法制度は日本に比べてかなり整備されている．障害者関係法の遵守をさらに確実にするために，障害者オンブズマンが存在する点もスウェーデンの特徴である．

障害者オンブズマンは「障害者オンブズマン法」（1994年）に基づき，設置されており，主たる任務は，障害者関連法の遵守を確実にすることにある．

障害者オンブズマンは政府により任命され，障害者の諸権利と利益に関する問題を監視し，障害者にとって完全な社会参加と生活条件の平等を実現することをめざす（1条）．主な仕事は，不服や苦情申し立てへの対処，法律上のアドバイス，情報提供，また障害者福祉に関する調査を行い，障害者に関連する法案については障害者の立場を代弁して意見を述べる．

オンブズマンはスウェーデン語で「代理人」という意味である．オンブズマンは，1905年に議会オンブズマンとして，スウェーデンに始めて創設された権利擁護のしくみであるが，戦後は消費者オンブズマン，男女雇用機会均等オンブズマン等の各種オンブズマンが増え，2007年現在では障害者オンブズマンを含め12種類のオンブズマン制度が存在する．

たとえば障害者オンブズマンが障害児を育てる母親の「代理人」になったケースがある．障害児を育てているホームヘルパーの女性が，勤務時間を変更された．新たな就業時間では彼女は週に2回息子を病院に連れていくことができるが，障害のある子どもに対する親の責任を果たす代わりに彼女は減収となってしまった．障害者オンブズマンは雇用主に問題を伝える文書を送り，男女雇用機会均等オンブズマンとも協力して，当該コミューンとの話し合いをもった結果，彼女を元の勤務時間に戻すこととなった（詳細は，斉藤（2000））．

5 おわりに——スウェーデンの障害者福祉の特徴

スウェーデンの障害者福祉には，次のような特徴がある．

第一に，自治体主義である．80年代の社会サービスに始まり，90年代以降は知的障害，精神障害を含めて，すべての障害者サービスは基礎自治体であるコミューンの責任で運営されるようになった．そして障害者当事者の参画のもとで障害者施策が提案され，実施されている．

第二に，重層的な権利擁護と人権擁護である．コミューンの財政難が理由で，障害者の自立生活が脅かされることがあってはならない．スウェーデンでは90年代にLSS法という権利法をつくり，さらに関連法の遵守を確実にするた

めに障害者オンブズマンを設置している．

スウェーデンの障害者福祉については，関連書籍も多く出版されているので，是非参考にしてほしい．

③-2　海外に学ぶ　(2)アメリカ
──自己決定運動と自己決定／受給者本位モデル──

1 自己決定運動

　アメリカの多くの州においては，知的障害者の地域サービスの調整を，わが国における福祉事務所のような行政機関ではなく，自治体からその業務を民間非営利団体が委託されて運営している地域センター（regional center）という機関が行っている．70年代から知的障害者の大規模入所施設の解体が始まったアメリカでは，この地域センターが，施設から地域移行した後の知的障害者に対する地域生活の支援とサービス資源調整の要となる役割を担ってきた．

　しかし，施設解体が一段落してきた80年代後半になると，知的障害者の当事者団体や親の会からは，専門家が権限をもち運営する地域センターによって自分たちの生活をコントロールされることに対する不満の声が全国的に高まっていった．

　そういった動きに着目し，アメリカでも著名な福祉関係の助成財団であるロバート・ウッド・ジョンソン財団（Robert Wood Johnson Foundation）が，「知的障害者の自己決定のための全米プログラム（National Program Self-Determination for People with Developmental Disabilities）」という大規模な助成事業を開始した．この助成事業は，2004年現在でも継続実施されているが，「サービスのために必要な資源のコントロールを，障害当事者・家族・支援者のもとに戻す．そのことで，サービスの総費用は減少し，利用者一人ひとりのQOLは高まる．」という仮説を検証するために，知的障害者の自己決定支援システムを構築する

団体や自治体に対し助成を行うというものであった.

そして，この助成をうけた知的障害者のためのアドボカシー／セルフ・アドボカシー団体や自治体が核となり，90年代初頭から，知的障害当事者の自己決定支援システムの構築をめざす「自己決定運動（self-determination movement）」が，本格的に全米に広がっていったのである.

2 自己決定／受給者本位モデル

この自己決定運動において開発されてきたサポートシステムは，「自己決定／受給者本位モデル（self-determination model with consumer budget control）」と呼ばれている.

この自己決定／受給者本位モデルの目的とは，知的障害者が地域生活を送るためのプランを，利用者の地域生活を支えるための費用計画を作成し，自治体からの受給支援と日常生活の金銭管理とサービス利用支援とを一体化したサポートを，あくまで本人中心に行うことにある.

そして，その要となるのは，「個別会計（individual budget）」と呼ばれる知的障害者本人が望む地域生活を送るための費用計画であり，その個別会計を障害当事者と共に作成するのは，「支援仲介者（support broker）」と呼ばれる援助者である．この支援仲介者は，専門機関からも自治体からも完全に独立し，利用者と事業者の間のコーディネート，すなわち，障害当事者とその必要とする資源や情報をつなぐためのサービス事業者との契約支援と契約後のサービスのモニタリングを行うと同時に，利用者とサービス費用を給付する自治体との間のコーディネート，すなわち，その利用者の地域生活のための費用計画である個別会計を利用者と共に作成し，そのために必要な給付の調達に対する受給交渉支援の役割を担う.

さらに，支援仲介者と共に，「会計仲介者（fiscal intermediary）」と呼ばれる個別会計に対する支援者が組織化されている．会計仲介者は，それぞれの個別会計の実務，すなわち，公的な給付の受け入れと事業者や介助者への支払い代行

および税金の支払いや銀行口座管理などの日常的な金銭管理の実務支援を担う．さらに，このような支援仲介者と会計仲介者は，「マイクロ・ボード（microboard）」と呼ばれる5～9人からなる非営利団体に組織化され，利用者が選んだスタッフが，利用者個人のために自治体と必要な給付の交渉をしたり，サービスの調整を行うしくみとなっている．

3 個別会計

その中核となる個別会計を構成する個別会計項目とは，たとえば，下記のようなものである[9]．

セクション1 「どこにだれと住むのか」の計画と費用
　　住居，同居者，介助者，衣料と美容・理容，食事，トレーニング，移動
セクション2 「コミュニティと人間関係」の計画と費用
　　寄付，ギフト，諸会費，移動，宗教，恋愛，文化，余暇活動
セクション3 「仕事・商売・収入を得ること」の計画と費用
　　仕事，企業運営
セクション4 その他の年間の費用
　　単発の費用，資産管理の費用等
セクション5 個別会計の管理費用
　　会計仲介，支援仲介の費用等

その項目は，一般の家庭の家計における費用項目に準じ，その費用は，その障害当事者自身の日常生活の計画とその費用を基にして計算され，自治体との交渉のための資料として使われることになる．このような個別会計を中心に，前述した支援仲介者，会計仲介者，マイクロ・ボード，利用者，自治体，地域センター，事業者との関係は，図7－1のようになる．

このようなの自己決定／受給者本位モデルに基づく支援は，あくまで利用者

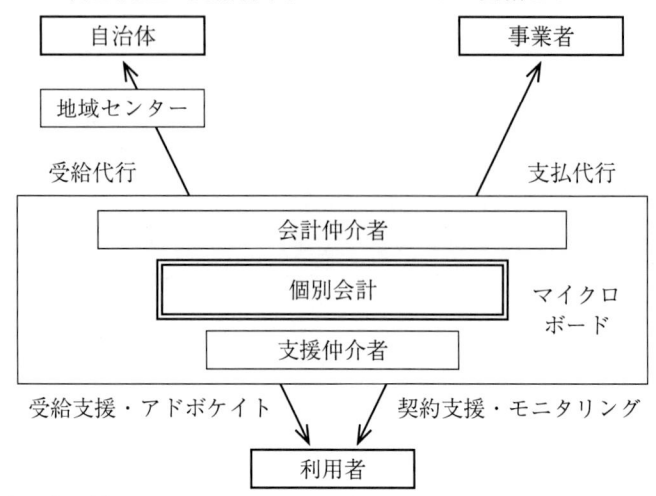

図7-1　自己決定／受給者本位モデルにおける受給とサービスの利用

```
        自治体              事業者
          ↑                  ↑
      地域センター
          
    受給代行              支払代行
    ┌─────────────────────────────┐
    │      会計仲介者              │
    │    ┌─────────────┐          │ マイクロ
    │    │  個別会計   │          │  ボード
    │    └─────────────┘          │
    │      支援仲介者              │
    └─────────────────────────────┘
    受給支援・アドボケイト  契約支援・モニタリング
          ↘              ↙
              利用者
```

出典：岡部耕典「支援費制度における利用者本位の受給支援システムの検討——アメリカの自己決定／受給者本位モデルを参照して」『社会福祉学』45巻1号，日本社会福祉学会，2004年

本位の地域生活とサービス利用を支援するシステムとして，ニューハンプシャー州やカリフォルニア州をはじめとする各地で実施されている．

4　知的障害者の主体的な地域生活のために

　このように，自己決定運動のもとで開発されてきた自己決定／受給者本位モデルとは，独居もしくは夫婦世帯単位の生活を前提にし，知的障害者自身が，それぞれ自分の望む生活のプランを，個別会計という自らの生活のための予算計画として組み立て，その計画をもとに給付交渉を行うというものである．そこでは，計画作成や自治体やサービス事業者との非対称性を補うための交渉の支援を前提にしつつも，あくまで生活計画を立案し，給付やサービスを求める交渉やコーディネートを行うのは，知的障害当事者であるというシステムがめざされていることに大きな特徴がある．

　これに対し，わが国において現在実行に移されようとしている地域移行計画の多くが前提とする地域生活のモデルでは，世話人の常駐するグループホーム

第7章 障害者福祉の課題と展望 245

での生活を基本とするため，日常的な相談援助と生活支援と金銭管理の支援の役割は，そのほとんどが世話人に集中してしまうことになる．また，制度としては，相談支援については生活支援センター，生活支援については居宅介護事業所，金銭管理については福祉サービス利用援助事業等もあるが，現実の地域生活の中で，これらの制度と支援の実態の一貫性・連続性は乏しく，少なくとも知的障害者自身からみて，けっして使い勝手の良いものとはなってはいないという現状がある．

加えて，生活支援センターはケアマネジメント，福祉サービス利用援助事業は，福祉サービス利用援助を担うといっても，その立場は専門的な第三者であり，交渉等において行政と非対等な関係にある知的障害者当事者に対して，その生活費および必要な福祉サービス受給のための支援主体（アドボケイト）となるという立場性には必ずしも立ってはいない．すなわち，本人主体の生活計画が立案され推進されることの制度的な担保は必ずしも十分ではない．

そもそも，知的障害者が施設ではなく地域で「自立」して暮らす意義とは，単に生活の場所が変わることだけではなく，その主体性の確保，すなわち生活主体としての「自律」の回復にある．その意味では，政策としての脱施設・地域移行が進められたとしても，その結果，入所施設での施設職員によるコントロールが，グループホームでの世話人によるコントロールに替わっただけとなったり，生活支援センターの専門家が作成したお仕着せのサービスメニューに従うだけのものとなることがあれば，その意味も半減するといえよう．

わが国より30年早く知的障害者の脱施設と地域移行の施策が開始されてきたアメリカでは，こういったことが，実際に大規模な地域移行が進められていく過程で，制度の利用者側の実感として明らかになり，その結果として，自己決定運動が起こり，自己決定／受給者本位モデルが生れたことを紹介してきた．わが国でも，地域生活支援のモデルや制度はこれまで行政や専門家主導で作られてきたが，地域移行が本格化する中で，遠からず，実際に地域で暮らす制度の利用者側から，その再構築が求められる日がくるのではないだろうか．

③-3　海外に学ぶ　(3) アジアを中心とした開発途上国の障害者

　障害者は，どこにでもいる．その意味で，開発途上国にも障害者がいる．WHO（世界保健機構）の推計によれば，世界の全人口の10％は障害者であり，その数は5億人にも上るという．開発途上国の障害者については，私たちはまず途上国にいるということで受けている抑圧，さらに障害者であるということで受けている抑圧の二重の抑圧を受けていることを思い起こさなければならない．加えて，女性障害者であったり，インドのカースト制度のような枠の中にいる場合，さらに多重的な抑圧の中にいることとなる．日本であったなら，現在の制度の中では，十分仕事を得られてもおかしくないような左足をポリオで失っただけの障害者も，最低カーストに所属しているため，インドのムンバイで，社会の側での無理解ゆえに10年以上，職を求めているのにもかかわらず，仕事が得られないという．さらに，職安で紹介された場所でも嘲笑を受け，政府に自殺を志願したというような悲惨な例もある．[10] インドのような国のケースでは，こうしたアウトカースト（不可触賤民）と呼ばれる人たちの状況を広義の障害に入れて考えるエルブ＆ハリス＝ホワイト（Erb and Harris-White, 2002）のような研究者もいる．

　この例でわかるように，開発途上国の障害者の問題は，先進国以上の複雑な問題を含んでいる．またいわゆるセイフティ・ネットのような社会保障の仕組みも国家によって提供されていないことが多いことから，これらの障害者は職を失うことが，明日の生活，命の保障を失うことにもつながっている．

　1981年からの国連のキャンペーン，「世界障害者の十年」が終了しても，アジアをはじめとした開発途上国の状況は，ほとんど改善されなかった．こうした状況を受けて，アジア太平洋地域では1993年から「アジア太平洋障害者の10年」，さらに2003年から2012年までのこの10年の継続が国連ESCAPを中心に加盟国の間で実施されている．現在のこの地域の障害者への取り組みは，

「びわ湖ミレニアム・フレームワーク（BMF）」の中で取り組まれているが，その優先課題と課題間の関係は図7－2に示されている通りである．

雇用を通じたエンパワメント，またICTなどの助けを借りたメインストリーミング，これに身体機能の制約としての障害への対処である予防・早期介入，アクセシビリティの問題が，家族を含む広義の障害当事者団体を中心とした取り組み，ジェンダーにも目配りした取り組みという形で，実践されていくという枠組みである．開発途上国にとって，障害の問題は，先進国以上に貧困の問題と切り離しては考えられず，1990年と比べて2015年までに貧困を半分に減らすという国連のミレニアム開発目標（MDGs）との関連から，現在，開発途上国の障害者の問題は，国際的に大きな問題となっている．

では，こうした障害者の問題に各国はどのように取り組んでいるのだろうか．開発途上国では一般に国家財政にゆとりがなく，各国の開発政策でも障害者政策は，周縁化され，少ない予算配分しか受けられない時代が長く続いた．しか

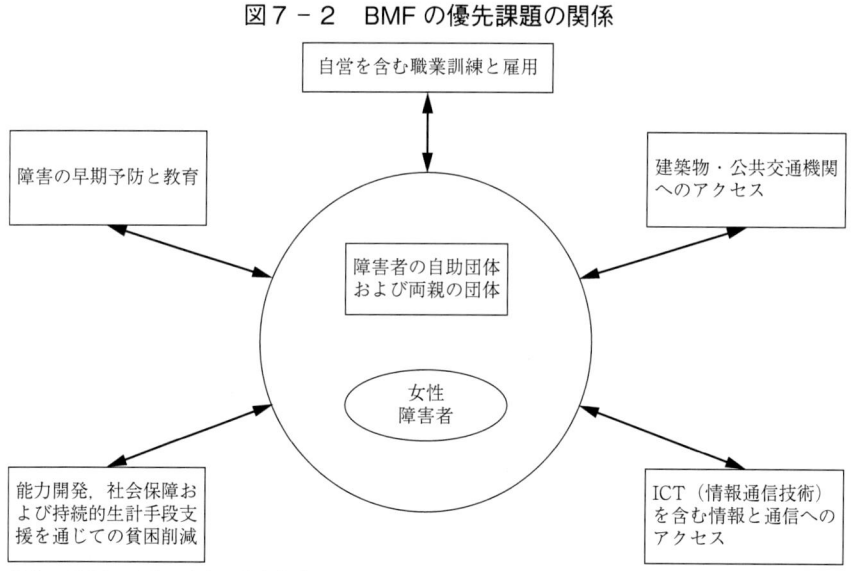

図7－2　BMFの優先課題の関係

出典：ESCAP文書をもとに筆者作成．

しながら，たとえば世界的な障害者施策の発展を受けて，開発途上国でもタイなどDPI（障害者インターナショナル）のアジア太平洋本部が置かれたような国もある．タイでは，政府も1991年，障害者に関する初の法令である「障害者リハビリテーション法」が制定されており，1997年に発布された憲法でも法の下，「すべての障害者の平等な機会と社会への完全参加の権利」が保証されている．その後，日本政府の支援でアジア太平洋障害者センター（APCD）も2004年に設立され，この地域の障害者支援のセンターをめざしている．

またフィリピンでは，1992年に共和国法7277号として障害者のためのマグナ・カルタとして知られる法律が制定されており，国家の開発のための中期計画等でも障害者についての言及がなされている．また1993年には，すべての公共，民間の建造物・施設に対し，障害者アクセシビリティを求め，交通機関や郵便料金の減免を求めるアクセス法も施行されている．しかしながら，こうした法整備の一方で，それを実践に移すための予算措置は十分に講じられておらず，こうした法制が実際的価値を発揮していない．また，フィリピンでは障害者を雇用した企業には障害従業員への賃金分の25％の減税措置を受けられるなどの措置もあるが，これらも障害者の雇用を増加させる効果を発揮していない．

政府による十分な予算措置もない中，従来の施設に依存した障害者支援ではなく，アジア諸国では，現在，CBR（地域社会に根ざしたリハビリテーション）という仕組みが広まりつつある．これは，施設を中心としたリハビリテーション（IBR）に対立する考え方であるが，地域社会をベースに障害者が生きやすい社会を作っていこう，地域開発の仕組みの中に障害者も組み込んでいこうという考え方である．専門家が常駐する障害者専門施設を作るのには，一般的に費用もかかる．またそうしたところに実際，障害者が通所する，入所するのにも費用の問題があることや，障害者の分布が農村部などにも広く分散していることを考えても，いわば，開発途上国の実情にあったリハビリテーションの形態が求められている．もともとは先進国での脱施設化の運動の影響を受けて，

WHOが1976年に採択したプライマリー・ヘルスケアのプログラムであったCBRは，1979年に同組織から *Training in the Community for People with Disabilities* が発表されて，具体的な形を表してきたといわれる．ただ，CBRには，その名称から単に従来の医療リハビリテーションを地域で行うこととういう誤解もつきまとっており，そうした実情を踏まえて，1994年に，WHO，ILO，UNESCOの3つの国連関係機関が合同で，CBRのポジション・ペーパー（基本方針）を出し，CBRを改めて次のように定義している．「CBRは地域社会開発における，全障害者のリハビリテーション，機会の均等化，社会統合のための戦略の一つである．CBRは障害者自身，家族と地域社会，そして適切な保険，教育，職業及び社会サービスの連携協力を通して遂行される」（久野研二訳）．つまり，CBRはリハビリテーションという名前はついているが，地域社会開発にともなう概念であり，言い換えれば，「障害者を包含した開発（Disability Inclusive Development）」のための戦略と言い換えることができる．

　現在，アジア諸国では，こうした観点から，当事者組織・団体を中心にしたCBRによるエンパワメントとメインストリーミングといった枠組みで，障害者も開発過程の一員として取り込んでいく，開発過程に障害者も積極的に関与していくという形の取り組みがなされている．しかし，ここでも述べたように貧困の問題や施策のための資金不足の問題は常につきまとっており，これらを国際的な支援の枠の中でどう解決していくかが，当面の課題となっている．

注・引用・参考文献

1）社会運動（Social Movement）：社会変動の原因ないし結果として生ずる社会的危機を解決する意図をもって動員される組織的行動もしくは集合行動（出典：浜島朗他編『社会学小辞典』有斐閣）
2）青い芝の会：青い芝の会は，1957年11月に東京大田区で結成された脳性マヒ者の団体である．親睦会から始まり，都内，地方に支部をもつ組織と発展した．その支部は独自な運動も行い，神奈川支部である「青い芝神奈川連合会」は70年代には最も急進的な運動を行っていた．1973年に全国組織の日本脳性マヒ者協会「全国青い芝の会」が結成されるが，青い芝の会といっても地域によって，時期によって告発から現実路線まで運動に変化があった団体なのである．（東京

青い芝の会編機関誌『とうきょう青い芝復刻版』1979年）
3) たとえば青い芝の会行動綱領4原則は次のように述べる．
　　一，我らは自らがCP者であることを自覚する．（注：CPとは脳性まひ）
　　一，我らは強烈な自己主張を行う．
　　一，我らは問題解決の道を選ばない．
　　等4つの運動指針を示している．
　　（横塚晃一『母よ！殺すな』すずさわ書店，1975年，p.92）
4) 伊藤和代（脳性マヒの障害をもつ女性）は，自伝的文章で「養護学校も，施設もない世界に行きたいです．障害者も同じ人間なのです．」（月刊障害者問題編集部編集発行『月刊障害者問題』No.47，1980年4月，p.3）と書いている．当時，施設を出，生活保護を受けながら学生ボランティアに介助を頼み，地域で生活する重度の障害者が増え始めていた．
5) 吉本充賜「障害者問題とリハビリテーション」『障害者福祉への視座』ミネルヴァ書房，1978年，pp.118～145
6) 吉本充賜「障害者問題と発達保障論」『障害者福祉への視座』ミネルヴァ書房，1978年，pp.146～160
7) 吉本充賜「現代社会と障害者施設」『共生福祉論』ミネルヴァ書房，1987年，pp.146～149
8) 吉本充賜「施設福祉実践と制度改革」『社会福祉学』第31巻第1号，日本社会福祉学会，1900年，pp.51～63
9) Nerney, Thomas, FILTHY LUCRE – CREATING BETTER VALUE IN LONG TERMSUPPORT, 2001.（http://www.self-determination.com/publications/lucre.htm, 2007.4.1）
10) http://www.ndtv.com/morenews/showmorestory.asp?slug=Disabled+man+seeks+permission+to+end+life&id=84062&category=National, 2006年1月23日ダウンロード．

〈参考文献〉
① 安積純子・岡原正幸・尾中文哉・立岩真也『生の技法』増補改訂版，藤原書店，1995年
② 月刊障害者問題編集部編集発行『月刊障害者問題』1976年5月～1983年4月
③ 高杉晋吾「府中療育センター闘争の切り拓いたもの」『季刊福祉労働3』現代書館，1979年
④ 津田道夫・木田一弘・山田英造・斉藤光正『障害者の解放運動』三一書房，1977年

⑤　日本知的障害者福祉連盟編『発達障害白書』日本文化科学社，各年度版
⑥　二日市安『私的障害者運動史』たいまつ社，1979 年
⑦　山田明「占領下の身体障害者運動と身体障害者福祉法制定への参加」児島美都子ほか編『障害者と社会保障』法律文化社，1979 年
⑧　丸山一郎『障害者施策の発展』中央法規，1998 年
⑨　板山賢治・仲村優一監修『続・自立生活への道』全国社会福祉協議会，1990 年
⑩　定藤文弘・岡本民夫・北野誠一編著『自立生活の思想と展望――福祉のまちづくりと新しい地域福祉の創造をめざして』ミネルヴァ書房，1993 年
⑪　全国自立生活センター協議会編『自立生活運動と障害文化――当事者からの福祉論』現代書館，2001 年
⑫　杉本章『障害者はどう生きてきたか――戦前戦後障害者運動史』ノーマライゼーションプランニング，2001 年
⑬　河東田ほか編著『ヨーロッパにおける施設解体――スウェーデン，英，独と日本の現状』現代書館，2002 年
⑭　河東田博『スウェーデンの知的しょうがい者とノーマライゼーション――当事者参加・参画の論理』現代書館，1992 年
⑮　カール G. アールストレームほか編，二文字理明訳編『スウェーデンの障害者政策［法律・報告書］―― 21 世紀への福祉改革の思想』現代書館，1995 年
⑯　斉藤弥生「障害と自律社会」岡沢憲芙ほか編『スウェーデン――自律社会を生きる人びと』早稲田大学出版部，2006 年
⑰　斉藤弥生「第 11 章　スウェーデンにおける障害者の権利擁護とオンブズマン」福祉オンブズマン研究会編『福祉"オンブズマン"　新しい時代の権利擁護』中央法規，2000 年
⑱　Socialstyrelsen, *Funktionshindrade personer – insatser enligt LSS år 2005*, 2006.
⑲　Socialstyrelsen, *Funktionshindrade personer år 2005. Kommunala insatser enligt socialtjänstlagen samt hälso- och sjukvårdslagen*, 2006.
⑳　Stroman, Duane, F., *The Disability Rights Movement – From Deinstitutionalization to Self-Detemination*, University Press of America, 2003.
㉑　久野研二・中西由紀子『リハビリテーション国際協力入門』三輪書店，2004 年
㉒　小林明子『アジアに学ぶ福祉』学苑社，1995 年
㉓　中西由紀子『アジアの障害者』現代書館，1996 年
㉔　中西由紀子・久野研二『障害者の社会開発 CBR の概念とアジアを中心とした実践』明石書店，1997 年

㉕ 萩原康生編『アジアの社会福祉』中央法規，1995年
㉖ 萩原康生『国際社会開発――グローバリゼーションと社会福祉問題』明石書店，2001年
㉗ ピーター・コーリッジ著（中西由紀子訳）『アジア・アフリカの障害者とエンパワメント』明石書店，1999年
㉘ E. ヘランダー著（佐藤秀雄監修，中野善達編訳）『偏見と尊厳――地域社会に根ざしたリハビリテーション入門』田研出版，1996年
㉙ Erb, Susan and Barbara Harriss-White, *Outcast From Social Welfare*, Bangalore, India: Books for Change, 2002.

学びを深めるために

① 水戸事件のたたかいを支える会編『絶対，許さねえってば：水戸事件（障害者差別・虐待）のたたかいの記録』現代書館，2006年

　　1996年1月，水戸市にあるダンボール会社の社長赤須正夫が，障害者雇用による公的助成金詐取の容疑で逮捕された．これを皮切りに，知的に障害のある従業員たちへの暴行，性的虐待をめぐる裁判がはじまる．被害者らは，被告への謝罪要求と事件の真相解明だけではなく，生きることへの抑圧や家族の苦難，福祉の現状や行政等関係機関の姿勢など，社会に内在する障害者差別の存在を浮き彫りにさせていった．本書により，知的障害者の人権保障の現実的課題が理解できる．

② 障害学研究編集委員会編『障害学研究〈1〉』明石書店，2005年

　　障害学は欧米で成立した新たな知のアプローチである．障害を個人の責任とし，自身の努力や克服を迫るのではなく，その障害をつくる社会の仕組み，人びとの意識の中へ分け入り，問題の所在を転換しようとする学問である．本書は，障害学会第1回大会シンポジウム，論文7編，エッセイ4編，書評2編で構成されている．障害を切り口とし，障害の意味や価値について従来とは違ったさまざまな視点から考察される中で，真の当事者とはいったい誰なのか，読む人の立場が問われていく作品となっている．

☞ 「他に行くところがない」と，虐待を受けてもなお会社に残る障害のある人びとに，人権保障の観点からいかなる支援が必要だろうか．

☞ 障害はひとつの個性だという意見がある．また個人に備わる障害も見方を変えれば，その人の魅力や才能につながることがある．そのような経験や体験が身近にないか話し合ってみよう．

学びのオリエンテーション

障害者の性——フランス映画「ナショナル7」が問いかけること

　日本でも公開されたフランス映画「ナショナル7」（国道7号線）の舞台は，南フランスのある障害者生活施設である．そこに施設のスタッフや仲間とよく衝突する中年の障害者ルネがいた．そして彼の担当となったケアスタッフ，ジュリは，なぜルネが周りの人びとと上手くやっていけないか，やがて本当の理由を知ることになる．それは，「セックスがしたい」という欲求だった．そこからジュリの，施設職員としての葛藤と活躍のドラマがはじまる．この映画は，ルネとジュリの実話に基づいた物語なのである．

　もし，ルネに障害が無く，施設に生活していなかったならば，ドラマにはならなかったはずである．ここに「障害者の性」の特有な姿がある．つまり，障害者に特別な性の形があるわけではなく，ただ施設や介助という概念に「性」に関することが存在しない「問題」がある問題であって，問うべきは，このような施設や介助を作ってきた「健全者の性」の側なのである．障害者の人権の理解が進んだ現在でさえ，「障害者に性欲があるなんて考えてもみなかった」という声は少なくない．

　では映画の中でジュリはどうするのか．必死で要求を認めてもらおうとするルネに対して，施設長や同僚のそっけない対応を横に置き，ジュリはルネのために行動をし，理解者を得ることになる．映画ではこのように終わるのだが．

　「障害者の性」について障害をもたない人から質問を受けることがある．「恋愛や性のことで悩みをもっているのは障害者ばかりじゃない．健全者だって同じ．あえて対応を考えるなんておかしいのではないか」と．

　たしかに性の事柄は，障害がある，ないにかかわらず誰でも問われる一生の課題である．欲望に迷い，その炎に苦しむのは，人の宿命であろう．

　だが，その一方で障害のある人には，やはり先に示した隘路がある．自慰等の性的緊張を解く行為でさえ何らかの機能障害があれば，介助者の介入を必要とする場合がある．個室とユニットが組み合わされた施設であっ

ても，あるいは地域生活支援システムであっても，恋愛・デート・セックス・結婚・妊娠を射程に入れたケアができるところは現在いくつあるだろうか．いやそもそもそのルートの入り口（出会い）さえ明確に存在するとは限らない．

　もちろん，社会福祉は，障害のある人の生活，そのすべてをケアしようと考えているわけではないが，身近に悩みを共にする機会はやはり多いはずである．ノーマライゼーションや生活の質（QOL）の向上が求められてかなりの時間も経つのであって，人権問題を視野にいれれば，性の問題が現在の援助の現場で看過できない課題であることに疑問の余地はないはずである．

　ただ，ここでは解決策を示すことはできない．むしろ「障害者の性」という問いかけに，多くのメッセージが込められており，ケアの現場のみならず，健全者社会の性の有り様をも端的に指摘していることを確認しておきたい．むろん，ジュリのとった方法に批判もあるだろう．また，フランスでも同性介護（介助を受ける人と介助をする人の性別が同じ性であること）が徹底していないのか，という疑問もある．しかし，「ナショナル7」という映画は，障害当事者と介助者の目線に立ってわかりやすく，リアルかつユーモアを織り込みながらそれらのメッセージを語りかけてくる作品である．フランスのある地方の施設で実際にあった出来事の本質を見失ってはならないだろう．あの施設のそばを走る国道7号線は，日本の国道にも通じている．

　「障害者の性」をテーマとした本は比較的多く出版されている．ここでは2冊の紹介にとどめたい．まず一冊は，谷口明広編著『障害をもつ人たちの性─性のノーマライゼーションをめざして』明石書店，1998年である．機能障害と課題との関係が整理されている．次の一冊は，倉本智明編著『セクシュアリティの障害学』明石書店，2005年である．障害と性にまつわるさまざまな言説・概念を見直している．

　　※フランス映画「ナショナル7」監督・脚本：ジャン−ピエール・シナビ
　　　REZOFILMS　2000年ベルリン映画祭観客賞受賞作品

　　　　　　　　　　　　　　　　　　　　　　　旭　洋一郎（長野大学）

エピローグ——私の夢

プロローグで紹介したC子さんは，ある日夢を見た．

ここは，私の住む町である．この町には，昔「障害者」と呼ばれていた人びとが，今はただ「配慮を必要とする人びと」として住んでいる．この町では，各自の差異が正しく認識されており，車いすを押す人の姿は，よちよち歩きの子どもの手を引く大人のごとく自然なものである．同様に点字や手話は，誰もが自然に身につけ，日常的に使用している．

障害（差異）の有無にかかわらず，妊娠，出生とを通じて，適切な保健体制のもとに置かれる．この国では，「本人の責任でないのに，その人が苦痛を味わうことを最大の恥」としているため，本人の責任でないとされることは，国の責任で保障している．したがって，出産というすばらしい出来事は，当然のことながら無料である．病気という事態もしかりである．まして障害をもって生まれたり，出生後最大の医学的措置を施し，かつ障害をもつようになった人びとに対しては，最大の社会的配慮がなされることはいうまでもない．すべての子どもは保育所に通い，集団保育を受け，社会の一員としての自覚が養われる．母親も父親も安心して，あらゆる職場へと働きに出てゆく．

この町はもちろんのこと，この国には，盲学校・聾学校・養護学校などというものは存在しない．あるのは，ただ「学校」だけである．就学の免除などは，考えられないことである．すべての児童は，町の学校で学び合う．一クラスは，せいぜい25人で，障害のある児童・生徒は，補助教師の適切な配慮のもとに，そして何よりもクラス構成員の自然なあたたかい援助のもとに，ほとんどの学習活動を一緒に行っている．すべての児童・生徒の健康は守られている．重い障害のある人には，学内の医療グループとの密接な協力体制がしかれている．

学校では，精神的な労働と肉体的な労働が結びついた形で，生活に密着した教育が行われている．女子も男子も料理を習うと同時に，栄養学，生物学を合

わせて学ぶ．またラジオを組み立てると同時に，工学，物理学の基礎を学ぶ．スポーツは，自ら行い，人間同士の触れ合いの場となり，勝敗より力を合わせてやる過程が重視されている．したがって，職業としてのスポーツやさまざまなコンテストは，存在していない．

学校や地域の図書館の図書は，活字とともに，点字や音声に変換されており，さらには弱視用に拡大された図書も備え付けられている．図書館をはじめ，あらゆる建築物は，あたりまえのことだが，妊婦・子ども・高齢者・障害のある人などすべての人が無理なく利用できるように設計されている．信号は目と耳で識別できるし，バスなどの交通機関や道路も，車いすで自由に利用できる．立っていることに不自由を感じる肢体の障害をもつ人や，お年寄り，妊婦などには，誰もが席を譲るので，優先席などというものは存在していない．

自動販売機はほとんど見当たらないが，あっても公衆電話同様，車いすを利用する人に合った高さであり，視覚に障害のある人が利用する点字表示がしてある．テレビや映画は，字幕が出ているので，聴覚に障害がある人も楽しむことができる．知的に障害がある人にもわかりやすいように，ふりがながふってある．そしてこの国は，ロケットを打ち上げる技術と，寝たきりから寝がえりをうつようになった人間の行為とが，労働として等しい価値を置いている．

「福祉施設」といったものはなく，「地域福祉センター」が，住民のあらゆる福祉ニーズに応じ，一貫した相談と支援が提供されている．最も配慮を要する重い障害をもった人たちは，ここで医療・教育・労働の保障のもとに生活を送っている．

本書には，この夢を現実にするために，多くの手がかりが含まれている．
このことが，共に生きる社会づくりにつながるのである．

障害者福祉年表

西暦	年号	国内外の出来事	社会福祉・社会保障関連	西暦	障害者（児福祉関連）	障害者運動・その他
1868	明治元	王政復古の大号令		1868		
1871	4			1871	太政官布告「盲官廃止令」により「当道座」解体	
1872	5	「学制」頒布，「廃人学校あるべし」と規定される		1872	営繕会付属養育院設置（路上生活者とともに精神障害者も収容）	ロシア皇太子来日を前に東京の浮浪者一掃
1874	7		恤救規則	1874		
1875	8			1875	日本最初の公立精神病院，京都癲狂院設立	楽善会創設
1878	11			1878	盲亜院設立（京都），のちに京都市立盲亜院となる	
1880	13			1880	楽善会訓盲院開校（東京），のちに訓盲亜院と改称	
1890	23		軍人恩給法	1890	軍人恩給法（傷痍者に増加恩給）	
1891	24	足尾鉱毒事件		1891	石井亮一，孤女学院，のちの滝乃川学園（知的障害者施設）を創設	
1900	33		感化法公布	1900	・小学校令改正により就学義務の免除猶予及び盲亜学校の小学校付設を規定 ・精神病者監護法公布	
1902	35			1902		精神病者慈善救治会設立
1906	39			1906	廃兵院設置（内務省所管）	
1907	40	無性化法（断種法：米国インディアナ州）		1907	癩（らい）予防ニ関スル件（法律第11号）	
1909	42			1909	東京盲学校設置	
1910	43	・大逆事件 ・韓国併合		1910	東京聾唖学校設置（東京盲亜学校は廃止）	
1914	大正3	第一次世界大戦（～'18）		1914		
1917	6	ロシア革命		1917	軍事救護法（傷痍軍人対策）	
1918	7	・米騒動 ・職業リハビリテーション法（米国）	大阪方面委員制度	1918		
1919	8			1919	精神病院法公布	

西暦	年号	国内外の出来事	社会福祉・社会保障関連	西暦	障害者(児)福祉関連	障害者運動・その他
1920	9	・国際連盟発足 ・第1回メーデー		1920		盲人牧師熊谷鉄太郎ら「盲人文化協会」を東京に設立
1921	10		中央慈善協会,「社会事業協会」に改称	1921	柏倉松蔵により「柏学園」が東京に創立(最初の肢体不自由児施設)	第六回中央社会事業大会で知的障害児の保護問題が論じられる
1922	11	・全国水平社創立 ・日本共産党結成	・少年法制定 ・健康保険法制定(施行'27年)	1922		
1923	12	・関東大震災 ・朝鮮人虐殺		1923	盲学校及び聾唖学校令公布	
1924	13		社会事業協会,財団法人中央社会事業協会となる	1924	「財団法人同潤会」創設,震災による傷害者の救援施設「同潤啓成社」開設	
1929	昭和4	世界大恐慌	救護法制定(施行'32年)	1929		「中央盲人福祉協会」設立
1932	7			1932	東京市立光明学校創設(公立最初の肢体不自由児学校)	
1934	9			1934	「廃兵院」が「傷兵院」に改称	「日本精神薄弱者愛護協会」設立
1937	12	日中戦争勃発(〜'45)	母子保護法制定	1937	軍事扶助法制定	
1938	13	国家総動員法	・厚生省設置 ・社会事業法制定	1938	傷兵保護院(厚生省外局)(翌年軍事保護院となる)	
1940	15	日独伊三国軍事同盟成立		1940	・国民優生法公布(断種を規定) ・大阪市立思斉学校設立(最初の知的障害児公立学校)	
1941	16	太平洋戦争勃発(〜'45)	戦時災害保護法制定	1941		
1942	17	イギリス,ベバリッジプラン発表		1942	・高木憲次により肢体不自由児施設「整肢療護園」開設(初の総合施設)	
1945	20	・日本ポツダム宣言受諾 ・餓死対策国民大会(日比谷公園)	日本政府「生活困窮者緊急援護要綱」策定	1945	光明国民学校,長野・上山田に疎開	・京都宇多野療養所患者自治会結成

障害者福祉年表　259

西暦	年号	国内外の出来事	社会福祉・社会保障関連	西暦	障害者(児福祉関連)	障害者運動・その他
1946	21	・天皇「新日本建設に関する詔書」(いわゆる人権宣言) ・食糧メーデー	・GHQ「救済福祉計画に関する覚書」(SCAPIN775) ・生活保護法(旧法)公布	1946	・近江学園開設(糸賀一雄)	・ハンセン病(癩)療養所患者自治会発足(鹿児島・星塚)
1946	21	・日本国憲法公布(470503施行)		1946		
1947	22		労働基準法,地方自治法公布	1947	・児童福祉法公布 ・教育基本法,学校教育法公布施行(盲・聾・養護学校・特殊学級を規定)	・国立療養所全国患者同盟結成 ・全日本聾唖連盟創立
1948	23	・国連第3回総会「世界人権宣言」採択	・社会保障制度審議会設置法公布	1948	・盲・聾学校義務教育化(学年進行)	・「日本肢体不自由児協会」設立 ・全国国立私立病院患者同盟結成(後の日本患者同盟) ・日本盲人会連合結成
1949	24	・ドッジ・ライン実施	・GHQ社会福祉6原則を指示	1949	・国立身体障害者更生指導所設置法公布 ・身体障害者福祉法公布	・精神薄弱児愛護協会再建(55年に精神薄弱者愛護協会)
1950	25	・朝鮮戦争勃発	・生活保護法(現法)公布・施行	1950	・精神衛生法公布(発生予防重点) ・中央身体障害者福祉審議会設置	・東京ヘレンケラー協会設立
1951	26	・サンフランシスコ平和条約調印	・中央社会福祉協議会設立 ・社会福祉事業法公布	1951	・参院厚生委員会で光田健輔長島愛生園長「強制隔離」を主張	・全患協(全国国立らい療養所患者協議会)結成
1952	27	・(広島)原爆被害者の会結成 ・ILO「社会保障の最低基に関する条約」(102号条約)採択	・中社協,全国社会福祉協議会連合会と改称 ・労働3法改定公布	1952	・身体障害者雇用促進協会設置	・精神薄弱児育成会結成(現在の「手をつなぐ育成会」の前身) ・全患協,らい予防法改正促進委員会設置
1953	28	・熊本県水俣市で水俣病患者散発 ・朝鮮戦争休戦協定調印		1953	・らい予防法公布 ・政府次官会議「精神薄弱児対策基本案網」を決定	・らい予防法に反対し,患者,国会厚生省前で座り込みハンスト決行
1954	29	・ビキニ水爆実験で第5福竜丸被爆		1954	・「盲学校・ろう学校及び養護学校への就学奨励に関する法律」公布	

西暦	年号	国内外の出来事	社会福祉・社会保障関連	西暦	障害者(児)福祉関連	障害者運動・その他
1955	30	・第1回原水爆禁止世界大会開催(広島) ・森永ヒ素ミルク中毒事件判明(被害者1万名超死亡130名)		1955		・「第1回アジア盲人福祉会議」東京で開催 ・「森永ミルク中毒の子どもを守る会」結成
1956	31	・水俣病発生の公式確認 ・売春防止法公布		1956	・公立養護学校整備特別措置法公布	
1957	32	・四日市市公害が表面化	・朝日訴訟提訴開始	1957	・児童福祉法改定(知的障害児通園施設を児童福祉施設に追加) ・学校教育法改定(養護学校就学を就学義務履行とみなす)	・青い芝の会,東京大田区で結成
1958	33	・ポリオ(小児マヒ)大流行(〜'61)		1958	・国立聾唖者指導更生所設置 ・重度知的障害児施設国立秩父学園開設	・「日本身体障害者団体連合会」発足 ・日本心身障害児協会創設
1959	34	・デンマーク1959年法(ノーマラ)ゼーション理念の法定化)		1959	・中教審「特殊教育の充実振興について」答申 ・国民年金法交付(障害福祉年金障害年金も規定)	・全国脊髄損傷者連合会発足
1960	35	・池田内閣,所得倍増計画を発表 ・三池労組無期限スト突入	・老齢・母子・社会福祉年金支給開始	1960	・精神薄弱者福祉法制定 ・身体障害者雇用促進法公布	・「日本リウマチ友の会」結成 ・「子どもを小児マヒから守る中央協議会」結成
1961	36			1961	・重症心身障害児施設「島田療育園」開設	
1962	37	・サリドマイド事件		1962	・盲人ホームの運営について(厚生省)	・国立身体障害者更生指導所の入所者,当局の手術縮小方針に反対しストに突入
1963	38	・作家水上勉「拝啓池田総理大臣殿」『中央公論』6月号		1963	・重度身体障害者更生援護施設の整備及び運営について(厚生省)	・全国心身障害児をもつ兄弟姉妹の会結成 ・全国青い芝の会結成

西暦	年号	国内外の出来事	社会福祉・社会保障関連	西暦	障害者(児福祉関連)	障害者運動・その他
1964	39	・ライシャワー事件起きる ・東京オリンピック開催 ・パラリンピック東京大会開催	・国民年金法及び児童扶養手当法改定(障害年金支給範囲拡大) ・母子福祉法公布	1964	・重度身体障害者授産施設創設 ・重度精神薄弱児扶養手当法公布(66年特別児扶養手当法に改定)	・日本精神神経学会「精神衛生法改正案は人権侵害の恐れ」と反対 ・全国重度障害児(者)を守る会結成
1965	40		・国民年金法改定(障害福祉年金支給範囲拡大,年金額引上げ) ・母子保健法公布	1965	・社会開発懇談会「精神薄弱者コロニー」等答申 ・厚生省,知的障害者施設所管を児童家庭局に移管 ・精神衛生法改定公布	・精神障害者家族会連合会結成
1966	41			1966	・国立高崎コロニー建設決定 ・特別児童扶養手当法公布	・全国ハンセン病患者協議会,処遇改善要求で厚生省前で座り込み
1967	42	・富山県のイタイイタイ病の原因特定(岡山大小林純教授,荻原医)		1967	・身体障害者福祉法改定 (法の目的に「生活の安定に寄与」,内部障害に心臓呼吸器障害を加える) ・身体障害者雇用促進法改定 (一定の法定雇用率等を導入)	・全国ヘモフィリア友の会結成 ・全国視力障害者協議会結成 ・全国障害者問題研究会発足 ・サリドマイド被害児を守る会 ・障害者の生活と権利を守る全国連絡協議会結成
1968	43	政府,水俣と阿賀野川流域の有機水銀中毒を公害病と認定		1968	・手話奉仕員養成制度創設 ・東京都立府中療育センター開設 ・愛知県春日井コロニー開設	・自閉症児者親の会全国協議会設立(89年日本自閉症協会)
1969	44	・第1回リハビリテーション世界会議開催(ダブリン)	・厚生省,先天性代謝異常疾患と血友病に医療給付開始	1969	・心身障害者扶養共催制度を定める政令 ・精神薄弱者福祉審議会廃止,中央児童福祉審に吸収	・青い芝の会神奈川県連合会発足 ・森永ヒ素ミルク中毒の子どもを守る会結成
1970	45	・カネミ油症被害者 国・北九州市を相手に損害賠償請求訴訟	・社会福祉施設緊急設備5ヶ年計画策定	1970	・心身障害児家庭奉仕員の派遣事業について(厚生省) ・心身障害者対策基本法公布施行	・神奈川青い芝の会,母親の障害児殺しに厳正裁判要求 ・堀木訴訟提訴

西暦	年号	国内外の出来事	社会福祉・社会保障関連	西暦	障害者(児福祉関連)	障害者運動・その他
1971	46	・国連，「知的障害者権利宣言」採択	・国民年金搬出制10年年金支給開始 ・厚生省，社会福祉施設整備緊急5ヶ年計画実施	1971	・国立高崎コロニー・のぞみの園開所 ・重度身体障害者福祉工場建設決定 ・厚生省，知的障害者通勤寮運営要綱通知	・日本精神神経学会，保安処分新設に反対する決議を行う
1972	47			1972	・身体障害者福祉法改定（身体障害者療護施設等創設，内部障害に腎臓機能障害を入れる） ・特定患者対策懇談会（指定難病にスモン等8疾患を入れる） ・厚生省，73年から児童扶養手当と障害・老齢年金の併給を認めると決定	・映画『さようならCP』発表（疾走プロ：原一男監督作品） ・上映運動 ・自立障害者集団「グループ・リボン」友人組織「グループ・ゴリラ」生まれる（関西） ・府中療育センター移転反対闘争 ・堀木訴訟判決（障害年金と児童扶養手当の併給禁止は違憲と神戸地裁）
1973	48	・熊本水俣病訴訟判決（熊本地裁原告勝訴の判決） ・OPEC石油戦略発動（第一次石油ショック起きる）	・政府，73年度予算案決定（福祉関係予算2兆円，福祉元年と称される） ・優生保護法改正案，厚生省から国会に提出	1973	・療育手帳制度創設（厚生省通達） ・身体障害者介護人派遣事業について（厚生省）	・(仙台)「車椅子体験旅行と交流集会」（第2回から車いす市民全国集会として発展）
1974	49		・財政制度審議会計別部会（「受益者負担の導入」）	1974	・東京都重度脳性マヒ者等介護人派遣事業創設 ・東京都「障害児の希望者全員入学制度」始める	・兵庫県「不幸な子どもを産まない運動」に青い芝の会が抗議 ・「弱者救済」諸要求を揚げ初の春闘スト
1975	50	・国連「障害者の権利宣言」決議	・社会保障制度審議会「高齢化社会に対応すべき社会保障のあり方」建議	1975	・厚生省，生活保護他人介護料特別基準について「一日4時間以上の要介護者は施設へ」の判断示す（障害者団体から批判集中）	・障害連（障害者の生活保障を要求する連絡会議）発足 ・身体障害者実態調査反対闘争（4割の自治体で実施不能）

障害者福祉年表

西暦	年号	国内外の出来事	社会福祉・社会保障関連	西暦	障害者（児福祉関連）	障害者運動・その他
1976	51	・政府，税収大幅不足で戦後初の赤字国債を当初予算に組み込む ・国連総会で1981年を国際障害者年とすることを決定		1976	・障害者団体の第3種低料扱い実現 ・身体障害者雇用促進法改定（努力義務から法的義務に）	・札幌いちご会結成 ・全国障害者解放運動連絡会議（全障連）結成
1977	52			1977	・身体障害者雇用促進協会設立 ・厚生省「精神薄弱者通所援護事業補助要綱」策定	・川崎市で乗車拒否に抗議し車いす障害者100名がバスに乗り込み占拠 ・東京都城北養護学校の金井康治君と両親が足立区立花畑東小学校への転校を希望するも拒否される
1978	53			1978	・運輸省「車椅子利用者の乗合バス乗車について」通達（介護人同伴） ・厚生省，保育所への障害児受け入れについて通知	・金井康治君，自主登校開始 ・共同作業所全国連絡会第1回全国集会開催（東京）
1979	54	・第二次石油ショック ・国際人権規約を批准		1979	・養護学校義務教育制実施 ・知的障害者福祉ホーム制度発足	・全障連と養護学校義務化阻止共闘会議文部省前に1週間座り込み
1980	55			1980	・政府，国際障害者年推進本部設置 ・国際障害者年日本推進協議会（IYDP日本推進協）設立	・全国所得保障確立連絡会結成 ・金井康治君就学闘争で足立区役所がバリケード建設
1981	56	・国際障害者年 ・第二次臨時行政調査会設置 ・障害者インターナショナル（DPI）結成（シンガポール）	・母子及び寡婦福祉法公布 ・政府，暴力団の不正受給を理由に生活保護適正化通達（社保123号）	1981	・厚生省，国際障害者年推進本部設置 ・国障年日本推進協「国民会議」開催（「長期行動計画」発表）	・障害児を普通学校へ全国連絡会結成 ・米国自立生活運動のリーダーエド・ロバーツ来日
1982	57	・国連「障害者に関する世界行動計画」採択	・最高裁，堀木訴訟の上告破棄判決	1982	・政府「障害者対策に関する長期計画」発表	1000 第1回障害者自立生活セミナー開催（東京）

西暦	年号	国内外の出来事	社会福祉・社会保障関連	西暦	障害者(児福祉関連)	障害者運動・その他
1983	58	・国債発行残高初の100兆円突破		1983	・国鉄駅の点字ブロック義務化	・金井君就学闘争,区教委が花畑北中への入学を認め闘争決着
1984	59		・社会福祉・医療事業団法公布	1984	・身体障害者雇用促進法改定 (知的障害者も実雇用率の算定対象とする等) ・身体障害者福祉法改定 (「更生への努力」から「自立への努力」に等)	・宇都宮病院事件(入院患者が看護職員に暴力され死亡した事件.日本の精神医療が批判を浴びる)
1985	60	・厚生省,エイズ患者第1号認定 ・国際法律家委員会,精神医療人権基金合同第一次調査団,宇都宮病院事件関連で来日調査		1985	・国民年金法改定公布(障害基礎年金,特別障害児・者手当) ・厚生省 精神病院入院患者の通信・電話・面会について運用ガイドラインを通知	・児童扶養手当法改定反対運動(障害者の親の育児手当を打ち切るという厚生省の方針に障害者団体がが反対する)
1986	61		・機関委任事務整理合理化(社会福祉法人設置認可権限都道府県に)	1986	・大阪市,全身性障害者介護人派遣事業開始 ・国民年金法改定(障害基礎年金) ・障害者の施設費用徴収制を導入	・全国で施設費用撤収制度導入に抗議運動広がる ・八王子ヒューマンケア協会発足
1987	62	・国連世界専門家会議開催(スウェーデン) ・国連障害者の10年中間年連続イベント開催	・社会福祉士及び介護福祉士法公布	1987	・身体障害者雇用促進法改定(障害雇用の促進等に関する法律と改称,精神障害者にも対象を拡大,法を法定雇用に知的障害者を加える ・精神保健法公布	・障害者生活協同組合・はり・マッサージ・ユニオン結成
1988	63	・国連障害者の10年世界専門家会議開催(スウェーデン)		1988	・厚生省,精神障害者の社会復帰施設運営要綱を都道府県に通知	・全国公的介護保障要求者組合結成
1989	平成元	0401 消費税(税率3%)を実施	・厚生省,高齢者保健福祉10ヶ年計画(所謂ゴールド・プラン)発表	1989	・知的障害者のグループホーム(地域生活援護事業)創設 ・手話通訳士制度創設	・第1回自立生活問題研究会開催 ・全日本育成会第38回全国大会で初めて本人部会が持たれる

障害者福祉年表

西暦	年号	国内外の出来事	社会福祉・社会保障関連	西暦	障害者(児福祉関連)	障害者運動・その他
1990	2	・米国「障害をもつアメリカ人法」(ADA)制定	・中央社会福祉審議会「社会福祉事業法等の改正について」答申 ・社会福祉関係8法改定	1990	・厚生省 療護施設補助基改定(定員の2割まで個室化認める) ・厚生省 ホームヘルパー派遣時間の制限撤廃を通知	
1991	3	・国連総会「精神病者の保護及びメンタルヘルスケア改善のための原則」採択	・国民年金制度の国籍条項撤廃全国連絡会発足 ・国民年金制度改定(20歳以上は学生も全て国民年金に強制加入)	1991	・運輸省,知的障害者のJR及び航空会社の旅客運賃割引適用許可 ・東京都 知的障害者・痴呆性高齢者権利擁護センター"すてっぷ"開所	・全障連全国交流大会で初の知的障害者本人部会が持たれる ・全国自立生活センター協議会(JIL)発足
1992	4	・国連障害者の10年最終年		1992	・東京都葛飾区 無年金外国人障害者に特別給付金支給(大阪・神戸・高知・高槻市も実施)	・全日本育成会 知的障害当事者の集まりによる「青年の主張」開催
1993	5	・国際アジア・太平洋障害者の10年スタート ・国連,障害者の機会均等化に関する基準規則採択 ・世界精神保健連盟'93世界会議開催(千葉・幕張)		1993	・障害者対策推進本部,障害者対策に関する新長期対策策定 ・知的障害者授産施設入所の定員を50人以上から30人以上に改定 ・厚生省,身体障害者更生援護施設の入所事務を都道府県から町村に委譲 ・障害者基本法公布	・(大阪)精神医療人権センター,大和川病院で入院患者が暴行を受け放置され死亡した事件への取組み始まる ・日本障害者協議会(JD)発足 ・全国精神障害者団体連合会(全精連)結成 ・療護施設利用者全国交流集会開催(日野療護園),入所者自治会ネットワーク準備会発足
1994	6	・ユネスコ会議で「サマランカ宣言」採択(インクルーシヴ教育の原則) ・子どもの権利条約批准発効	・厚生省,新ゴールドプラン発表	1994	・総理府 初の「障害者白書」発表 ・ハートビル法公布	・日本障害者協議会(JD)「新長期計画—アジア・太平洋障害者10年に向けて」発表

西暦	年号	国内外の出来事	社会福祉・社会保障関連	西暦	障害者(児福祉関連)	障害者運動・その他
1995	7	・阪神・淡路大震災（M7.2）		1995	・総理府，市町村障害者計画策定指針策定 ・精神保健及び精神障害者福祉に関する法律公布 ・障害者施策推進本部，障害者プラン「ノーマライゼーシ7カ年戦略」策定	・神戸・兄弟姉妹の会，安否確認活動開始 ・全障連，（大阪）緊急通信第1信発信 ・アカス紙器の知的障害従業員への虐待が明るみなる（水戸事件） ・第1回障害者政策研究全国集会開催（東京）
1996	8	・薬害エイズ訴訟・東京大阪で和解	・厚生省，介護保険の運営主体を市町村にと全国市町村会に表面	1996	・菅厚生相　らい予防法に関する行政の誤りを認め患者代表に謝罪 ・らい予防法廃止 ・優生保護法改定（母体保護法に） ・市町村障害者生活支援事業開始	・水戸事件で障害者人権弁護団被害を聞く会開催 ・（滋賀）サン・グループ被害者ら和田社長と国・県に損害賠償請求の訴訟を起こす
1997	9	・スウェーデン日刊紙　同国で1935年の断種法制定から76年同法廃止までに約6万人強制不妊手術が行われたと報道	・厚生省，「社会福祉事業等のあり方研究」「基礎構造改革について（主要な論点）」をまとめる ・介護保険法公布（施行00年）	1997		・大久保製壇工場21年ぶりの和解 ・DPI日本会議介護保険問題で第1回厚生省交渉
1998	10	・国連人権委員会，日本の国際人権B規約順守状況について勧告採択	・中央社会福祉審議会社会福祉構想改革分科会「基礎構造改革（中間まとめ）」を発表	1998	・法務省人権擁護局白河育成園理事長に対し園生虐待について被害者への謝罪を勧告 ・厚生省，全国の公立精神病院・診療所向けに不適切な隔離・拘束をしないようマニュアル作成 ・衆院本会議「精神薄弱」の用語を「知的障害」に改める法案を可決	・全国福祉オンブズマン会議開催（横浜） ・DPI障害者権利擁護センター，東京精神医療人権センター，全精共催「障害者の人権シンポ」開催（東京）

西暦	年号	国内外の出来事	社会福祉・社会保障関連	西暦	障害者(児福祉関連)	障害者運動・その他
1999	11	・石原慎太郎都知事，府中療育センター視察後，重度者の人格否定の発言	・全国で介護保険要介護認定の申請受付開始 ・厚生省，小規模社会福祉法人新設の方針発表(設立要件緩和)	1999	・政府，障害者施策推進本部障害者の欠格条項見直しを決定 ・成年後見制度導入の民法改定公布(00.4施行)	・障害者の欠格条項をなくす会発足集会(東京) ・全国青い芝の会石原発言に抗議，発言の撤回と謝罪を要求
2000	12	・NHK，TVニュースの同時字幕表示システム実施	・介護保険制度実施 ・社会福祉事業法等改定公布施行(社会福祉法)	2000	・衆議院本会議において『著作権法及び万国著作権条約の実施に伴う著作権法の特例に関する一部を改正する法律案』可決 ・交通バリアフリー法公布	
2001	13		・省庁統合により「厚生労働省」発足	2001		・DPI世界会議(札幌大会)開催
2002	14	・小泉首相「三位一体改革」を指示		2002	・身体障害者補助犬法制定 ・市町村生活支援事業と障害児(者)地域療育等支援事業が一般財源化	
2003	15	・イラク戦争勃発 ・性同一性障害特例法制定(翌年施行)		2003	・厚労省，支援費(ホームヘルプサービス)に関し金額と時間の面で予算配分の根拠を検討中と表明 ・支援費制度導入 ・新障害者プラン策定	・支援費制度全国緊急行動委員会(日本障害者団体連絡協議会，全日本手をつなぐ育成会，DPI日本会議等)は厚労省の表明は利用上限設定と反発，抗議行動開始
2004	16		・介護保険制度改革本部設置(厚労省)	2004	・「今後の障害保健福祉施策について(改革のグランドデザイン案)」発表 ・発達障害者支援法制定	
2005	17		・介護保険法改正(予防を重視)	2005	・障害者雇用促進法の改正(精神障害者も雇用率に算定等) ・障害者自立支援法成立(翌年度より施行)	・DPI日本会議等当事者団体，障害者自立支援法制定反対運動を展開

西暦	年号	国内外の出来事	社会福祉・社会保障関連	西暦	障害者(児福祉関連)	障害者運動・その他
2006	18	・日本の65歳以上高齢者人口が20％突破（平成18年8月確定値） ・第61回国連総会で「障害者の権利条約」が採択される	・改正介護保険法実施	2006	・障害者自立支援法施行 ・地方自治体で補助金の有無により利用者に地域間格差生じる	

●参考文献
◆加藤康昭「障害児教育史研究の課題」『精神薄弱問題史研究紀要14』精神薄弱問題史研究会，1973年
◆杉野昭博「障害者運動の組織とネットワーク～日本における障害当事者団体の歴史と展望～」『研究双書 第112冊 組織とネットワークの研究』関西大学経済・政治研究所，1999年
◆学制百年史編集委員会『学制百年史』文部科学省，1972（昭和47）年
◆J・W・トレントJr著（清水貞夫他監訳）『「精神薄弱」の誕生と変貌上・下』学苑社，1997年
◆辻村康男ほか著『傷痍軍人労務輔導』東洋書館，1942年
◆篠原睦治『「障害児」観再考――「教育＝共育」試論』明治図書，1976年
◆山下恒男『反発達論――抑圧の人間学からの解放』現代書館，1977年
◆西村章次『行動療法批判――アメリカの障害者教育の現状と日本の課題』ぶどう社，1978年
◆横田弘『障害者殺しの思想』JCA出版，1979年
◆日本臨床心理学会編『戦後特殊教育・その構造と論理の批判――共生・教育の原理を求めて』社会評論社，1980年
◆一番ヶ瀬康子・佐藤進編『障害者の福祉と人権（講座 障害者の福祉1）』光生館，1987年
◆大熊一夫『新 ルポ・精神病棟』朝日新聞社，1985年
◆石井政之『顔面漂流記――アザをもつジャーナリスト』かもがわ出版，1999年
◆全国自立生活センター協議会編『自立生活運動と障害文化』現代書館，2001年
※年表整理には中田将広氏の支援があったことを記して感謝したい．

索　引

あ行

青い芝の会　72, 218
アジア太平洋障害者の十年　224
アセスメント　165
アドボカシー　242
アメリカ障害者法（ADA）　224
石井亮一　13, 14, 226
イタール, J.　14
糸賀一雄　229
医療ソーシャルワーカー　182
インクルージョン　91, 212
インテグレーション　212
インフォームド・コンセント　164
上田敏　26
宇都宮病院事件　100
LSS法　234
LD　174
援護就労　194
エンパワメント　158, 159, 247
応益負担　102
親なき後　74

か行

改革のグランドデザイン案　89
介護給付　120
介護保険制度　125, 127-130
完全参加と平等　222
義肢装具士　204
QOL　142
救護法　84
グループホーム　48, 232
訓練等給付　120
ケアマネジメント　120, 245
ケアマネージャー　120, 165
ゲートキーパー　165
言語聴覚士　204
原爆被爆者医療法　109
公害健康被害補償法　109
更生概念　84
公民職業リハビリテーション法　14

国際障害者年　222
国際障害者年行動計画　222
国際障害者年日本推進協議会（推進協）　222
国際障害分類　18
国際生活機能分類　18
国連・障害者の10年　224
個別移行支援計画　177
個別の教育支援計画　175
個別の指導計画　179
ゴールトン, F.　14
コロニー　149
コロニー構想　220
今後の特別支援教育の在り方について　46, 174

さ行

作業療法士　140, 182, 204
札幌いちご会　223
差別　71
差別語　6, 9
サラマンカ宣言　45
サリドマイド薬禍　218
ジェンダー　7, 73, 247
支援費制度　125, 127, 128, 130, 175
自活訓練事業　147
自己決定　144, 146, 150, 151, 242
自己選択　140
市町村障害者生活支援事業　223
児童福祉法　22, 107
CBR　249
社会サービス法　233
社会的入院　101
社会福祉基礎構造改革　97, 107, 221
社会福祉事業法等一部改正案大綱骨子　88
社会福祉施設緊急整備5か年計画　86
就学時健康診断　44
就学猶予・免除　45
就労支援センター　195
手話通訳　44
傷痍軍人　15, 107, 217

障害基礎年金　25
障害（児）者地域療育等支援事業　40
障害者インターナショナル（DPI）　222
障害者観　8
障害者基本計画　101，105，175
障害者基本法　22，97，105，224
障害者ケアガイドライン　159
障害者ケアマネジメント　159
障害者自立支援法　84，101，102，108，120，131，175
障害者対策に関する新長期計画　224
障害者対策に関する長期計画　87
障害者に関する世界行動計画　87
障害者の権利条約　214
障害者の権利宣言　215，221
障害者の生活と権利を守る全国連絡協議会（障全協）　219
障害者プラン〜ノーマライゼーション7か年戦略　223
障害程度区分　120，131
障害等級表　25
障害の告知　32
障害の受容　33
小規模作業所　57，232
自立訓練プログラム　222
自立生活運動　222
自立生活センター　156，157，168，222
人権侵害　100
新障害者プラン　101
心身障害児総合通園センター　41
心身障害者対策基本法　85，105，224
身体障害者雇用促進法　85
身体障害者手帳　112
身体障害者福祉法　22，84，107，140
身体障害者補助犬法　111
身体障害者療護施設　140
スウェーデン　82，232
生活支援センター　245
生活保護法　109
生活問題　20，21
聖三一孤女学院　13
精神障害者保健福祉手帳　112
精神薄弱児育成会　85
精神薄弱者福祉法　223
成年後見制度　51
セガン，E.　14

全国言語障害児を持つ親の会　218
全国公的介護要求者組合　223
全国国立病院患者同盟　216
全国重症心身障害児（者）を守る会　218
全国障害者解放運動連絡協議会（全障連）　220
全国障害者生活支援研究会（サポート研）　39
全国障害者問題研究会（全障研）　219
全国自立生活センター協議会　223
全国障害者とともに歩む兄弟姉妹の会　218
全国精神障害者団体連合会　223
全日本ろうあ連盟　216
全日本手をつなぐ育成会　85

── た　行 ──

滝乃川学園　13，226
脱施設　226，245
田中昌人　229
WHO　249
断種法　232
地域移行　147，245
地域生活支援事業　131
地域福祉権利擁護事業　51
中央障害者施策推進対策協議会　224
中途障害　35
徴兵検査　15
T4計画　15
定率負担制度　120
デンマーク　93
統合保育　41
当事者運動　168，216，219
当事者主体　144-146，150，151
同性介護　143
当道座　12
特殊教育　45
特別支援学級　174
特別支援学校　111，174，181
特別支援教育　45
特別支援教育コーディネーター　174
特別支援教育連携協議会　175
特別児童扶養手当　230

── な　行 ──

難病　22

索　引　271

二次的障害　37
日常生活動作（ADL）　142
日米自立生活セミナー　222
日本肢体不自由児協会　216
日本障害者協議会　222
日本身体障害者団体連合会　218
日本知的障害者福祉協会　216
日本盲人会連合　216
乳幼児健康診査　7
ニィリエ，B.　93，94
ネットワーク　58
ノートテイカー　44
ノーマライゼーション　97，160，212，232

は　行

「拝啓池田総理大臣殿」　218
パーソナルアシスタンス　234
パターナリズム　152
八王子ヒューマンケア協会　223
発達障害者支援センター　40
発達障害者支援法　43，108
発達保障論　229
塙保己一　12，13
パラメディカルスタッフ　204
バリアフリー　44，181，226
バリアフリー新法　111
バンク－ミケルセン，N.E.　93，233
ピア・カウンセリング　222
樋口恵子　157
ピープル・ファースト　146
ヒューマニズム　93
びわ湖ミレニアム・フレームワーク（BMF）　247
福祉機器　202
福祉工学　201
福祉住環境コーディネーター　204
福祉的就労　194
福祉八法改正　222

福祉用具　201
福祉用具プランナー　204
福祉用具法　111
藤島岳　56
プライバシーの尊重　140
放送禁止用語　9
訪問教育　45

ま　行

マス・スクリーニング　40
町田ヒューマンネットワーク　223
水戸事件　252
水上勉　218
水俣病　218
ミレニアム開発目標　247
無性化法　14
無年金障害者救済法　109
メインストリーミング　247
森永砒素ミルク事件　218

や　行

山尾庸三　227
優生学　14
優性保護法　224
ユニバーサルデザイン　226
養護学校義務化反対運動　220
横塚晃一　250

ら　行

楽善会訓盲院　13
理学療法士　140，182，204
リハビリテーション　19，91
リハビリテーションエンジニア　204
リハビリテーション工学　201
療育　37
療育手帳　112
臨床心理士　183
レスパイト　50
ロバーツ，E.　95

社会福祉の新潮流③

障害者福祉論

2007年5月25日	第一版第一刷発行
2010年4月10日	第一版第二刷発行

編著者　旭　洋一郎
　　　　吉本　充賜

発行所　㈱学文社

発行者　田中千津子

東京都目黒区下目黒 3-6-1　〒153-0064
電話 03(3715)1501　振替 00130-9-98842
http://www.gakubunsha.com

©Asahi Yoichiro & Yoshimoto Takashi
Printed in Japan 2007

落丁・乱丁本は，本社にてお取替えいたします．
定価は売上カード，カバーに表示してあります．
印刷／亨有堂印刷所
ISBN978-4-7620-1419-2　検印省略

成清美治・加納光子編集代表 **現代社会福祉用語の基礎知識〔第七版〕** 四六判 320頁 定価 2079円	1,547項目を収載。社会福祉士，介護福祉士，保育士，精神保健福祉士，ケアマネジャー等の国家試験並びに資格試験に準じた用語を配した便利なハンディタイプの用語集。 1626-4 C3036
田畑洋一編著 **新現代社会保障論** B5判 274頁 定価 2940円	21世紀型社会保障の実現に向けて必要な現状認識・問題意識の視点とは。民間保険や社会保障の情報化法制度の改正等，現代社会保障の全体像を学んだ上で，各要素を丁寧に解説，社会保障の課題を提示。 1567-9 C3336
田畑洋一編著 **現代公的扶助論** B5判 260頁 定価 2940円	社会保障と公的扶助，その概念，歴史，制度，政策，体系，動向の状況変化を踏まえ，これからの動向と課題について述べる。社会福祉国家試験対策のテキスト・参考書としても有用な一冊。 1568-7 C3336

社会福祉の新潮流

川池智子編著 **2 児童家庭福祉論** —基本と事例— A5判 228頁 定価 2415円	子どもの最善の利益を保証する社会をつくるため，彼らをとりまく諸問題を分析，児童家庭福祉の施策の現状を整理し課題を展望。児童家庭福祉のこれからを豊富な事例を交え考察。 1418-6 C3336
髙谷よね子編著 **4 高齢者福祉論** —基本と事例— A5判 240頁 定価 2415円	豊富な事例を通して，高齢者福祉を身近な課題として学習できるように構成。今後の少子高齢社会の状況と課題を人類普遍の課題とする観点から，自発的な学習をできるよう配慮。 1420-6 C3336
小林雅彦編著 **5 地域福祉論** —基本と事例— A5判 240頁 定価 2415円	地域福祉にかかわる主なテーマを各章の冒頭においてとりあげ，それに沿った事例を紹介。そこから学習のポイントを提示し，実践場面において役立つようにしたテキスト。 1421-4 C3336
北本佳子・湯浅典人編著 **8 社会福祉援助技術論** —基本と事例— A5判 210頁 定価 2415円	社会福祉援助技術を学ぶうえで大切な基本的知識や考え方，キーワード，またそれにかかわる近年の動向を踏まえつつ，豊富な事例を通して，問題意識を持てるよう配慮。 1424-9 C3336